Walter Simon, Lust aufs Neue

Meinen Studenten und Seminarteilnehmern

Prof. Dr. Walter Simon studierte Wirtschafts- und Sozialwissenschaften in Hamburg, Frankfurt und Tokio und ist heute als Professor für Human Resources Management an der Fachhochschule Wiesbaden tätig. Er ist Geschäftsführer des Beratungsinstitutes IPW Innovationsteam für Politik und Wirtschaft in Bad Nauheim. Prof. Simon gilt als Experte für Qualitäts- und Innovationsmanagement und hat zu diesen Themenbereichen zahlreiche Seminare und Beratungen in Unternehmen durchgeführt. Zu seinen Kunden gehören: Mittel- und Großunternehmen, Bundes- und Landesministerien, Krankenhäuser, Verbände, Stadtverwaltungen, Forschungseinrichtungen, Politiker des In- und Auslandes. Seit mehr als zwanzig Jahren hat sich Prof. Simon durch Zeitschriftenartikel, Buchveröffentlichungen sowie Funk- und Fernsehauftritte in Fachkreisen einen Namen gemacht.

Walter Simon

Lust aufs Neue

Werkzeuge für das Innovationsmanagement

Mit einem Vorwort
von Dr. Rolf Berth

GABAL
management

Die Deutsche Bibliothek – CIP-Einheitsaufnahme

Walter Simon:
Lust aufs Neue : Werkzeuge für das Innovationsmanagement /
Walter Simon. Mit einem Vorw. von Rolf Berth. -
Offenbach : GABAL, 1999
(GABAL Management)
ISBN 3-89749-025-0

Lektorat: Dr. Sonja Klug, Bad Honnef
Illustrationen: Jacqueline Domin, San Francisco
Umschlaggestaltung: + Malsy Kommunikation
und Gestaltung, Bremen
Umschlagmotiv: Tony Stone Bilderwelten, Hamburg
Herstellung: Das Herstellungsbüro, Hamburg
Druck und Bindung: Clausen & Bosse, Leck

Verlagsinformationen:
Jünger Service, Schumannstraße 161, 63069 Offenbach
Tel.: 069/84 00 03 - 22 (-0), Fax: 069/84 00 03 -33

Inhalt

Vorwort

Manager, Politiker und Bevölkerung vereint gegen Innovationen

Der Frust über das Alte ist weit verbreitet, aber die Lust aufs Neue ist unterentwickelt. Manager und Politiker fordern das Neue, aber orientieren sich am Alten. Dieses Paradoxon ist für die innovative Lethargie großer Teile unserer Wirtschaft ursächlich. Wissen unsere Wirtschaftsführer, wie man kreative Ideen und daraus neue Produkte generiert? Aufgrund eigener empirischer Studien neige ich zu einem vorsichtigen Nein. In der von mir geführten *Akademie Schloss Garath* (genannt *Die Denkfabrik*) haben wir eine Langzeitstudie zum Thema Innovationsmanagement durchgeführt und dabei 463 Innovationsfälle von der ersten Idee bis zum Breakeven bzw. Pay-back-Point über 7 und mehr Jahre beobachtet. Dabei wurde festgestellt, dass 83 Prozent aller Manager und Politiker und 81 Prozent der Gesamtbevölkerung nichts so sehr hassen wie Veränderung und Erneuerung. Nur eine winzige Minderheit um die 17 bis 20 Prozent geht mit Freude und offenen Armen auf Innovationen zu.

Nur bei echten Durchbrüchen hohe Renditen

Es wird aber alles noch sehr viel komplizierter, weil durchaus nicht feststeht, dass auch wirklich das Neue gemeint ist, wenn Menschen sich über innovative Neuheiten verbreiten. Die kleinen *Anpassungserneuerungen* sind zwar erfreulich und müssen stattfinden, aber sie sind keine Innovation im engeren Sinne. *Weiterentwicklungen* im Sinne eines evolutionären Prozesses sind zwar eindeutiger Fortschritt, stellen aber keinen innovativen Durchbruch dar. Das wirklich Neue beginnt bei den *Durchbruchsinnovationen*, die ihre Entstehung fast immer der schöpferischen Fantasie verdanken, die unabhängig voneinander bestehende

Elemente kombiniert, welche vorher noch niemand »zusammengedacht« hat. Die Funkuhr, die Swatch, das Penicillin sind schöne Beispiele. Dabei ist besonders interessant, dass es nur die Durchbrüche sind, bei denen die durchschnittliche Rendite etwa 15 Prozent erreicht, während man an den kleinen Anpassungen fast nichts verdient.

Zukunftsvisionen kontra Widerstände

Aber das wirklich Optimale sind erst die *Zukunftsvisionen,* die nicht selten von einem begeisterten »Missionar« vorangetrieben werden. *Steve Jobs* Macintosh, die Entdeckung der ansteckenden Krankheiten durch *Louis Pasteur* oder *Ludwig Erhards* soziale Marktwirtschaft sind Beispiele, die das zähe Ringen und die Verunglimpfung verdeutlichen, die diesen Mega-Erfindern fast nie erspart blieben. Solche visionären Paradigmenwechsel sind es, die das leisten, was die Mehrzahl der Erneuerungen nicht schafft, nämlich nachhaltig neue Arbeitsplätze zu schaffen. Und damit auch alle Controller auf ihre Kosten kommen: Nur diese Visionen erreichen Durchschnittsrenditen um die 20 Prozent.

Das Wissen um Innovationen ist zu gering

Besonders bei den Durchbruchs- und den Zukunftsinnovationen haben wir einen erheblichen Nachholbedarf, denn sie gehen quantitativ und qualitativ seit 25 Jahren im deutschsprachigen Raum immer weiter zurück. Ob und inwieweit solche dramatischen Erfindungen gelingen, hängt insbesondere von den fördernden oder hemmenden Faktoren des organisatorischen Umfeldes ab. Eine freiheitliche Grundstimmung des Führens am langen Zügel, Aufeinanderzugehen, eine gelebte Vertrauenskultur und die Entbürokratisierung von Organisationen sind einige der notwendigen Voraussetzungen, um Ideen in neue, rentierliche Angebote umzuwandeln. Das Wissen hierum ist erbärmlich schwach und nur eine etwa 15 Prozent starke Innovationselite beherrscht die Klaviatur des Management of Change, die wir eigentlich alle virtuos beherrschen müssten, um im globalen Wettbewerb bestehen zu können.

Kreativität und Innovation gehören zusammen

Gerade weil im Umfeld von Innovation so vieles im Argen liegt, freue ich mich, in meinem Kollegen Prof. Dr. Walter Simon einen weiteren Verbündeten für mein Anliegen visionärer Neuerungen gefunden zu haben. Das vorliegende Buch »Lust aufs Neue« enthält viele gute Werkzeuge, um die Veränderungen systematisch anzudenken und in die Tat umzusetzen. Der Autor macht klar, dass Innovationen in doppelter Hinsicht im Kopf entstehen. Sie haben ihren Ursprung im Kopf von Mitarbeitern und müssen vom »Kopf« des Unternehmens gefördert und genutzt werden. Damit wird deutlich, dass Kreativität als Prozess der Ideenfindung und Innovation als Akt der Umsetzung zwei Seiten ein und derselben Medaille sind. Dem Leser wird somit ein Doppelnutzen geboten. Er bekommt im 2., 3. und 4. Kapitel die Software für den Kreativitätsprozess im eigenen Kopf und im 5. die Anleitung für die innovative Infrastruktur im eigenen Unternehmen.

Das vorliegende Buch ist auch ein Beweis der hohen Qualität der im Q-Pool 100 e.V. zusammengeschlossenen Wirtschaftsberater und professionellen Trainer. Mein Vorstandskollege Prof. Dr. Simon gehört zu den Gründungsvätern dieser Qualitätsgemeinschaft. Wer Mitglied dieses Kreises ist, muss auch publizistisch seiner Trainings- und Beratungsaufgabe gerecht werden. Das ist meinem Kollegen voll gelungen, weil dieses Buch Gründlichkeit und Tiefgang mit praktischer Umsetzung nahtlos verbindet und weil diese Arbeit die alte Weisheit bestätigt, dass nur derjenige andere »entzünden« kann, in dem selber eine Flamme der Begeisterung brennt.

Dr. Rolf Berth

Dr. Rolf Berth ist Geschäftsführender Gesellschafter der *Akademie Schloss Garath,* Vizepräsident des Q-Pool 100 – Qualitätsgemeinschaft internationaler Wirtschaftstrainer/-berater e.V., Lehrbeauftragter für Management of Change a. d. Universität Köln, Kurator der Deutschen Aktionsgemeinschaft Bildung, Erfindung, Innovation

Fit for change? ... oder warum Ihre Fantasie bedeutender ist als Ihr Wissen

1. Die Zukunft hat schon begonnen

Die Welt im Jahre 2010

Im Jahre 1910 erschien in Deutschland ein Buch mit dem Titel »Die Welt in 100 Jahren«. Bekannte Wissenschaftler und prominente Zeitzeugen prognostizieren darin, wie die Welt nach der Jahrtausendwende aussehen wird. So verkündete der Chefideologe des sozialdemokratischen Reformismus, Eduard Bernstein, dass das Maschinenzeitalter zum Wachstum der Arbeiterklasse und damit zu deren politischer Herrschaft führt. *»So gehen wir einem Zeitalter entgegen, in dem eine weit durchgeführte Demokratie dem sozialen Leben einen starken genossenschaftlichen Charakter verleihen wird«* (Eduard Bernstein, Das soziale Leben in 100 Jahren; in: Arthur Brehmer, Die Welt in 100 Jahren, Berlin 1910, S. 197).

Das Wundermittel Radium

Für den Naturwissenschaftler Prof. Everard Hustler in dem besagten Buch ist das 21. Jahrhundert das Zeitalter des Radiums. Dank dieses aus der Pechblende gewonnenen Elements würden Medizin, Kriegsführung und Lebensweise revolutionär verändert. Im Radium habe man *»den Wunderstein gefunden ..., durch welchen selbst die Unmöglichkeiten möglich gemacht werden«* (S. 256). Dank des Radiums gingen wir in ein *»Zeitalter völliger Kranklosigkeit«* (S. 258) und *»ewiger Jugend«* (S. 263).

Die drahtlose Telegrafie nach der Jahrtausendwende

Die Entdeckung der elektromagnetischen Wellen inspirierte den Physiker Robert Stoss, die vielseitigen Möglichkeiten der drahtlosen Telegrafie aufzuzeigen. Da Verbrecherfotos weltweit telegrafiert werden können, werde *»das drahtlose Jahrhundert sehr vielen ... Verbrechen ein Ende machen«* (S. 43). Seuchen würden dadurch beseitigt, dass ein Arzt eine Zyklonwelle drahtloser Energie über eine ganze Stadt fluten lasse. Der Winter werde durch elektrische Wärmewellen vertrieben (S. 48). Dieser Autor hat vieles richtig vorausgesehen, aber bestimmt nicht geahnt, dass unser traditionelles Telefon schon kurz nach der Jahrtausendwende ein technischer Anachronismus sein wird.

Der nie stattfindende Krieg der Luftschiffe

Regierungsrat Rudolf Martin aus dem Kriegsministerium sinniert über den Krieg in hundert Jahren. Er erkennt richtig, dass sich Europa vereinigen wird, prophezeit allerdings einen Weltkrieg zwischen Europa und China / Japan. Aber dank seiner gewaltigen Luftschiffflotte von etwa 15 000 Zeppelinen gewinne Europa diesen Krieg. Dass der 3. Weltkrieg technisch-ökonomischer Natur sein würde, konnte der Regierungsrat Martin nicht ahnen.

Das 20. Jahrhundert verlief tief greifender als prognostiziert

Das Sein prägt das Bewusstsein

Es ist reizvoll, die heutige reale Welt mit jener zu vergleichen, die von den Autoren angenommen und skizziert wurde. Dieser Vergleich zeigt, wie stark das Bewusstsein selbst bei akademischen Kopfarbeitern vom Sein abhängt. Die Autoren erkennen Trends und sind reich an Vorstellungsvermögen, um daraus eine Sciencefiction des Jahres 2010 zu entwickeln. Aber bei keinem reichte die Fantasie, die Atomspaltung, den Computer, die Gentechnik, das Raketen- und Satellitenzeitalter, den Laser, das Penicillin, das schon wieder vergangene sozialistische Weltsystem, die Entkolonialisierung, zwei Weltkriege, den Holocaust, die multimediale Informationsgesellschaft, den globalen Weltmarkt u. a. m. auch nur zu erahnen. In allen Fällen wurde die Zukunft im Sinne von noch mehr, schneller und größer aus der Gegenwart heraus fortgeschrieben.

Technische Revolutionen – soziale Stagnationen

Das Buch ist zugleich ein Beispiel für das Beharrungsvermögen bestehender Institutionen und Strukturen. Die Zukunftsblicker, die der Ehe, der Schule und dem Rechtssystem einen Weitsprung in paradiesische Verhältnisse prognostizieren, wären enttäuscht, wenn sie eine Studienreise aus der Vergangenheit in die Gegenwart unternehmen könnten. So prophezeit z. B. Jejan van der Straaten, dass die Schule des Jahres 2010 *»ein Werk der Befreiung sein (wird), befreit von allen Fesseln des Geistes, in die er jetzt gleich einem Frontsklaven geschlagen wird«* (S. 168). Ellen Key prophezeit maskulinfreie Männer und femininfreie Frauen, die von allen »niederen« Bedürfnissen befreit sind und nur noch zum »Austausch sozial-allgemein-menschlicher« Gedanken zusammenkommen (S. 119).

Das Nebeneinander von Highspeed und Schneckentempo, von Aufstieg und Niedergang

Heute, fast 90 Jahre später, kann man feststellen, dass Wissenschaft und Technik offensichtlich eine größere Entwicklungsdynamik haben als Sozialgebilde. Während sich die Informationstechnologie im Highspeed-Tempo bewegt, kriecht beispielsweise das Rechtssystem im Schneckentempo dahin. Nach einem Gutachten der Beratungsgesellschaften Wibera und Kienbaum benötigt die Justiz im statistischen Schnitt etwa sechs Wochen, um eine einzige DIN-A4-Seite zu schreiben. Zukunftsgesellschaften, wie der von Eduard Bernstein prognostizierte Sozialismus, erwiesen sich als Vergangenheitsgesellschaften und verschwanden per Implosion von der Weltbühne. Ehemalige Schlüsselindustrien fristen heute ihr Gnadenbrot und haben die wirtschaftsgeschichtliche Initiative an die Computerbauer und Softwareschreiber abgegeben.

Die Vergangenheit garantiert keine Zukunft

Nichts ist so beständig wie der Wandel

Wir sind Zeugen gewaltiger Veränderungen in der Werte- und Denkstruktur, in der Berufs- und Leistungsorientierung, in den Lebens- und Erlebensformen, in den Geschlechterrollen und den Kommunikationstechnologien.

Der Übergang von der Agrar- zur Industriegesellschaft war nicht so folgenschwer wie der von der Industriegesellschaft zur Informations- und Dienstleistungsgesellschaft. Diese Entwicklung wird unsere Lebensweise noch stärker revolutionieren als die Erfindung des Buchdrucks durch Gutenberg.

Jetzt wird das eintreffen, was *Karl Marx* im »Kommunistischen Manifest« prophezeit hatte, nämlich, *»dass alles Ständische, alles Althergebrachte, alles Verknöcherte und Verkrustete verdampfen«* wird.

Nichts ist so beständig wie der Wandel, lautet ein geläufiges Sprichwort. Doch noch immer arbeiten wir in den Strukturen von gestern an den Problemen von morgen.

Was eine Kurve alles ausdrückt

Der Prozess des Wandels lässt sich sehr gut mittels einer Welle darstellen.

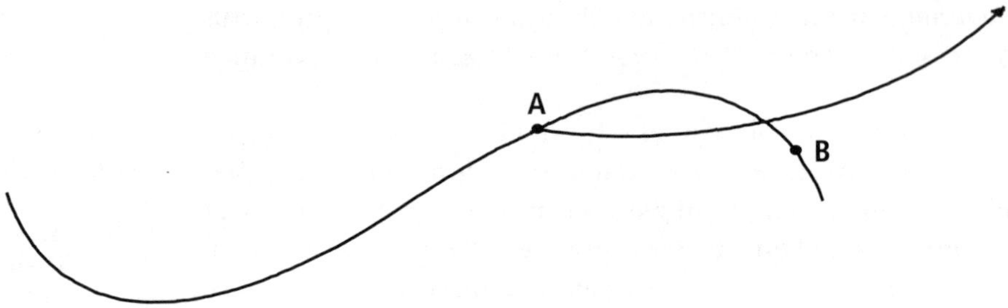

Nach einer Idee von Charles Handy

Das Leben eines jeden Menschen, einer Firma, einer Mode, einer Nation oder einer ganzen Epoche lässt sich mit dieser Entwicklungswelle darstellen. Alle haben mal klein, langsam, zögerlich, weit unten angefangen, bekamen Schwung, sind groß geworden und entwickelten sich nach oben. Irgendwann änderten sich die Randbedingungen oder sie wurden schwerfällig und so im Laufe der Zeit Betroffene und Beteiligte ihres eigenen Niederganges. Das sozialistische Weltsystem steht hierfür als Beispiel.

Die Vergangenheit lehrt, dass wir nichts aus ihr lernen können

Viele Menschen und Unternehmen wollen den bisherigen Weg weitergehen, da dieser in der Vergangenheit richtig war. Die Vergangenheit lehrt uns aber, dass wir nichts mehr aus ihr lernen können. Man liest und hört sehr oft von der großen Vergangenheit deutscher Ingenieurskunst. Manager schwelgen in der Vergangenheit und rühmen die großen Erfindungen deutscher Chemiker, Fahrzeugbauer, Optiker, Elektroniker und Maschinenbauer. Sie verweisen auf das Nobelpreis-Dauerabonnement bis 1933. Das alles ist mehr als 50 Jahre her. Wer zu intensiv in den Rückspiegel schaut und somit in die Vergangenheit, der wird bald gegen eine Mauer prallen. Der Blick zurück ist nur dann sinnvoll, wenn er hilft, Zukunftspläne zu fundieren. Ansonsten muss derjenige, der die Zukunft entdecken will, das Denken der Vergangenheit verlernen. Das ist jetzt unsere Aufgabe. Zumindest müssen wir die Annahmen, die der vorderen Entwicklungswelle zugrunde liegen, infrage stellen und über Alternativen nachdenken. Die Frage, wohin wir gehen, ist wichtiger als die, woher wir kommen. Die Zukunft findet im Hier und Jetzt statt und nicht erst nach der Jahrtausendwende. In seinem Roman »Der Stechlin« lässt *Theodor Fontane* die weltoffene Gräfin Melusine diesen wichtigen Satz sagen: *»Alles Alte, soweit es Anspruch darauf hat, sollen wir lieben, aber für das Neue sollten wir eigentlich leben.«*

Die Wahrheiten von heute sind die Irrtümer von morgen

Den meisten Menschen fällt es schwer, die Vergangenheit zu vergessen, da sie in diese viel emotionales Kapital gesteckt haben. Wer die Vergangenheit aufbaute und ihr emotional verbunden ist, bemüht sich, diese zu bewahren. Die »guten Ideen« von gestern werden die »politischen Richtlinien« von heute und die »Dogmen« von morgen.

Die Zukunft: ein Betätigungsfeld für Pioniere

Die Wiederholung der Vergangenheit garantiert keine Zukunft

Eine Organisation benötigt nicht nur einige einfallsreiche Einzelpersonen, sondern Spitzenmanager, die in der Lage sind, sich von den orthodoxen Glaubenssätzen des gegenwärtigen Selbstbildes des Unternehmens zu lösen. Aber viele Manager sind nicht besonders begierig, entschlossen dorthin zu marschieren, wo zuvor noch niemand gewesen ist. Sie wiederholen lieber die Vergangenheit und versäumen so die schon stattfindende Zukunft.

Wir müssen aber die Zukunft sehen, noch bevor sie sich ereignet. Doch dieser Vorausblick ist wertlos, wenn es an der Fähigkeit mangelt, ihn in neue Produkte und Dienstleistungen umzusetzen.

Ob man als einer der Ersten die Zukunft erreicht, hängt u. a. davon ab, ob es gelingt, neue Fähigkeiten schneller zu entwickeln als andere. Es genügt also nicht nur, anpassungsfähig zu sein, man muss auch fortschrittsfähig sein. Unternehmen müssen Trends folgen können, aber auch fähig sein, Trends und Märkte mitzugestalten. Längst reicht es nicht mehr, Besitzrechte an vorhandenen Märkten Segment für Segment abzustecken. Auch die weißen Flecken müssen erkannt und erobert werden. Das aber ist nur möglich, wenn man die Zukunft nicht durch die Blende der gegenwärtig bedienten Märkte betrachtet.

Die Zukunft im Nebel der Ungewissheit

Wer eine Vorstellung von der Zukunft bekommen will, noch bevor sie stattfindet, der muss den Nebel der Ungewissheit durchdringen. Wollen Sie die Zukunft entdecken, dann brauchen Sie nicht nur ein Weitwinkelobjektiv, sondern möglichst viele Objektive. Aber die Beispiele der Sciencefiction-Prognosen aus dem Jahre 1910 zeigen, wie schwer es ist, die Zukunft zu erkennen, egal, ob man es mit einem Weitwinkel- oder Teleobjektiv versucht. Der Weg in die Zukunft nach der Jahrtausendwende ist noch schwerer prognostizierbar als die Zeit zwischen 1910 und 2010. Natürlich wird vieles besser, schneller und größer, aber das bezieht sich nur auf schon Vorhandenes oder Entstehendes. Schwieriger wird es, das zu benennen, was anders oder neu sein wird. Die Zukunft ist aber mehr als die Extrapolation der Vergangenheit und Gegenwart. Selbst die Glaskugel eines Wahrsagers degeneriert zur Blackbox, wenn es darum geht, die Linse scharf zu stellen. Vieles kann man heute schon erahnen, aber letztendlich wird es uns so ergehen wie Kindern beim Öffnen einer Wundertüte. Wir kennen zwar die Kräfte, welche die Zukunft des Kapitalismus bestimmen werden, aber nicht die konkrete Ausgestaltung. Wie diese auch immer aussehen wird, sie steht nicht in den Sternen, sondern wird durch unser Handeln bestimmt.

Auf einer Zweitwelle in die Zukunft schwimmen

Den Aufbau der zweiten Welle rechtzeitig beginnen

Das bedeutet aber nicht, die Hände in den Schoß zu legen. Wenn Sie auch in Zukunft Erfolg haben wollen, dann sollten Sie mit dem Aufbau einer neuen Entwicklungswelle beginnen, bevor die erste ausgelaufen ist. Jede Situation verlangt irgendwann einmal nach einer zweiten Welle. Der richtige Zeitpunkt für den Beginn einer neuen Welle liegt (in der Abbildung S. 14) im Punkt A, also dort, wo es noch aufwärts geht. Hier müssen die Ressourcen für die zweite Welle aufgebaut werden. Aber leider beginnen die meisten Menschen und Organisationen erst beim Punkt B. Dann ist es aber oft zu spät. Dem Gesetz der Evolutionstheorie zufolge können Unternehmen nur dann überleben, wenn ihre Anpassungsgeschwindigkeit mindestens so groß ist wie die Änderungsgeschwindigkeit ihres Umfeldes, in dem sie agieren und existieren. Wer das schafft und als Erster in der Zukunft ankommt, kann Standards vorgeben und die Lizenzgebühren für zukunftsweisende intellektuelle Eigentumsrechte kassieren.

Der Beginn der Zweitwelle und die sich anschließende Anpassungszeit ist mit erhöhten Risiken, Mehrkosten, Existenzsorgen, persönlichen Opfern und viel Unruhe verbunden. Es wird eine Zeit lang dauern, bis sich die langfristigen Vorteile der strukturellen Anpassung einstellen. Viele Menschen verlangen von Managern und Politikern, endlich die richtigen Maßnahmen zu ergreifen, um die Zukunft aufzubauen. Gleichzeitig wird gefordert, an der ersten Kurve nichts zu ändern. Als Beispiele stehen hier die Gesundheits-, die Rechtschreib-, die Renten- und die Hochschulreform. Viele der gegenwärtigen Turbulenzen sind die notwendige Einleitung zu einer neuen Ordnung, zu neuen sozialen Organisationsformen und zu einer neuen Ökonomie. Das, was einige als Endzeit deuten, wird von anderen als Neuzeit erkannt. Es gibt keine bewährten Lösungen oder Patentrezepte mehr.

Die Forderung nach Reformen und die Angst vor Reformen

Als Folge hiervon fühlen sich insbesondere Führungskräfte dem steigenden ökonomischen und emotionalen Druck nicht mehr gewachsen. Sie sind nicht gegen Innovationen. Aber die von ihnen ausgehenden Veränderungen werden als Gefährdung empfunden und bewirken Angst und Unsicherheit. Darum bemühen sich Menschen, Organisationen und Unternehmen Risiken zu vermeiden und gehen so das größte Risiko ein.

Es ist riskant, kein Risiko einzugehen

Zukunftsgestalter oder Vergangenheitsbewahrer

An dieser Stelle stellt sich die wichtige Frage, ob die »Zukunftsgestalter« unserer Gesellschaft auch zukunftsfähig sind, besonders was die Zukunft von Unternehmen und Verwaltungen angeht. Gestalten sie die Zukunft oder sind sie egozentrische Karrieregestalter, die ihre Macht und die ihnen unterstellten Mitarbeiter als Vehikel für ihre ganz persönlichen Aufstiegsziele nutzen?

Sind die Zukunftsgestalter zukunftsfähig?

Wenn das so ist, sollten Sie ihnen dies nicht zum Vorwurf machen, denn wenn man in unserem System Karriere machen will, muss man sich so verhalten. Es stellt sich nur die Frage, *»ob der, der in solchen Strukturen Karriere gemacht hat, aufgestiegen ist und auf eine Rivalenmentalität programmiert wurde, noch genügend Distanz besitzt, um die Struktur, aus der er stammt, wirklich zu verändern«* (Karst / Segler, 1996, S. 136). Denn im Lauf des Aufstiegs wurden die meisten Manager immer hierarchieförmiger und sehen,

Die blockierende Wirkung von Seilschaften

wenn sie die Spitze erreicht haben, keine Notwendigkeit mehr, die Organisation zu verändern. Da man den eigenen Aufstieg seinen Mentoren und Freunden verdankt, würde jede Veränderung der Hierarchie alte Weggefährten brüskieren und Seilschaften destabilisieren.

Der amerikanische Autor Burrus unterteilt die Menschen hinsichtlich ihres Verhältnisses zur Zukunft in *vergangenheitsverliebte Wettbewerber* und *visionäre Innovatoren*. Sie unterscheiden sich in diesen Punkten:

Der Wettbewerber …	**Der Innovator …**
glaubt, dass sich die Zukunft von selbst regelt, wenn man die Gegenwart in den Griff bekommt.	denkt über zukunftsbezogene Ziele und den Weg dorthin nach.
betrachtet Innovationen als Bedrohung für die derzeitige Situation.	denkt darüber nach, wie er Innovationen anwenden kann, um sie zu nutzen.
will Sicherheit und orientiert sich darum am Verhalten anderer Menschen oder Unternehmen.	ist ständig auf der Suche nach neuen und eigenen Wegen, um Dinge besser zu machen.
widersetzt sich möglichst lange Veränderungen.	passt sich flexibel der Veränderung an und versucht, sie zu nutzen.
leidet unter dem Problemdruck.	versucht, Probleme in Chancen umzuwandeln.

Welchen Typ verkörpern Sie oder Ihr Chef? Egal, wie Ihre Antwort ausfällt, die global vernetzten Märkte von morgen werden mit »Trittbrettfahrern« kein Erbarmen haben.

Viel gelesen und wenig gelernt?

Alles, was zu den Themen Zukunfts- und Standortsicherung, Change-Management und anderen Themen des modernen Managements zu sagen wäre, ist gesagt und geschrieben worden. Hunderttausende von Führungskräften in Deutschland, Österreich und der Schweiz saßen in Managementseminaren und füllten die Säle von Managementkongressen. In den Schreibtischen der Chefetagen liegen die Bücher von Tom Peters, Peter F. Drucker, Gertrud Höhler und Hermann Simon. Wurden sie gelesen? Manchmal bezweifle ich dies, denn allzu wenig wurde umgesetzt. Man redet über modernes Management, aber praktiziert traditionelles. Mitarbeiterführung und Organisationsentwicklung vollziehen sich noch immer im ersten Gang, während die akademische Diskussion darüber im fünften Gang dahinrast. Vielleicht hat Prof. Fredmund Malik vom Managementzentrum St. Gallen Recht mit seiner Klage, dass wir es versäumt haben, aus der Managementtätigkeit einen ordentlichen Beruf zu machen. Darum erleben wir heute eine Totalkonfusion.

Ohne Zeitmanagement kein Change-Management

Die mangelnde Zukunftsfähigkeit unseres Managements zeigt sich u.a. auch darin, dass es zu wenig Zeit für die Zukunftsgestaltung aufwendet. *Gary Hamel* und *C.K. Prahalad* schreiben in ihrem Buch »Wettlauf um die Zukunft«, dass Spitzenmanager durchschnittlich weniger als 3 Prozent ihrer Zeit für das Nachdenken zwecks Zukunftsgestaltung aufwenden (Hamel/Prahalad, 1997, S. 23).

Die lähmende Rolle der Lähmschicht

Im Zusammenhang mit der unternehmerischen Zukunftsgestaltung hat sich der Begriff »Lähmschicht« eingebürgert. Damit sind jene einflussreichen Mittelmanager gemeint, die viel zu einflussreich sind, als dass sich tief greifende Veränderungen an ihnen vorbei durchsetzen ließen. Leider sind diese Vorgesetzten oft nicht eindeutig identifizierbar. Sie halten mit ihrer Meinung hinterm Berg. Besonders in großen Unternehmen ist es für diese Managerspezies leichter, ein windgeschütztes Plätzchen zu finden, als in einem kleineren. Dank einer tiefen Hierarchie wird hier der Marktdruck abgefedert und unbequeme Maßnahmen können mit dem Hinweis auf »die da oben« umgangen werden.

Unternehmer oder Unterlasser?

In ihrem beruflichen Fortkommen sind diese Unterlasser, die sich oft für gute Unternehmer halten, weit weniger gefährdet als diejenigen, die Neuland betreten und Risiken eingehen. Sie fordern zwar auch Querdenker, aber bitte nicht in der eigenen Abteilung. Da man selbst als Konformist angefangen hat und sich dieses Verhalten im Laufe des Berufslebens als erfolgreich erwies, bleibt man sich treu, auch in der Zukunft.

Der Zusammenhang zwischen Alter und Interesse an der Zukunftsplanung

Prof. Gary Hamel von der London Business School fragt besorgt, an welcher Stelle der Organisationspyramide die Leute sitzen, die die Hauptverantwortung für die Strategieentwicklung und Zukunftsgestaltung haben. Er fragt weiter, ob das nicht auch die Führungskräfte sind, die sich der Vergangenheit in ganz besonderer Weise verbunden fühlen. Die Antwort ist klar. *Hamel* meint: »*Kein Wunder, dass kaum etwas Kreatives dabei herauskommt.*« Schlimmer ist aber, dass ausgerechnet die Leute, die vom Alter her das größte Interesse an der Zukunft haben, am wenigsten in die Zukunftsplanung einbezogen werden (Hamel, 1997, S. 136).

2. Die Zukunftsgestaltung erfordert Schnelligkeit

Von der technischen Evolution zur Revolution

Vor etwa 50 000 Jahren entwickelte sich die Sprache. Vor 5000 Jahren entstand die Schrift und vor 500 Jahren der Buchdruck. Der Film ist knapp 100 Jahre alt, das Fernsehen 70 und den ersten Computer montierte Konrad Zuse 1938 in seiner Berliner Werkstatt. Mit dem Transistor wurde die Kurve ständiger Innovationen exponentiell, da jede neue Entwicklung weitere Neuerungen nach sich zog. 1969 lief der erste, 50 kg schwere Videorecorder vom Band. Etwa 10 Jahre später bescherten uns Steve Wozniak und Steven P. Jobs den ersten Personal Computer. Die elektronische Evolution ist in eine Revolution umgeschlagen. Aus Monatssprüngen wurden Tagessprünge. Der Begriff Wandel ist nicht mehr geeignet, die Situation zu beschreiben. Das Wort Revolution ist treffender. Während ich diesen Abschnitt schreibe, werden mindestens zwei computertechnische Neuentwicklungen vollendet. Der Stoffwechsel des Hightech-Marktes bewegt sich im Formel-1-Tempo. Einer der erfolgreichsten japanischen Devisenhändler definierte 10 Minuten als Realisationsdauer einer langfristigen Entscheidung. Wir leben in einer neuen Sekundenkultur. Sie bricht mit einer Dynamik über uns herein, als würden Dampfmaschine, Automobil und Computer innerhalb eines Quartals erfunden. Ein Jahrzehnt des Wandels, z. B. das von 1950 bis 1960, komprimiert sich heutzutage hinsichtlich seiner Dynamik auf ein Jahr oder einige Monate. Wir erleben eine nie da gewesene Gegenwartsschrumpfung, meint der Philosoph Hermann Lübbe. Eine neue Fototechnik steht dafür als Beispiel. Sah es gestern noch so aus, als würden digitale Kameras die alten optisch-chemisch betriebenen Schnappschussfänger ablösen, kann es noch in diesem Jahrhundert möglich werden, dass die Elektronik auf einer Filmpatrone Platz findet, die in eine konventionelle Kamera eingelegt wird.

Eine neue Erfolgsformel der Unternehmensführung lautet: $E = Qc^2$
Erfolg gleich Qualität mal Lichtgeschwindigkeit im Quadrat.

Zwei Typen von Unternehmen: die schnellen und die toten

In der neuen Schnelligkeitsepoche wird es nur noch zwei Typen von Unternehmen bzw. Managern geben: die schnellen und die toten. Auf den Grabsteinen der Verstorbenen stehen Namen wie Commodore, Sinclair, Olympia und Triumph-Adler. Auf der Intensivstation liegen Patienten wie Wang, Digital und Borland, um nur die bekanntesten zu nennen. In einem solchen Umfeld ist jeder Versuch, das Erreichte zu bewahren, bereits ein Rückschritt. Dieses Zurückfallen ist oft der Anfang eines Sturzes. Auch wenn Sie auf dem richtigen Gleis sind, werden Sie überrollt, wenn Sie einfach nur sitzen bleiben. Bequemlichkeit ist Selbstmord. »Stop for lunch and you are lunch« ist der treffende Ausdruck für diesen Zeitdruck.

Nicht die Dampfmaschine, sondern die Uhr wurde zum wichtigsten Instrument des Industriezeitalters. Sie hat den modernen Menschen erbarmungslos »chronometrisiert« und sorgt für Zeitkontrollen in der neuen Geschwindigkeitsgesellschaft.

Was der Elchtest lehrt

Zeitdruck erzeugt mehr und mehr auch Gegendruck. Die Japaner haben als Erste erkannt, dass es dem Glanz neuer Produkte schadet, wenn nach vier Wochen schon das Nachfolgemodell auf den Markt gebracht wird. Der Elchtest hat gezeigt, dass zu viel Eile bei der Entwicklung neuer Fahrzeugtypen teuer werden kann. Diese Erfahrung machten auch andere PKW-Hersteller. Wenn man die Produktlebenszyklen verlängert, haben Unternehmen mehr Zeit, über die Produktionsprozesse nachzudenken, um diese sicher zu beherrschen. Außerdem reduziert dies Abfall und Umweltprobleme. Technik darf kein Selbstzweck sein, sondern ein Mittel, das uns Menschen dient, ohne der Natur zu schaden.

Gemessen am gesamt verfügbaren Wissen werden wir von Jahr zu Jahr dümmer

Die Geschwindigkeit der Hightech-Entwicklung und die Informations-Springflut bilden eine Einheit. Das Wissen der Menschheit verdoppelt sich alle fünf bis sieben Jahre. Um in meinem Fach als Managementberater à jour zu bleiben, müsste ich im Blitzschachtempo jährlich rund eine halbe Million Forschungsberichte, Zeitschriftenartikel, Doktorarbeiten und Bücher lesen. Gemessen am insgesamt verfügbaren Managementwissen werde ich von Jahr zu Jahr dümmer. Das erklärt, warum Albert Einstein meinte, dass die Fantasie bedeutender als das Wissen ist.

Wenn es um die Zukunft geht, muss die Fantasie aktiviert werden, denn Informationen aus der Vergangenheit kann man in einer hochdynamischen Epoche wie unserer nicht einfach in die Zukunft hineinextrapolieren.

3. Das binäre 0 : 1-Zeitalter: global, total, digital

Dieses Kapitel besteht aus 399 360 Bytes bzw. 50 570 Zeichen, die sich auf 7663 Wörter verteilen. Das ist die Informationsmenge, für deren Kommunikation die Menschen im Mittelalter einen ganzen Monat benötigten.

Das nationale und internationale Mediennetz

Uns stehen in Deutschland 10 000 Zeitungen und Zeitschriften, 300 Hörfunk- und 20 nationale neben 70 regionalen TV-Kanälen zur Verfügung. Um über 500 Prozent ist das täglich gesendete Fernsehprogramm in den letzten 10 Jahren gewachsen. Wir kön-

Die Welt von heute ist total digital. Unser Globus ist von einem aus Computern, Satellitenschüsseln und Telefonen bestehenden Kommunikationsnetz umhüllt, so dass es kaum noch weiße Flecken auf der Kommunikationslandkarte gibt.

nen weltweit in mehr als 6500 Datenbanken stöbern. 700 Satelliten transportieren Daten, Töne und Bilder rund um den Globus. Unser Planet ist von einem aus Computern, Satellitenschüsseln, Kabeln und Telefonen bestehenden Kommunikationsnetz umhüllt. Dieses elektronische Spinnengewebe sorgt dafür, dass es kaum noch weiße Flecken auf der Kommunikationslandkarte gibt. Im Jahre 2020 werden eine Milliarde Menschen vernetzt sein.

Vom Fernsehen zum elektronischen Zeitungskiosk

Weltweit laufen mehr als eine Milliarde Fernsehgeräte, in Deutschland 34 Millionen. Wir sind der zweitgrößte Kommunikationsmarkt der Welt mit 100 000 Kilometern Glasfaserkabel und 10 Milliarden Mark TV-Werbegeldern. Bezogen auf Fläche und Bevölkerung haben wir das dichteste Glasfasernetz der Welt.

Der PC – das wichtigste Arbeitsgerät unserer Gesellschaft

Zum Bildschirm des Fernsehers gesellt sich der Monitor des PCs. Der Computer hat sich zum wichtigsten Arbeitsgerät unserer Gesellschaft entwickelt. 1995 wurden in Deutschland erstmals mehr Computer als Farbfernseher gekauft. Etwa 20 Millionen Deutsche arbeiten überwiegend oder zumindest zeitweilig am Bildschirm. Ich schrieb dieses Buch auf einem antiquarischen Schreibgerät, einem 3 Jahre alten Laptop mit einem schon veralteten 386er Prozessor.

Der PC als normales Haushaltsgerät

Im Privatbereich hat der Computer den Status eines normalen Haushaltsgerätes erlangt. Er ist genauso unentbehrlich wie die Kaffeemaschine. Wir nutzen ihn für unsere Bankgeschäfte, unsere Einkäufe im Versandhaus, für Fernreisen auf der Datenautobahn, für die Recherche der besten Last-Minute-Angebote oder auch für das PC-Rendezvous mit der T-Online-Freundin.

Das 0:1-Zeitalter

Die heutige Welt ist global total digital. Das alles beruht letztendlich auf dem binären Verhältnis von 0 und 1 – was auch für dieses Kapitel gilt, während es auf meinem PC entsteht.

4. Die persönlichen Folgen der Informationsrevolution

Quantität statt Qualität

In der Informationsgesellschaft unterliegen nicht nur die Medien der sprunghaften Weiterentwicklung. Mehr noch, unser Alltagsleben wird sich total verändern. Früher erreichten Sie nur die von Ihnen gewünschten Informationen. Heute müssen Sie auch unerwünschte Informationen aufnehmen. Sie werden als Informationsmülleimer missbraucht, ohne jede Möglichkeit, die Informationen zu recyceln. Die Quantität von Daten ersetzt deren Qualität. Im Internet haben Quasselrunden den gleichen Stellenwert wie wissenschaftliche Forschungsberichte. Informatives steht neben Nicht-Informativem. Die Fahndung nach dem wirklich Wichtigen wird zum Zufallstreffer. Wir sind historisch an einem Punkt, an dem die Kosten der Informationsverteilung sich auf null zu bewegen und entfernungsunabhängig werden. Das Verfallsdatum der Ware Information wird immer kürzer. Menschen, Mitarbeiter und Manager erzeugen Informationen, aber sie können sie nicht verringern.

Je mehr Technologie, desto weniger Informationsbewältigung

Prof. Eli Noam von der Columbia University New York untermauert die Informations-Sintflut mit Zahlen: Die Menge der erzeugten Informationen wächst jährlich um 6 Prozent, die Verteilungsrate sogar um 10 Prozent und mehr. Er ist der Meinung: *»Je mehr Technologie wir einsetzen, desto weiter fallen wir bei der Bewältigung der Information zurück«* (Noam, 1995, S. 36).

Das brennende Thema der Zukunft ist nicht die Informationserzeugung, sondern die Informationsverarbeitung.

Je mehr Informationen wir produzieren, je modernere Informationsmittel wir einsetzen, umso schwieriger wird die Informationsbewältigung. Wir sind täglich etwa 3000 Werbebotschaften ausgesetzt. Im Juli 1999 erhielt ich 253 postalische Werbesendungen mit einem Gesamtgewicht von 28 kg. Die auf Sie einstürzende Informationsmenge beeinflusst auch Ihr Arbeitsverhalten. Bis an die Schreibtische heranreichende Kommunikationsgeräte sorgen dafür, dass der volkswirtschaftliche Informationsstrom ohne jeden Info-Interruptus abläuft. Früher wurde ein- bis zweimal täglich die Büropost verteilt. Das prägte den Tagesplan und den Arbeitsfluss. Dann kam das auf dem Flur 20 Meter entfernt stehende Faxgerät, das den Gang zur Postverteilstelle rationalisierte. Jetzt wird die Botschaft über Modem auf den Bildschirm des Empfängers transportiert und mit ihm kommuniziert. Die Informationsflut sorgt dafür, dass jede Aktivität durchschnittlich nur etwa neun Minuten dauert. Die ständige Unterbrechung eines Arbeitsvorganges wird damit zum Normalfall. Wie bei einem Sägeblatt wechseln sich Arbeit, Unterbrechung, Arbeit und wieder Unterbrechung ab. Die Kunst des Managements liegt heute u.a. darin, die aufgesplitterten Aktivitäten eines Arbeitstages zielorientiert zu einem stimmigen Ganzen zu bündeln. Zeitmanagement und Informationsmanagement bilden also eine Einheit.

Wandel der Geschlechterrollen

Auch die Geschlechterrollen werden sich ändern. Die technisch-rationale Intelligenz von Informationssystemen und Netzwerken ist oft so komplex und die Informationen sind oft so diffus, dass man sich ein Zu-Tode-Analysieren wegen mangelnder Zeit gar nicht mehr erlauben kann. Hier ist Intuition gefragt. Die aber findet man eher bei Frauen als bei Männern. Wir sind also gut beraten, das weibliche Intuitionspotential stärker zu nutzen.

Folgen für unser gesellschaftliches Sozialgefüge

Die sozialen Kontraste der neuen 0 : 1-Gesellschaft werden noch schärfere Konturen annehmen. Welcher Sozialschicht Sie oder Ihre Kinder angehören, hängt vor allem davon ab, ob Sie gelernt haben, mit dem Info-Überangebot umzugehen und wichtige von unwichtigen Informationen unterscheiden zu können. Auch Ihre Fahrkunst auf den Datenautobahnen entscheidet mit über Ihren persönlichen Berufs- und Lebenserfolg. Gewinner werden die Neugierigen sein, die leicht Verrückten, die mit Tatendrang und unstillbarem Wissensdurst. Das neue Proletariat wird aus jenen Menschen bestehen, die die neuen Techniken und das Informationshandling nicht beherrschen, passiv dem Orientierungsdruck der Medien ausgesetzt sind und beim Medienkonsum Meinung von Wissen nicht unterscheiden können.

Der Mensch als entscheidender Engpassfaktor der Informationsaufnahme

Doch auch wenn Sie sich mit Informationen in Form halten wollen, können Sie von der Informationsflut in den Sog gezogen werden. Sie müssen akzeptieren, dass Sie als Mensch der entscheidende Engpass bei der Informationsaufnahme sind. Maximal 20 Buchstaben lassen sich pro Sekunde in den menschlichen Arbeitsspeicher eintrichtern. Das Überangebot an Informationen zwingt Sie zu mehr Entscheidungszwang. Psychiater diagnostizieren und warnen bereits vor Depressionen infolge von Überinformation. Wir stapeln Zeitungen, Zeitschriften und Bücher. Jeder Blick auf sie erzeugt Enttäuschung darüber, dass wir sie noch nicht gelesen haben. Meist bleibt es aber beim Sammeln dieser Artikel, denn je größer die Stapel werden, umso weniger sind wir motiviert, uns ihnen zuzuwenden.

Es ist heutzutage leicht, Informationen zu erzeugen. Schwer ist es, die damit verbundene Informationsflut zu bewältigen, denn der Mensch ist der entscheidende Engpassfaktor bei der Informationsaufnahme. Überinformation kann sogar zur Depression führen.

Nicht mehr mitzukommen verunsichert Menschen, schwächt ihr Selbstwertgefühl und führt zu Verhaltensstörungen. Darum greifen Manager auf alte Rezepte und Denkschablonen zurück. Sie blenden das aus, was nicht in ihre Sichtweise passt, und laufen verzweifelt der alten Ordnung und Sicherheit hinterher. Im Gefühl, sicher sein zu müssen, werden sie immer unsicherer und wagen keine Entscheidungen mehr. Um ein gewisses Maß an Sicherheit zu erlangen, steigern sie kräftig den hausinternen Datenausstoß, aber meistens ohne die Chance, je gelesen zu werden. Hinter diesem Sicherheitsbestreben verbirgt sich allzu oft die fehlende Selbstsicherheit. Man ist unsicher, ob man alles weiß, was für eine Entscheidung nötig ist, und wagt nicht, seinem eigenen Urteil zu vertrauen.

Psychologische Folgen der Überinformation

Glauben Sie nicht, dass mit der Zunahme von Informationen ein Mehr an Leistung folgt.

Mut zur Informationslücke

Informationen sind nur dann wertvoll, wenn sie zu Entscheidungen und Handlungen führen.

Sie sind wahrscheinlich besser beraten, Dinge erst gar nicht zu lesen, als sich ständig zu fragen, ob dieses oder jenes vielleicht doch noch mal relevant werden könnte. Wenn Sie nicht zum Opfer der Datenflut werden wollen, dann müssen Sie Barrieren errichten. Ich empfehle Ihnen: Definieren Sie Ihren Informationsbedarf. Auch bei der biblischen Sintflut musste selektiert werden. Während aber die Sintflut zeitlich begrenzt war, wird die Informationssintflut dauerhaft sein. Darum sollten nur die von Ihnen zuvor klassifizierten Informationen passieren dürfen. Die Situation ist paradox: In einer Zeit, in der mehr Informationen denn je verfügbar sind, müssen Sie Ihren Blickwinkel verengen. Sie brauchen den Mut zur Lücke. Er bringt Sie weiter als der perfektionistische Anspruch, über alles informiert sein zu wollen. Kündigen Sie die Abonnements der auf Hochglanzpapier gedruckten Managementzeitschriften. Eine genaue Analyse wird Ihnen zeigen, dass sie aus gleichen Quellen schöpfen und demzufolge fast gleiche Informationen enthalten. Sie sparen Zeit und Geld.

Nehmen Sie sich einige Minuten Zeit

Bevor Sie weiterlesen, sollten Sie sich einige Minuten Zeit nehmen, um die folgenden Fragen zu beantworten. Vielleicht finden Sie anschließend mehr Zeit für das wirklich Wichtige.

Informationsbedarfsanalyse

Welche Informationen sind für meinen Beruf unabdingbar wichtig?

- ....
- ....
- ....
- ....
- ....
- ....

Welche Zeitungen, Zeitschriften und TV-Sendungen bieten mir diese Informationen?

1. ....
2. ....
3. ....
4. ....
5. ....

Wie viel Zeit wende ich täglich/wöchentlich auf, um für mich wichtige Informationen aufzunehmen?

Täglich etwa .... Min./Std. Wöchentlich etwa .... Min./Std.

Wie viel Zeit müsste ich täglich/wöchentlich aufwenden, um aktuell zu bleiben?

Täglich etwa .... Min./Std. Wöchentlich etwa .... Min./Std.

Ist diese Informationsaufnahme ein fest geplanter Teil meines Tagesprogramms?

O ja O manchmal O nein

Welche Informationen aus welchen Wissensgebieten interessieren mich im Interesse meiner Allgemeinbildung ansonsten auch noch?

- ....
- ....

Welche Zeitungen und Zeitschriften will ich abbestellen oder nicht mehr lesen, bzw. welche Fernsehsendungen will ich mir bewusst nicht ansehen?

- ....
- ....
- ....

5. Innovieren oder konservieren?

Die Zukunft ermöglicht mehr Kreativität, erfordert sie aber auch.

Kreativität ist die wichtigste Zukunftsressource.

Ein Mehr an Kreativität wird möglich, weil es ein Mehr an Anregungen gibt. Immer dann, wenn alte Paradigmen zerfallen und das Neue noch nicht fest etabliert ist, erleben wir spontane Ausbrüche kreativen Denkens. Überall blüht Kreativität auf, so wie nach der Erfindung des Buchdrucks vor 500 Jahren. Die neue Renaissance ist informationstechnologisch bedingt. Mittlerweile hat sich derart viel Wissen angesammelt, dass Wandel heute exponentiell erfolgt, da unser Wissen mit all unseren Erkenntnissen und Erfahrungen aus vielen Bereichen interagiert. Daraus schlussfolgert der amerikanische Managementberater Prof. Warren Bennis, dass wir eine Periode kreativer Destruktion mit zunehmendem Tempo erleben werden.

Die Zukunft fördert die Kreativität

Wie im 3. Kapitel beschrieben, beruhen viele Neuerungen auf der Verknüpfung von Vorhandenem. Je mehr aber vorhanden ist, umso mehr kann in Form neuer Produkte, Dienstleistungen und Verfahren kombiniert und verbunden werden. Der amerikanische Zukunftsforscher *John Naisbitt* schreibt:

»*Tausende und Abertausende von Kombinationen im Bereich der Telekommunikation werden Produkte kreieren, die wir uns heute noch gar nicht vorstellen können. Wenn dann noch dynamische Jungunternehmer um neue Produkte und Dienstleistungen wetteifern, wird daraus etwas Einzigartiges entstehen*« (Naisbitt, 1997, S. 313).

Der Kopf wird zum wichtigsten Arbeitsmittel der Zukunft

Die wirtschaftliche Bedeutung des Wissens

Unsere Zukunft ist untrennbar mit der menschlichen Kreativität verbunden. Ihre Bedeutung wird im Wirtschaftsprozess u. a. deshalb zunehmen, weil sich viele Unternehmen von der Last des Stofflichen zu befreien versuchen und stattdessen die menschliche Fantasie managen. Heute wird immer weniger Material be- und verarbeitet, dafür aber Informationen und Wissen. Im Jahre 2010 wird das Verhältnis von Hand- zu Kopfarbeit etwa 20 zu 80 betragen. Dort, wo Gegenständliches verkauft wird, sinkt der Wertanteil für das Material immer mehr. Ein Computer, den Sie für 2000 DM kaufen, enthält Materialanteile von vielleicht 200 DM, für das Gehäuse, das Kühlgebläse, den Transformator u.a.m. Die restlichen 1800 DM entfallen auf den vergegenständlichten Intellekt, also für das Innenleben aus Mikroprozessoren und Software, in denen Fantasie, Wissen und Erfahrung stecken. Das eigentliche Fertigungskapital eines Hardwareherstellers ist die menschliche Fantasie. Das gilt noch stärker für Softwareproduzenten. Den Beweis liefern Unternehmen wie Microsoft und SAP mit ihren exorbitanten Renditesprüngen und sich astronomisch entwickelnden Börsenwerten. Fantasie und Wissensbesitz sind heute wichtiger als der Besitz von Produktionsmitteln an Rhein und Ruhr. In einem »Spiegel«-Interview sagte Bill Gates, dass es im Softwaregeschäft nicht so sehr auf das Kapital ankomme als auf erstklassige Leute (Der Spiegel, 8/1997). An die Stelle von Kraft und Technik ist Kreativität und Flexibilität getreten.

Die Kreativen schlagen die Starken und Mächtigen

Nicht mehr die Stärksten und Mächtigsten überleben, sondern die Kreativsten. Darum ist der Ruf nach besseren, nach anderen, nach innovativen Dienstleistungen und Produkten gleichzeitig ein Appell an Mitarbeiter und Manager, mehr Kreativität zu entwickeln und zu ermöglichen. Kreativität und Wissen werden immer mehr als Produktivkraft entdeckt, aber leider noch immer zu wenig genutzt.

Wissensarbeiter – die Zukunftsklasse

Auf dem Weg ins 21. Jahrhundert geben Branchen den Ton an, die auf Kopfarbeit setzen und keine natürliche Heimat an Bachläufen oder über Kohleflözen benötigen. Ein gewisser Mangel an natürlichen Ressourcen kann sogar vorteilhaft sein, da die Branchen der Zukunft ausnahmslos mit Wissen konkurrieren. Mikroelektronik und Biotechnologie können sich an fast jedem Ort der Welt ansiedeln. Wissen kann problemlos transportiert und überall mit hingenommen werden – so wie Ross Perot es tat, als er IBM verließ und EDS gründete. Produktionsmittel, einstmals die traditionelle Grundlage des Kapitalismus, sind heute buchstäblich im Besitz der Mitarbeiter, weil sie allein die Bedienungsgewalt über sie haben. Wissen ist dank internationaler Vernetzung weltweit verfügbar und austauschbar. Darum sind die Wissensarbeiter die Klasse der Zukunft.

Handarbeit wird durch Kopfarbeit ersetzt. Wissen und Fantasie sind das Fertigungskapital eines Unternehmens im 21. Jahrhundert. Hightech-Produkte sind der vergegenständlichte Intellekt von Mitarbeitern.

Die Innovationsfähigkeit des Managements

Das drittklassige deutsche Management

Sind unsere Unternehmer, Manager, Politiker und Spitzenbeamten fähig, diese Erkenntnisse zukunftsgestaltend zu nutzen? Verfügen sie über die Kraft, der Schwerkraft der Vergangenheit zu entfliehen, oder sind sie bereit, ihre eigenen orthodoxen Vorstellungen infrage zu stellen? Wenn man den Ergebnissen des *International Institute for Management Development*, Lausanne, Glauben schenkt, dann droht deutschen Führungskräften die Gefahr, in die Drittklassigkeit abzufallen. In den Jahren von 1992 bis 1998 sind die deutschen Manager von Platz 10 auf Platz 20 abgesackt. Die Ursachen liegen in der Qualifikation des deutschen Managements. Aber auch die mangelnde Innovationsfähigkeit (nur Rang 33 im Weltvergleich) und die defizitäre Kundenorientierung (Rang 23) sind hierfür mitverantwortlich (Der Spiegel, 23/1996).

Der Chef von General Electric, der Iacocca der Neunzigerjahre, *Jack Welch*, ist noch härter in seinem Urteil über das deutsche Management:

»Das (deutsche) Management ist tief in der Vergangenheit verwurzelt. Es wird viel Wert auf Status gelegt und auf die Rolle, die man in der Gesellschaft spielt« **(Manager Magazin, Aug. 1996).**

Auch auf die Bezahlung wird viel Wert gelegt. Hier haben die deutschen Manager Weltklasse-Niveau (Der Spiegel, 23/1996).

Patentanmeldungen als Innovationsindikator

Als Indikator für die Kreativitäts- und Innovationsmüdigkeit des deutschen Managements kann die Zahl der Patentanmeldungen herangezogen werden. In Deutschland wurden 1997 zwar 75 576 Patente angemeldet, aber bei den Zukunftstechnologien liegt Deutschland weit hinter Japan und den USA zurück. Die deutschen Patente konzentrieren sich auf klassische Industrien und die Mechanik, also auf Sektoren, die heute nicht mehr die Marktchancen bieten wie vor 20 Jahren. Wie viele Warnungen müssen »Innovationsprediger« wie Prof. Erich Staudt noch aussprechen, bis Deutschlands Politiker und Unternehmer begreifen, dass der beständige Innovationsstrom genauso wichtig ist wie die Sauerstoffzufuhr für den menschlichen Körper? Es ist ein merkwürdiger Widerspruch, einerseits Innovationskongresse zu veranstalten und Zukunftsbekenntnisse abzugeben, während man andererseits den Braunkohle- und Steinkohleabbau mit Milliarden Mark subventioniert.

Sicherheitsdenken statt Wagniskultur

Die deutsche Innovationsschwäche ist auch Ausdruck einer verkümmerten Wagniskultur. Junge Menschen ziehen einen sicheren Arbeitsplatz in einer traditionsreichen Großbank einem Pionierjob in einem »Hightech-Turnschuhunternehmen« vor. Wer aber nichts Neues wagt, sondern Geschaffenes lediglich konserviert oder als Erbe von der Substanz zehrt, wirkt wie Sand im Getriebe des Strukturwandels. Der bekannte deutsche Ökonom Prof. Wilhelm Hankels warnt vor einer weiteren Verkrustung der Gesellschaft, wenn Vermögende mehr Lebenschancen erhalten als jene ohne Geld, aber mit innovativen Ideen (Der Spiegel, 17/1998).

Dies wäre fast das Schicksal von Stephan Schmabach, einem EDV-Tüftlertyp aus der ehemaligen DDR, geworden. Seine Software für den elektronischen Einkauf hat ihn zum erfolgreichsten Hightech-Unternehmer Deutschlands gemacht. Eigentlich hatte er seine Software dem renommierten EDV-Großhändler »Computer 2000« zu einem Spottpreis zwecks verbesserter Auftragsabwicklung angeboten. Doch die »erfahrenen« Manager dieses Hauses lehnten das Angebot ab, so dass Stephan Schmabach gezwungen war, sein Knowhow selbst zu vermarkten. Welch ein Glück für den 27-Jährigen. Seine *Intershop AG* hat heute über 350 Mitarbeiter und gilt in Börsenkreisen als erste Adresse.

Leider mangelt es unserer Wirtschaft an Turnschuhunternehmern des Typs Schmabach und Windhorst. Auf einen Dynamiker kommen Dutzende von Lethargikern. *Klaus Doppler*, Spezialist für Change-Management, versucht eine Erklärung:

»Menschen, die jahrelang auf Anpassung, Gehorsam und Unterwürfigkeit konditioniert wurden, verbietet eine aus dieser Erfahrung erworbene Klugheit, sich ohne Mehrfachvergewisserung auf Veränderungen einzulassen« (Doppler, 1991).

Die Rolle der Schlagwortlieferanten

Kreativ sein oder schon Gedachtes denken?

Für die hier benannten Probleme unserer Gesellschaft kann man nicht nur die deutschen Politiker verantwortlich machen. Auch unsere Führungskräfte tragen eine gehörige Portion Mitschuld. Diese besteht u. a. darin, dass sie das Denken verlernt haben. Sie lassen denken, vorzugsweise von Schlagwortlieferanten, die sich Consultants nennen. So können sie das nach-denken, was die Berater vorgedacht haben. Viele unserer Wirtschaftskapitäne denken das schon Gedachte, weil sich dies in der Vergangenheit als erfolgreich erwies. Neues zu machen bedeutet für sie die Sicherheit zu verlassen. Man sieht die goldene Zukunft der Firma in der Vergangenheit. In diesem Falle besteht das Denken darin, die eigene Meinung neu zu ordnen. Viele drücken sich lieber gleich vor dem Denken, da dieses, wie schon Henry Ford erkannte, die anstrengendste Arbeit überhaupt ist. Sie geben sich lieber dem Komfort des Glaubens hin. Wie Recht hatte doch IBM mit seiner Einwortphilosophie »Think«. Man sollte nur darauf achten, dass nicht alle gleich denken.

Consultants talk funny and make money

Unsere Manager sind tiefgläubige Menschen. Sie glauben vielleicht nicht an den lieben Gott, dafür aber umso inniger an das, was ihnen Wirtschaftsgurus verschiedener Provenienz soufflieren, in Büchern und auf Seminaren. Diese haben zwar oft einen hohen Markt- und Unterhaltungswert, aber leider nur einen minimalen Gebrauchswert. Der Innovationsforscher Prof. Erich Staudt meint, dass 99 Prozent dieser Seminare rausgeschmissenes Geld sind.

Das Beispiel des »Mind-Agenten« und »Space-Praktikers« Gerd Gerken

Unsere Wirtschaft ist eine Art Glaubensgemeinschaft mit den dazugehörigen Propheten und Priestern. Als Hohepriester versucht sich Deutschlands wichtigster »Mind-Agent« Gerd Gerken, »Space-Praktiker« und Begründer der »transversalen Vernunft« sowie Experte für »Management-Oszillationen« (das ist nur eine kleine Auswahl seiner Wortschöpfungen). Diese und andere »bedeutungsschwangere« Worte drücken mehr aus, als sie eigentlich beinhalten.

Verbales Feuerwerk statt Problemlösung

Gerken gehört zu jenen Genies, die durch ihre besonderen Geistesgaben dazu verurteilt sind, von Leuten wie mir missverstanden zu werden. Von den esoterischen Verbalbombenwerfern ist er der Meister der nichts sagenden Mehrdeutigkeit und Unverständlichkeit. Aber er verfügt über die seltene Gabe, Ideen in Wortblitze zu verpacken, die wie Silvesterraketen hell erstrahlen und schnell erlöschen. Die wörtliche Bedeutung seiner Begriffsschöpfungen ist weniger wichtig als deren Klang und die dadurch ausgelöste Stimmung sowie der Eindruck auf die Zuhörer. Aber Gerkens Anhängerschaft im Management greift gern zu verbalen Ecstasypillen. Dahinter verbirgt sich der Glaube und Wunsch, dass sich der ersehnte Zustand automatisch einstellt, wenn man Gerkens Zauberworte nur häufig genug wiederholt. Weiterbildungsleiter, die für diese Managementséancen bereitwillig auch noch Tagesgagen von über 20 000 DM zahlen, können Inszenierung nicht von Inhalt unterscheiden. Der Personalentwickler eines deutschen Handelsunternehmens spricht ein hartes Urteil über diese Kollegen: *»Wer diesen Leichtgewichten mit den schweren Honorarvorstellungen zutraut, dass sie die Probleme in seinem Laden lösen, der ist möglicherweise das Problem.«* Ein amerikanisches Sprichwort ist noch deutlicher: »Consultants talk funny and make money.«

Quantensprünge statt nur einfach Erfolg

Jedes Jahr erscheinen in Deutschland etwa 200 neue Managementbücher, werktäglich also eines. Die Titel versprechen nicht einfach nur den Erfolg, sondern Megasuccess. Es geht nicht mehr nur um Verbesserungen, sondern um Quantensprünge. Jeder dritte Titel beinhaltet eine Erhöhung in Form eines Komparativs oder Superlativs. Auch die elementarsten Alltagsgeschehnisse werden auf eine Höhe gehoben, die ihnen monumentalen Charakter verleihen. So gehen Menschen nicht einfach nur arbeiten. Das klingt viel zu einfach. Im Beraterdeutsch heißt es, dass sie »als Prozessakteure in Wertschöpfungsketten interagieren«. Wow!

Der Siegeszug der Anglizismen

Aber es ist nicht ganz unvernünftig, kompliziert zu formulieren. Ein verständlich geschriebenes Buch läuft Gefahr, nicht ernst genommen zu werden. Außerdem ist der Siegeszug der Anglizismen nicht mehr zu stoppen. Es klingt cool, anglo-german Mischmasch zu sprechen, auch wenn nur Quatsch dabei herauskommt. Aber in ihrer jüngeren Geschichte erwies sich die deutsche Sprache schon immer als anfällig für Begriffsimporte, abstrakte Formulierungen und schwer verdaulichen Begriffsgulasch, der zusammen mit Satzspagetti verabreicht wird. Man muss Gertrud Höhler und Reinhard Sprenger für ihren publizistischen Beweis danken, dass die deutsche Sprache mit ihren 200 000 Verben (!) völlig ausreicht, um treffend zu formulieren und gute Managementbücher zu schreiben.

Rezeptbücher ohne Inhalt

Bei vielen Management-Rezeptbüchern handelt es sich nicht um wissenschaftliche Publikationen, sondern um die publizistisch verpackte Werbung eines egostrategisch orientierten Beraters oder Trainers. In diesen *»Me-too«*-Büchern wimmelt es nur so von gut klingenden Worthülsen, Checklisten und Grafiken, oft als Ersatz für die fehlende intellektuelle Präzision und skeptisches Hinterfragen. Manager greifen gierig zu solchen »Gebetbüchern«. Sie hoffen, so von schwierigen Entscheidungen befreit zu sein. Dabei übersehen sie, dass sich gutes Management vom »Sowohl – als auch« und nicht vom »Entweder – oder« leiten lässt. Der Mannheimer BWL-Professor Alfred Kieser kritisiert meines Erachtens völlig zu Recht, dass sich viele der Business-Heilslehren bei genauerem Hinsehen als bloße Rhetorik entlarven.

Performance statt Inhalt

Die Unsicherheit, Falsches zu tun, die Urangst vor Kontrollverlust, der Hunger nach Rezepten und Regeln, nach Ritualen und Verkündigungen verführt zum Buchkauf oder Seminarbesuch. Bei genauerem Hinsehen stellen Sie fest, dass in den Büchern oft das Gleiche oder zumindest sehr Ähnliches steht. Auch Berater und Trainer waschen alle nur mit Wasser, meistens mit dem gleichen. Um sich abzuheben, wird die Inszenierung so optimiert wie bei der in MTV oder VIVA servierten Popmusik. Performance, Rhetorik und Verpackung sind wichtig, aber ersetzen keinen Inhalt. Ohne den Reichstag wäre dessen Verpackung durch den »Einwickelkünstler« Christo ein schlaffes, herunterhängendes Tuch geblieben. Auch Kleider machen Leute, die gar keine sind. Mode kleidet, bezeugt aber keine Modernität. Das gilt auch für unsere Businesswelt. Es ist traurig, meint der schon erwähnte Fredmund Malik, dass der wichtigste Beruf unserer Gesellschaft, der des Managers, von Modewellen, Scharlatanerie und schlichtem Unfug beherrscht wird. Was früher Medizinmänner, Hofnarren oder Wahrsager erledigten, wird heute von esoterisch angehauchten Unternehmensberatern und Führungstrainern geleistet. Ich selbst hatte einmal das Vergnügen, an einem »holistischen« Kreativitätstraining teilzunehmen, auf dem mittels Knetmasse und Hechelübungen die Kreativität der Teilnehmer aktiviert werden sollte. Um dies zu verstärken, fand jeweils morgens ein kollektives Urschreibekenntnis »heute bin ich kreativ« statt. Das hatte weniger mit Krea(k)tivierung als mit Infantilisierung zu tun. Für diesen dreitägigen Unsinn zahlten 15 Teilnehmer bereitwillig je 1600 DM. Meine Kritik an dieser Art von Seminar wurde von dem »Kreativitätspsychologen« mit dem Hinweis auf eine in mir schlummernde Urangst vor der Kreativität pariert, deren Ursache wahrscheinlich auf frühkindlichen Störungen beruht. Das Problem lag also allein bei mir.

Eine beachtenswerte Empfehlung

Am Ende seiner Untersuchung über »Die heimlichen Gewinner« schreibt mein Namensvetter *Prof. Hermann Simon*, dass sich Spitzenunternehmen vom gesunden Menschenverstand leiten lassen. An grundlegenden und erfolgreichen Management-Praktiken scheint sich im Zeitablauf nicht viel zu ändern. Anstatt jeder neuen Managementmode nachzulaufen, sollten Unternehmen ihren bewährten Methoden weiterhin folgen und diese ständig weiterentwickeln.

»Als Unternehmer sollte man stets kritisch bleiben und sich nicht zu sehr über den letzten Artikel zur neuesten Wundermedizin für Unternehmen aufregen« (Simon, H., 1996, S. 296).

Change-Management ist Innovationsmanagement

Managementmoden sind schnelllebig

Neue Moden kommen und gehen. Sie sind das Perpetuum mobile des Beratungsmarktes. Auf Lean-Management folgte Business Reengineering. An die Stelle von Wertanalysegruppen sind Qualitätszirkel getreten. Transaktionsanalyse ist out, Neuro-Linguistisches Programmieren ist in. Die Zyklen werden immer kürzer und die Bereitschaft zum Modeselbstmord immer größer. Es muss Platz für neue Business-Kollektionen geschaffen werden. Neue Moden müssen her, um die alten und die mit ihr verbundenen Umsetzungsprobleme schnell vergessen zu lassen. Die Couturiers bleiben die gleichen. Es sind dieselben, die gestern noch Diversifikation empfahlen und heute für die Konzentration auf Kernkompetenzen plädieren. Das war nicht grundsätzlich falsch, aber auch nicht immer richtig. In unseren Organisationen hat sich kaum etwas geändert, aber das Reden über die Organisation ist anders geworden, nämlich begriffsreicher, englischer und mehrdeutiger. Wer sich deutsch ausdrückt, gerät in Gefahr, dass man seine fachliche Kompetenz anzweifelt. Diesem Leader fehlt dann das Commitment und er braucht ggf. einen Coach.

Denken statt Trendsurfen

Das Reden über Organisation ist im Vergleich zu früher nicht inhaltsreicher. Namen und Zuordnungen haben sich geändert, nur das Denken ist das alte geblieben. Ich glaube, dass es in den nächsten Jahren keine großartigen Neuentwürfe hinsichtlich Führung und Organisation geben wird, so wie es beim Scientific-Management (Taylorismus) und Lean-Management (Toyotismus) der Fall war. Unsere Entscheidungsträger in der Wirtschaft sollten das Trendsurfen einstellen und stattdessen wieder denken lernen.

Unternehmen müssen nicht nur besser, sondern auch anders werden

Unternehmen haben in den letzten zehn Jahren viele Strategien ausprobiert, z. B. die Gemeinkosten-Wertanalyse, Lean-Management und Business Reengineering, aber leider nicht die Innovationsstrategie.

Die einseitige Betonung der Produktivität hat dazu beigetragen, dass die Innovation ins Hintertreffen geriet. Kostensenkung, Qualitäts- und Kundenorientierung allein reichen nicht mehr aus. Mit ihnen schafft man keine Innovationen für zukünftige Märkte.

Natürlich waren viele Maßnahmen überfällig, um abzuspecken und um sich im Interesse der Wettbewerbsfähigkeit zu revitalisieren. Aber Unternehmen müssen nicht nur kleiner und besser, sondern auch *anders* und somit innovativer werden. Sie müssen das bisherige Repertoire mit den Elementen Kreativität und Innovation ergänzen, denn Change-Management ist Innovationsmanagement.

Denken Sie das Undenkbare: das Beispiel Oticon

Vielleicht wäre es empfehlenswert, wenn unsere Unternehmen mit der Oticon-Methode Zukunftsgestaltung betrieben. Der dänische Hörgerätehersteller Oticon empfängt seine Besucher und Mitarbeiter mit folgendem in Granit gehauenen Leitspruch: »Cogitate incognita« – »Denken Sie das Undenkbare«. In diesem Unternehmen wurde das Undenkbare eingeführt, eine Spagetti-Organisation ohne Arbeitsplatzbeschreibungen und Privilegien, in der man sich kaum noch um Formalitäten, sondern um Leistung und Ergebnisse kümmert. Man schuf hundertprozentig projektorientierte Geschäftseinheiten, in der die Mitarbeiter ihre Aufgaben selbst finden und selbstverantwortlich erledigen. So wurden verloren gegangene Marktanteile zurückgewonnen und rote Zahlen schnell in Rekordgewinne umgewandelt. Denken Sie das Undenkbare!

Zukunftstauglichkeit für Unternehmen

(nach Gary Hamel und C.J. Prahalad)

Ein Test

Ob und inwieweit Ihr Unternehmen zukunftsfähig ist, zeigen die Antworten auf die nachfolgenden Fragen. Kreuzen Sie das Zutreffende an und verbinden Sie die Kreuze zu einer Linie. Je weiter die Linien links verlaufen, um so eher sind die Zukunftsbestrebungen Ihres Unternehmens defensiv. Wahrscheinlich widmet man sich der Vergangenheit mehr als der Zukunft. Verläuft die Linie eher rechts, dann bezeugt dies ein offensives Herangehen an die Zukunftsgestaltung. Ein solches Unternehmen ist eher in der Lage, neue Wettbewerbsregeln vorzugeben.

Wie sieht die Vorstellung des Topmanagements von der Zukunft aus, verglichen mit der Konkurrenz?	Konventionell und reaktiv	0 0 0 0 0	Distinktiv und weitblickend
Welcher Aufgabe widmet das leitende Management größere Aufmerksamkeit?	Reengineering der Kernprozesse	0 0 0 0 0	Erneuerung der Kernprozesse
Ist Ihr Unternehmen in den Augen der Konkurrenz eher eines, das Regeln macht, oder eines, das Regeln übernimmt?	In erster Linie Übernahme von Regeln	0 0 0 0 0	In erster Linie Festlegung der Regeln
Liegt die Stärke Ihres Unternehmens eher in der Erhöhung der Betriebseffizienz oder in der Erschließung neuer Geschäftsfelder?	Betriebs-effizienz	0 0 0 0 0	Entwicklung neuer Geschäftsfelder
Dienen die Bemühungen Ihres Unternehmens zur Erringung von Vorteilen eher dazu, die Konkurrenz einzuholen, oder eher dazu, für die Branche ganz neue Vorteile zu entwickeln?	Hauptsächlich dazu, die Konkurrenz einzuholen	0 0 0 0 0	Hauptsächlich dazu, für die Branche ganz neue Vorteile zu entwickeln
Bis zu welchem Ausmaß sind die Umwandlungsbemühungen Ihres Unternehmens von den Maßnahmen der Konkurrenz bestimmt, inwieweit beruhen sie auf eigenen, unabhängigen Zukunftsvisionen?	Größtenteils von der Konkurrenz bestimmt	0 0 0 0 0	Größtenteils von eigenen Visionen bestimmt
Sind die leitenden Manager eher mit der Gegenwart beschäftigte Wartungstechniker oder die Zukunft gestaltende Architekten?	Vor allem Wartungstechniker	0 0 0 0 0	Vor allem Architekten
Was herrscht unter den Mitarbeitern Ihres Unternehmens vor: Angst oder Zuversicht?	Eher Angst	0 0 0 0 0	Eher Zuversicht

Zusammenhänge erkennen und systemisch denken
... oder wie Sie vor lauter Bäumen den Wald wieder sehen können

Die gute alte Zeit

Es gab Zeiten, da war die Welt übersichtlicher. Alles hatte seinen Platz: die Stahlfabrik gleich neben dem Bergwerk und nicht weit davon entfernt das Stahl verarbeitende Gewerbe. Man wurde in einer Region geboren, wuchs dort auf, ging dort arbeiten, lebte dort und wurde dort auch begraben. Das Umfeld war vertraut und gab den Menschen eine gewisse Sicherheit.

Die zunehmende Unübersichtlichkeit heute

Im Laufe der Zeit hat sich die Wirtschaft immer mehr verflochten, Märkte wurden erweitert, Verkehrswege erschlossen, neue Erfindungen gemacht, die Informations- und Kommunikationsmöglichkeiten nahmen zu, die gesellschaftlichen Regelungssysteme in Form von Gesetzen und Verordnungen erweitert. Das eine ergab das andere, und alles hängt mit allem irgendwie zusammen und wirkt aufeinander. Alte Sozialgebilde verschwinden, neue entstehen und verändern sich in Windeseile. Welten wurden ineinander verschachtelt. Die Zusammenhänge wurden immer komplexer und darum immer weniger erkennbar. Die neue Unübersichtlichkeit ist zu einem Problem geworden. Vor lauter Wald sehen wir oft die Bäume nicht mehr. Den einzelnen Baum aber begreift man nicht, wenn man ihn isoliert vom Wald untersucht.

Kleine Ursachen, große Wirkung

Die Totalkomplexität der uns umgebenden Welt muss Folgen für unser Handeln haben, da wir mit unserem Tun oder Lassen auf unsere soziale und natürliche Umwelt einwirken. Die Unaufmerksamkeit meines Nachbarn nach einer langen Faschingsnacht war Ursache eines Autounfalls am folgenden Morgen auf der Autobahn. Es entstand ein 20 Kilometer langer Stau kurz vor den Toren von Frankfurt am Main. 30 000 Menschen kamen zu spät zur Arbeit. Der Streik spanischer Fernfahrer im Jahre 1997 führte dazu, dass in deutschen Autofabriken die Produktion gestoppt werden musste. Wenn der amerikanische Notenbankchef hüstelt, kann das einen weltweiten Börsencrash verursachen.

Handeln und Nichthandeln haben Folgen

Diese Beispiele zeigen, dass alle Handlungen oder Unterlassungen Folgen haben, oft sehr weitreichende, wenn wir an die natürliche Umwelt denken. Darum ist es in der Zukunft noch wichtiger als heute, in Zusammenhängen denken zu können. Das gilt auch für jene Zeitgenossen, die den Ausstieg aus der Kernenergie fordern und gleichzeitig gegen atomare Endlager protestieren. Besonders wirtschaftlich Verantwortliche müssen wissen, dass die Folgen ihrer Handlungsweisen meist weitreichender sind als die in der Bilanz ausgewiesenen Ergebnisse.

Vernetzungen erkennen – Komplexität handhaben

Es reicht heute nicht mehr, komplizierte Zusammenhänge mittels »analytischer Reduktion« im Sinne von »wenn – dann« bzw. »Ursache – Wirkung« begreifbar zu machen. Statt Problemlösungen durch analytische Vereinfachungen beherrschen zu wollen, müssen wir Zusammenhänge und Vernetzungen erkennen und mit Komplexität umgehen können. Die Probleme und Krisen unserer Zeit haben keine simplen, lokalen Ursachen. Es ist denkbar, dass wir uns bezogen auf ein Mikrosystem logisch richtig verhalten, während wir uns bezüglich des Gesamtsystems falsch verhalten. So kann der Wettbewerb ein Unternehmen dazu zwingen, Arbeitnehmer zu entlassen, womit er das Problem der Arbeitslosigkeit vergrößert, die wiederum auf das Unternehmen zurückwirkt. Indem sich jeder innerhalb seines Mikrosystems richtig verhält, wird es schwer, die Verhaltensweisen auf der Ebene des Makrosystems zu steuern.

Alle modernen Managementkonzepte, wie Change-Management, Lernende Organisation, Prozessmanagement u. Ä., finden ihre theoretische Fundierung in der in diesem Kapitel vorgestellten Systemtheorie. Die dabei beschriebenen Denk- bzw. Arbeitsmethoden bieten Lösungen an, die Ihnen helfen, Komplexität in den Griff zu bekommen. Das ermöglicht Ihnen, Projekte ziel- und funktionsgerecht zu gestalten.

Wenn Sie lernen, systemisch zu denken, fördert das zugleich Ihre Kreativität, da beides in enger Beziehung zueinander steht. Wenn Sie Zusammenhänge erkennen oder gedanklich herstellen können, ermöglicht das Produkt- oder Ablaufinnovationen.

Der kreative Denker überspringt Grenzen eines Systems, um sich in anderen Revieren nach Brauchbarem umzuschauen. Er bringt Systemelemente zusammen und formt diese zu einem neuen System. Die Fähigkeit, Beziehungen zwischen Systemen und Teilsystemen bzw. Systemelementen herzustellen, ist eine der Grundvoraussetzungen kreativen Denkens. Die Wissensexplosion und der informationstechnologische Fortschritt beim Übergang in das 21. Jahrhundert beruhen auf solchen Verknüpfungen. Doch dazu mehr im 3. und 4. Kapitel.

1. Mit System systemisch denken

Systemisch ist nicht systematisch

Der Begriff »Systemisches Denken« verbreitet sich immer mehr. Damit ist etwas anderes gemeint als das, was man umgangssprachlich »systematisch« nennt. Systematisch zu denken bedeutet, analytisch und linear Schritt für Schritt vorzugehen. Hier wird für Ereignisse und Veränderungen nach *einer* Ursache gesucht. Die Ausgangsprämisse lautet: *Wenn ... – dann ...* Bei einem Gewerkschafter kann das zu folgender Aussage führen: »Preissteigerungen müssen Lohnerhöhungen nach sich ziehen.« Der Arbeitgebervertreter hält dem entgegen: »Lohnerhöhungen müssen zu Preissteigerungen führen.« Im Gegensatz dazu richtet das systemische Denken sein besonderes Augenmerk auf nichtlineare Abläufe und betrachtet diese ganzheitlich mit all ihren Wechsel- und Rückwirkungen. Der systemisch denkende Zeitgenosse antwortet dem Gewerkschafter und dem Arbeitgebervertreter: Preissteigerungen bewirken Lohnerhöhungen, und Lohnerhöhungen führen zu Preissteigerungen, und diese führen wieder zu Lohnerhöhungen usw. usf.

Vier wichtige methodische Empfehlungen

Aber es gibt auch für das systemische Denken eine Art Systematik, indem man sich bemüht, Sachverhalte mehrdimensional, dynamisch-prozesshaft, ganzheitlich und zugleich detailliert zu betrachten. Anders ausgedrückt: Man versucht, geradeaus, im Kreis, um die Ecke, im Vieleck und im Netz zu denken. Beachten Sie dabei diese vier Empfehlungen:

1. Denken Sie in Wirkungszusammenhängen statt in Kausalketten.
2. Berücksichtigen Sie Neben- und Fernwirkungen von Entscheidungen.
3. Klären Sie Zielzusammenhänge und Zielhierarchien.
4. Beachten Sie die Eigendynamik des Systems.

Überlegen Sie doch bitte für einen kurzen Moment, welche Veränderungen

- das Fernsehen
- das Telefon
- das Flugzeug
- der Computer

in der gesamten Lebensweise der Menschheit bewirkte? Welche Wirkungszusammenhänge, welche Nah- und Fernwirkungen sehen Sie? Welche Entwicklungsmöglichkeiten erkennen Sie?

2. Erkenne das Ganze und seine Teile

Der Körper als System

Sie, lieber Leser, sind in Ihrer körperlichen, seelischen und geistigen Zusammengehörigkeit ein System. Ihr Körper besteht aus vielen Teilsystemen, z. B. dem Herz-Kreislauf-System oder dem Hormonsystem, die sich ihrerseits aus Teilsystemen zusammensetzen. Zum Herz-Kreislauf-System gehören z. B. die Lunge, das Herz, die Arterien und Venen. Alle haben lebenswichtige Teilaufgaben. Zugleich benötigt das eine System das andere.

Das Unternehmen als System

Als Berufstätiger arbeiten Sie in einem Unternehmen, das aus mehreren Abteilungen besteht, so z. B. der Logistik, der Produktion und dem Vertrieb. Sie lesen möglicherweise Zahlen oder Sachverhalte aus Bilanzen oder von Anzeigegeräten ab, ohne zu wissen, was die Anzeige letztendlich genau bedeutet. Sie wissen aber, dass Sie so arbeiten müssen, dass die Zahlen oder der Zeiger immer in dem von der Betriebsanweisung vorgesehenen Bereich stehen muss. Sie reagieren in der Regel nur auf ihre Teilaufgabe, oft ohne das Ganze zu kennen. Auf das, was außerhalb Ihres Bereiches passiert, können Sie nur sehr begrenzt reagieren. Trotzdem funktioniert das Ganze, ebenso wie die Branche, zu der Ihr Unternehmen gehört. Diese wiederum ist ein Element der nationalen Volkswirtschaft, die ihrerseits zur europäischen Wirtschaftsgemeinschaft und globalen Weltwirtschaft gehört.

Bad Nauheim als System

Am Beispiel meines Wohnortes Bad Nauheim will ich die Elemente eines sozialen Gesamtsystems versuchsweise als Modell darstellen. Die folgende Grafik zeigt, welche Elemente das Stadtsystem konstituieren, jedoch ohne Anspruch auf Vollständigkeit. Bei dieser Abbildung und den weiter hinten dargestellten stand die Frage nach den Zukunftsfaktoren im Vordergrund. Darum wurde auf die Darstellung der internen Systemelemente wie Einwohnerschaft, Kommunalpolitik, Vereine und Verbände, Handel und Gewerbe u. Ä. verzichtet.

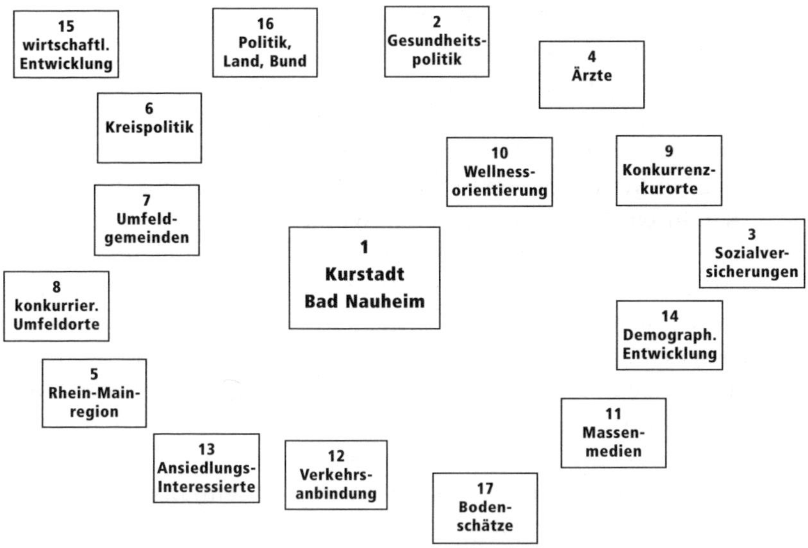

Die Kommune als System

Auch der Ort, in dem Sie leben, ist ein Sozialsystem mit sehr vielen Teilsystemen. Dazu gehören die Parteien und Vereine, die Einwohner und die Verwaltung, die Stadtwerke und die Verkehrsbetriebe, die Schulen und Kindergärten. Ihr Ort ist Teil eines übergeordneten Systems, nämlich des Kreises, des Regierungsbezirks und des Bundeslandes sowie der Bundesrepublik Deutschland. Sie erkennen, unsere Welt besteht aus unendlich vielen miteinander verbundenen, aufeinander einwirkenden Systemen. Die uns Menschen umgebende Realität ist ein System von Systemen. Was wir im Einzelfall als System bezeichnen, hängt von unserem Interesse bzw. unserem Blickwinkel oder unserer Eingrenzung ab.

Die Wissenschaft als System

Das wird deutlich an der Wissenschaft, die es mit der Erforschung von Systemen zu tun hat und diese darum eingrenzt. So erforscht z. B. die Biologie die Struktur und das Verhalten organischer Systeme; die Soziologie die Struktur, Bewegung und Entwicklung gesellschaftlicher Gebilde; die Volkswirtschaft analog das Wirtschaftssystem. Die Philosophie bemüht sich um die Gesamtschau. Wenn Sie durch eine Kamera mit Zoomlinse blicken, können Sie je nach Interesse die Bildausschnitte immer mehr detaillieren. Ebenso verhält es sich mit dem systemischen Denken.

Ganz allgemein kann man ein System so definieren:
Ein System ist ein aus Teilen bestehendes Ganzes.

Da auch ein Haufen Steine ein aus Teilen bestehendes Ganzes ist, müssen wir die Definition erweitern, denn unser Interesse gilt sozialen Systemen, die untereinander in Verbindung stehen und sich durch Verknüpfung und Einwirkung entwickeln und verändern. Viele Systeme können nur dank des Vorhandenseins eines anderen Systems existieren. Wenn sich dieses verändert, muss sich das andere System mit verändern, sonst geht es unter. Dieses Schicksal droht jenen Unternehmen, die sich veränderten Wettbewerbsbedingungen nicht anpassen. Bewegung kann also ansteckend wirken.

Wenn man diesen Gedankengang in die Definition einbezieht, dann könnte sie so lauten:

Ein System ist eine Ganzheit, die aus dynamischen, untereinander in Verbindung stehenden und sich beeinflussenden Teilen besteht.

Die Eigenschaften eines Teils werden vom System als Ganzem bestimmt, ebenso wie das Ganze von den Teilen geprägt wird. Das Verhalten von Mitarbeitern gegenüber Kunden hängt u. a. von der ganzen Unternehmenskultur ab, die ihrerseits von den Verhaltensweisen der Mitarbeiter beeinflusst wird.

Analyse und Integration

Für das systemische Denken folgt hieraus, Sachverhalte sowohl *analysierend* als auch *integrierend* zu betrachten. Das stufenweise Umschalten von oben nach unten hat *analysierenden* Charakter, z. B.

➜ Unternehmen → Abteilung → Mitarbeiter,

während das Umdenken von unten nach oben *integrierend* ist, z. B.

➜ Mitarbeiter → Abteilung → Unternehmen.

Systemisches Denken bedeutet, dass es jedoch auch noch andere Möglichkeiten der Systembestimmung und -abgrenzung gibt, z. B.

→ Unternehmen → Vertrieb → Produktion → Einkauf → Verwaltung

oder

→ Aktionäre → Geschäftsführung → leitende Angestellte → kaufmännische und → gewerbliche Mitarbeiter → Lieferanten.

Es kommt also immer auf die Sichtweise und das spezielle Erkenntnisinteresse an.

Bei der analysierenden Betrachtung (Pfeil von oben nach unten) wird ein System in seine Teile zerlegt, erklärt und zu einem Wissen über das Ganze zusammengefügt. Bei der integrierenden bzw. systemischen Betrachtung (Pfeil von unten nach oben) werden die Teilsysteme als Teil eines Hauptsystems betrachtet, erklärt und ebenfalls zu einem Wissen über das Ganze zusammengefügt.

3. Erkenne die Verbindung zwischen dem Ganzen und seinen Teilen

Ordnung ermöglicht Zusammenleben

Wenn die Teile des Systems aufeinander einwirken, dann muss zwischen ihnen eine Verbindung bestehen. So ist z. B. die Zugehörigkeit zu einer speziellen Gruppe von bestimmten Voraussetzungen abhängig. Wer Mitglied einer Gewerkschaft werden will, muss Arbeitnehmer sein. Die Mitgliedschaft setzt gewisse Handlungen, aber auch Unterlassungen voraus. Ohne diese Ordnung wäre soziales Zusammenleben unmöglich. Nichts ist aus sich heraus allein verständlich, sondern immer nur im Kontext des Ganzen.

Die Zuordnungen der Systemelemente innerhalb unseres abgebildeten Beispiels Bad Nauheim erfolgte auf der Grundlage meiner persönlichen Systemstrukturierung. Die Zuordnung der Elemente hängt immer von der Sichtweise und vom Erkenntnisinteresse desjenigen ab, der das System konstruiert. Ein anderer Mitbürger meiner Stadt käme wahrscheinlich zu einer anderen Systemgliederung.

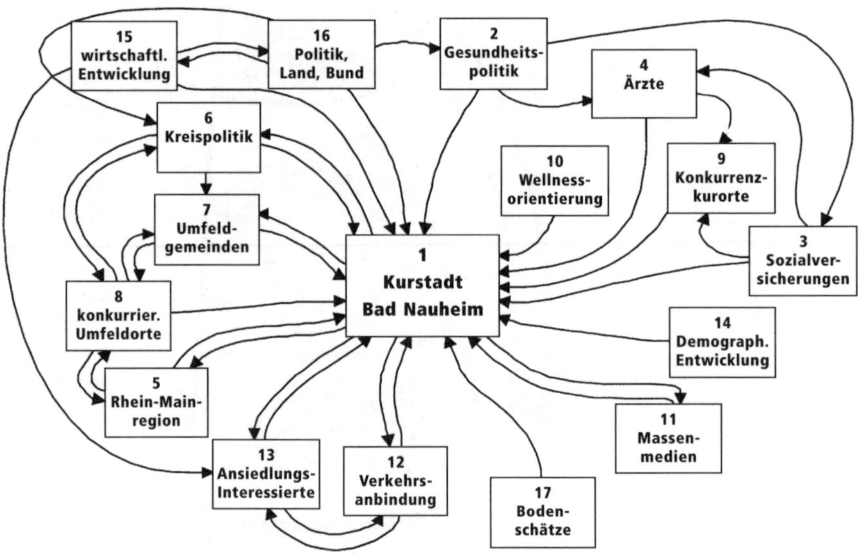

Netzwerk statt Kausalkette

Die Verbindung zwischen dem Ganzen und seinen Teilen kann *monokausal* bzw. *linear* sein, etwa in dieser Form: Kugel A trifft auf Kugel B, diese auf Kugel C usw. Oft sind es aber mehrere Ursachen. An die Stelle der Kausalkette muss darum die Vorstellung eines *Netzwerkes* treten. Firma A senkt die Preise, um größere Mengen abzusetzen. Daraufhin senkt auch das Unternehmen B seine Preise, während Firma C mit einem Mehr an Qualität ihre Marktposition zu behaupten versucht. Unternehmen D reagiert mit einer Werbeoffensive, um seinen Bekanntheitsgrad und damit seine Umsatzanteile zu erhöhen. Da diese Unternehmen vielleicht schon lange im Wettbewerb stehen, ist nicht eindeutig, wer den ersten Zug wagte, denn das Verhalten von A ist vielleicht nur die Reaktion auf das Verhalten anderer Mitbewerber.

Wirkung erzeugt Rückwirkung

Innerhalb dieses Netzwerkes ist es mehr als fraglich, ob es Unternehmen A gelingt, seine Marktanteile auszudehnen. Das hier skizzierte Vierersystem ist nicht nur die Addition von vier Einzelunternehmen, sondern ein neues System mit neuen Eigenschaften und eigener Dynamik. Infolge der Verknüpfung entsteht ein Regelkreis mit *positiven* oder auch *negativen Rückwirkungen*. Bei großen Netzwerken, z.B. einer Branche oder einer ganzen Volkswirtschaft, beeinflussen sich ganze Regelkreise, so dass die Ursachenbestimmung kaum noch möglich und der Auslöseort nicht mehr bestimmbar ist.

Offene und geschlossene Systeme

Die Einwirkung auf die Teilsysteme bzw. Systemelemente kann von innen oder auch von außen erfolgen. Zu diesem Zweck wird zwischen *offenen* und *geschlossenen* Systemen unterschieden. Ein biologisches oder soziales System ist immer ein offenes. Nur ein mechanisches Maschinensystem kann man sich, von der Energiezufuhr und den Emissionen einmal abgesehen, als geschlossenes System vorstellen.

Die Relativität geschlossener Systeme

Der Begriff des geschlossenen Systems ist relativ, denn es gibt praktisch kein materielles System, das isoliert besteht. Ganzheitliches Denken muss von der Annahme offener Systeme ausgehen, um den ganzheitlichen Anspruch einzulösen. Sie können jedoch Ihre Systemdefiniton so einrichten, dass Sie es gedanklich mit einem geschlossenen System zu tun haben, um dieses besser untersuchen zu können.

4. Erkenne das Ganze in seinem Verhältnis zur Systemumwelt

Vom Wert der Abgrenzung von Systemen

Soziale Systeme existieren nicht isoliert, sondern in einer Umwelt mit anderen Systemen. Wenn Sie jedoch ein System analysieren wollen, z. B. eine Abteilung im Unternehmen, kann es sinnvoll sein, es gedanklich zunächst von anderen Systemen bzw. von seiner Umwelt abzugrenzen. Was als System und dessen Umwelt gilt, muss der Betrachter entscheiden, je nachdem, für welche Art von Austauschbeziehungen zwischen dem System und seiner Umwelt er sich interessiert.

Die Austauschbeziehungen von System und Umwelt

Wenn, wie ausgeführt, das System und seine Teile voneinander abhängig sind, dann muss das auch für das Verhältnis zwischen dem System und seiner Umwelt gelten. Beide stehen in einem aktiven Austauschverhältnis und beeinflussen sich wechselseitig. Das Unternehmen entnimmt Energie und Material aus seiner Umwelt (Input), um daraus Produkte herzustellen. Diese Produkte gehen als Abfall zurück in die Umwelt und verändern diese in einem Ausmaß, das den Austauschprozess zwischen Mensch und Natur immer mehr gefährdet, ja sogar systemzerstörend wirkt (Output). Man muss also mit der Möglichkeit rechnen, dass ein System so auf seine Umwelt einwirkt, dass es später in dieser Umwelt nicht mehr existieren kann. Auch manche Manager wirken so auf ihre Unternehmen ein, dass diesen der Exitus droht.

Reaktionsweisen

Auf ein solches Ereignis kann ein offenes System auf diese Weisen reagieren:

1. Es kann die Wirkung »neutralisieren«;
2. es löst sich ganz oder teilweise auf;
3. es wandelt seine Struktur.

5. Erkenne die Ordnung des Systems

Orientierung durch Ordnung

In Systemen gibt es Regelmäßigkeiten, aus denen sich *Ordnungsmuster* bilden. Diese prägen Struktur und Verhalten des Systems. Sie erlauben oder verbieten ein bestimmtes Verhalten, stecken Spielräume ab, schränken Freiheit ein und ermöglichen Orientierung. Ohne Ordnung wäre soziales Leben, insbesondere unternehmerisches Handeln, unmöglich. Ein Unternehmen bedarf der ordnenden Gestaltung, materiell und geistig-sinnhaft. Besonders dort, wo Menschen zusammenleben, wird der Zusammenhalt erst durch Rollen, Normen und Strukturen wirksam.

Menschen erwarten, dass auf ihre eigenen Handlungen nicht mit unendlich vielen möglichen Handlungen reagiert wird, sondern mit den erwarteten. Vereine, Familien, Unternehmen, Parteien, Schulen und Universitäten, Behörden, Kirchen, ja selbst die Mafia, sie alle haben Strukturen, Regeln, Aufgaben und Ziele, ohne die der Organisationszweck nicht erreicht wird.

Ordnung durch Komplexitätsreduktion

Soziale Systeme bewegen sich auf einem hohen Ordnungsniveau. Diese Ordnung kann von außen in das System eingebracht werden, z. B. durch Richterspruch oder päpstliches Dogma. Um ein System, z. B. ein Unternehmen, plan- und beherrschbar zu machen, versucht das Management, dessen Komplexität zu reduzieren, indem es Dienstvorschriften, Organisationspläne, Führungsrichtlinien u. Ä. erlässt. Damit sollen, so die Erwartung der oberen Führungscrew, Abläufe und Verhaltensweisen geprägt werden, um Ordnung zu bewirken.

Die Folgen der Überregulierung

Das hat Vor- und Nachteile. So sinnvoll es ist, Komplexität zu reduzieren, um Ordnung und Transparenz zu schaffen, z. B. im Straßenverkehr, so sehr können Richtlinien ein System zugrunde richten. Werden einem System die Flügel beschnitten, dann wird ihm damit die notwendige Anpassungsflexibilität genommen. Die Folgen der Überregulierung, z. B. in Form der Bürokratisierung, sind gravierend. Sobald der Dienst nach Vorschrift verrichtet wird, läuft fast nichts mehr. Bekannt sind die Klagen über die deutsche Gesetzesflut, die dafür sorgt, dass Investitionsvorhaben im Bürokratiedickicht ersticken. Am schlimmsten sind die Folgen der Komplexitätsreduzierung im Bereich der deutschen Finanzverwaltung. Die totale Unübersichtlichkeit des Steuerrechts machte den Beruf des Steuerberaters erst notwendig.

Passive und aktive Wirkungen am Beispiel des Systems Kommune / Stadt

Die bisher verwendete Abbildung, die sich auf die Zukunftsgestaltung meiner Heimatstadt Bad Nauheim bezieht, muss komplettiert werden, und zwar hinsichtlich des Gedankens der Ordnung und der Lenkungsmöglichkeiten des Systems. Sie erkennen auf der nächsten Abbildung unterschiedlich dicke Striche nebst positiven oder negativen Vorzeichen. Dadurch soll die Intensität und die entweder passive oder aktive Wirkung von Beziehungen verdeutlicht werden. Dies ist zugleich eine Möglichkeit, Lenkungsmöglichkeiten des Systems darzustellen, was

Thema des nächsten Abschnitts ist. Auch hier gilt, dass die Zuordnung der Elemente jeweils von der Sichtweise des Betrachters abhängt.

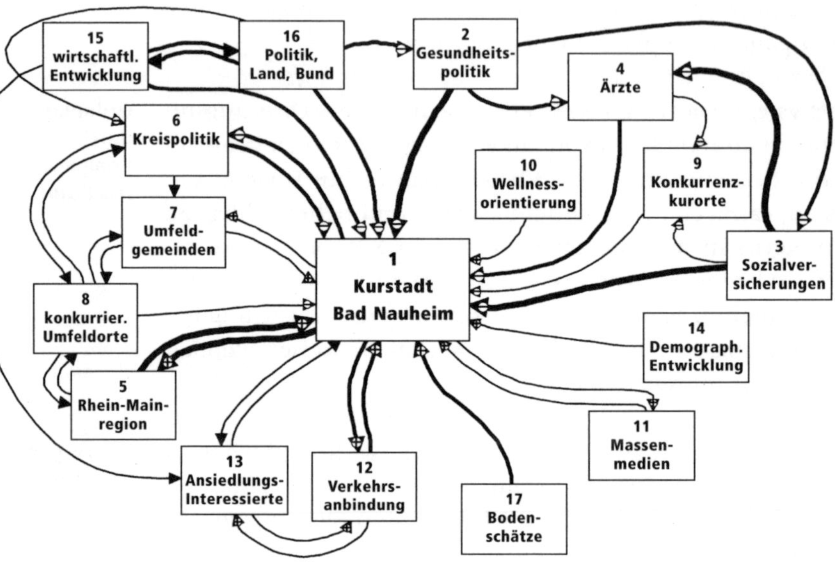

6. Erkenne und nutze die Lenkungsmöglichkeiten des Systems

Im Gegensatz zu stabilen mechanischen Systemen verfügen biologische und soziale Systeme über die Fähigkeit zur homöostatischen Balance. Damit ist gemeint, dass sie in der Lage sind, ihre Strukturen trotz wechselnder Umwelteinflüsse aufrechtzuerhalten.

Wie aber steuert sich ein System und balanciert sein Gleichgewicht? Die beste Antwort hierauf gibt die *Kybernetik*.

Die Kybernetik ist die Wissenschaft von den Eigenschaften und Gesetzmäßigkeiten der Regelung und Informationsverarbeitung in dynamischen Systemen.

Die elementaren Komponenten eines kybernetischen Systems sind das System als Träger der Prozesse, die Information und die

Regelung. Dementsprechend untersucht die Kybernetik solche Systeme, in denen Rückkopplung infolge von Informationsverarbeitung auftritt. Ihr zentrales Anliegen ist dabei, die zusammenhängenden Teile so miteinander in Beziehung zu bringen, dass ein gewollter, geich bleibender Zustand erreicht wird.

Steuerung und Regelung

Die Kybernetik gliedert den Vorgang der Lenkung in *Steuerung* und *Regelung*. Steuerung bedeutet, auf ein System so einzuwirken, dass es sich in einer bestimmten Art verhält oder eine gewünschte Richtung einschlägt. Im Gegensatz dazu ist die Regelung eher reaktiver Natur, denn hier wird über Rückkopplung etwas angepasst bzw. im Regelkreis korrigiert.

Sollwerte und Regelungsmechanismus

Das setzt voraus, dass Informationen, *Sollwerte* und *Regelungsmechanismen* vorhanden sind. Tritt eine Abweichung von den Sollwerten ein, werden die Informationen darüber an ein *Steuerungszentrum* weitergeleitet. Das kann der Thermostat am Heizkörper, das Immunsystem des menschlichen Körpers, der Autopilot im Flugzeug oder die Aktienbörse sein. Hier wird aufgrund der vorliegenden Information die Rückkopplung bzw. Regelung vorgenommen. Dabei handelt es sich in der Regel selten um einen einzigen Rückkopplungsvorgang, sondern um ein vernetztes System von Rückkopplungskreisen.

Beispiel Wirtschaft

Wie wichtig Rückkopplung ist, zeigt die Wirtschaft. Sie bricht zusammen, wenn nicht ständig Zahlungen neue Zahlungen ermöglichen, die neue Geschäfte erlauben. Die Zahlung entspricht dem, was die Erbinformation für das Leben bedeutet.

Die Zweckmäßigkeit von Eingriffen in Systemabläufe

Rückkopplung ist das Grundprinzip marktwirtschaftlicher Vorgänge, und zwar auf der Grundlage von Angebot und Nachfrage. Gleichwohl birgt aber jedes Laisser-faire der Marktwirtschaft zugleich Systemgefahren in sich, die es dem Regierungssystem ratsam erscheinen lassen, durch Zins-, Geld- und Steuerpolitik in den Systemprozess des Marktes einzugreifen. Intensität und Umfang der Lenkung sind abhängig vom Charakter und von der Vernetzung der Teilsysteme im Gesamtsystem.

Zwar verfügen Systeme über die Fähigkeit zum Gleichgewicht, aber es gibt Situationen, bei denen die Steuerungsstrukturen und

Eingriff oder Untergang?

Kontrollressourcen nicht mehr ausreichen, um das System in der Balance zu halten. Auch hier sind rettende Eingriffe notwendig oder aber das System geht unter, so wie es dem sozialistischen Weltsystem nach 1989 erging. Auch die Eingriffe der Politik in das Gesundheitswesen verfolgen letztendlich den Zweck, das Gesamtsystem an die veränderten Randbedingungen anzupassen. Möglich ist auch, dass ein Element aus der Systemstruktur herausgelöst oder gar »aufgegeben« wird, um die übrigen Teilsysteme zu erhalten. So hat sich z. B. Russland 1997 aus Tschechenien zurückgezogen, weil es erkannte, dass der notwendige militärische Unterdrückungsaufwand weit höher ist als der politische Nutzen.

Systeme müssen sich entwickeln, um zu überleben

Ein technisches System kann sich aus sich heraus (noch) nicht entwickeln. Biologische Systeme sind anpassungsfähig, denn sie müssen überleben. Auch soziale Systeme wollen überleben und sich deshalb entwickeln. Das gilt im besonderen Maße für Unternehmen, bei denen auch die Ruhe nur ein Zustand der Bewegung und Entwicklung ist. Im Gegensatz zu biologischen Systemen sind Organisationen *bewusst* entwicklungsfähig. Sie sind schöpferisch, formulieren Ziele und verhalten sich entsprechend. In ihnen kann entschieden werden, *was* gewollt ist und *wie* es erreicht werden soll. Sie können über sich selbst nachdenken, sich beurteilen und verändern, ja, sie können sich sogar infrage stellen. Sozialsysteme sind kein Evolutionsergebnis, sondern Produkte menschlicher Kultur.

Alle müssen lernen

Entwicklung ist notwendig. Darum müssen Unternehmen und Organisationen offen sein für Neuerungen und Veränderungen. Das setzt voraus, dass sie lernwillig und -fähig sind. Damit wird der Weg zum *lernenden Unternehmen* eingeschlagen. Nicht der Einzelne lernt, sondern die Organisation in ihrer Gesamtheit. Auch hier gilt die Erkenntnis, wonach das (Lern-)Ergebnis mehr ist als die Summe seiner Teile.

Lernen bedeutet Fehler zuzulassen

Lernen ist aber kein einmaliger Ausbildungsakt. Auch Institutionen müssen das Lernen lernen. Das bedeutet, dass sie Experimente unterstützen, Risiken eingehen, Fehler tolerieren, Konflikte zulassen und lernen, damit konstruktiv umzugehen.

Kenntnisse über den aktuellen Ist-Zustand eines Systems reichen meist nicht. Man muss auch etwas über die Veränderungen im Zeitablauf wissen. Da diese selten in Form mathematischer Funktionen vorliegen, sollte man sich mit Tendenzbeschreibungen begnügen, indem man Veränderungen als Folge von Veränderungen feststellt.

7. Einige Werkzeuge für das systemische Denken

Vernetzungsdiagramm

Für komplexe Entscheidungen, bei denen viele Aspekte zu berücksichtigen sind, gibt es einige sehr brauchbare Techniken, die sich eignen, um Vernetzungen und Abhängigkeiten zu erkennen und darzustellen. Zu nennen wäre die Szenariotechnik und Entscheidungsbewertungstabellen, auf die ich hier nicht eingehen möchte, da sie Stoff für ein ganzes Buch sein könnten. Darum beschränke ich mich auf das Vernetzungsdiagramm, die einfachste und leicht zu handhabende Technik. Darin werden ursächliche und wechselseitige Beziehungen zwischen einem Ziel und den einwirkenden Faktoren eingezeichnet, um das Wirkungsgefüge zwischen den Systemelementen sichtbar zu machen. Die Beziehungen zwischen dem Ziel und den einwirkenden Faktoren können positiv oder auch negativ, stark oder schwach sein. Positive Auswirkungen von Systemelementen werden mit einem Pluszeichen an den Pfeilspitzen gekennzeichnet, negative mit einem Minuszeichen. Plus und Minus sind aber keine Wertungen, sondern kennzeichnen lediglich die Art der Beziehung zwischen den Systemelementen.

Ein Anwendungsbeispiel

Angenommen, Sie wollen in der Kommune, in der Sie leben, in möglichst zentraler Lage eine Eigentumswohnung kaufen. Der zentrale Standort ist Ihr wichtigstes Interesse, also Ihre Zielvorgabe. Welche Auswirkungen hat dieses Ziel auf die relevanten Standortfaktoren (z. B. Preis, Lärm, Verkehrsanbindungen u.a.m.)?

Finden Sie weitere Standortfaktoren und tragen Sie diese in die Felder des Vernetzungsdiagramms ein. Anschließend zeichnen Sie die Beziehungspfeile ein und kennzeichnen diese mit einem

Plus- oder Minuszeichen. Sie können die Pfeile unterschiedlich dick oder dünn oder auch mit unterschiedlichen Farben zeichnen, um die Intensität anzudeuten. Der besseren Übersicht wegen sollten Sie sich auf die direkten Beziehungen und Rückkopplungen zwischen den aufgeführten Systemelementen beschränken.

Vernetzungsdiagramm

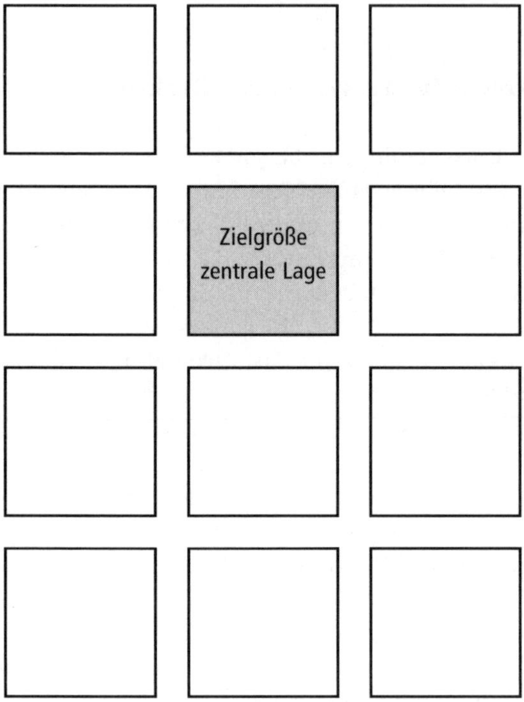

Papiercomputer

Eine andere Möglichkeit, Zusammenhänge mit ihren Gegenwirkungen darzustellen, ist der »Papiercomputer« von Frederic Vester, zu dessen Handhabung kein PC, sondern nur ein Blatt Papier notwendig ist. Nehmen Sie einmal an, Sie wollen die Faktoren, die das Studierverhalten beeinflussen, in ihrer gegenseitigen Beziehung darstellen. Zunächst bestimmen Sie die Faktoren, z. B.

- Betreuung durch die Hochschule,
- Vorkenntnisse der Studenten,
- Notengebung,

- Spaß am Studium,
- Karriereaussichten,
- Hochschulausstattung,

und zeichnen diese in eine Matrix ein.

	Betreuung	Vorkenntnisse	Notengebung	Spaß am Studium	Karriereaussichten	Ausstattung	AS	AS x 100 / PS
Betreuung		1	0	2	2	1	6	150
Vorkenntnisse	1		2	0	1	2	6	86
Notengebung	0	2		0	0	0	2	67
Spaß am Studium	2	1	0		1	0	4	133
Karriereaussichten	1	2	1	1		1	6	120
Ausstattung	0	1	0	0	1		2	50
PS	4	7	3	3	5	4		
AS X PS	24	42	6	12	30	8		

AS = Horizontale Aktivsumme
PS = Vertikale Passivsumme

Nun geben Sie jedem Faktor in seinem Verhältnis zu den anderen einen Punktwert zwischen 0 und 3, je nach Intensität, und addieren anschließend die Werte, die Sie dann noch entsprechend dem abgebildeten Beispiel multiplizieren und dividieren. Sie erkennen, dass »Betreuung« das aktive Instrument mit den meisten Einwirkungsmöglichkeiten ist. Dem steht die »Ausstattung« als passives Instrument mit wenig Einwirkungsmöglichkeiten gegenüber.

Sie können dann noch eine »kritische Größe« definieren. Das ist der Punkt »Vorkenntnisse«, der andere Faktoren stark beeinflusst, aber selbst auch stark beeinflusst wird.

GAMMA-Programm

Die Vernetzungsmatrix und der Papiercomputer mögen reichen, um zumindest Zusammenhänge, Abhängigkeiten und gegenseitige Wirkungen grob darzustellen. Wenn Sie an einer präzisen Systemanalyse interessiert sind, dann empfehle ich Ihnen das GAMMA-Programm von Unicon*. Die drei Abbildungen, mit denen ich die Zukunftsgestaltung von Bad Nauheim darstellte, wurden mit diesem Programm entwickelt. Dabei handelt es sich jedoch nur um einen kleinen Ausschnitt der Möglichkeiten dieses Programms. Es ermöglicht Ihnen, Wirkungsausbreitungen, Einflüsse, Rückkopplungen und das Zeitverhalten von Systemen zu analysieren. Durch seine Strukturierungs-, Visualisierungs- und Beschreibungsfunktionen werden komplexe Zusammenhänge sichtbar gemacht.

* UNICON Management Systeme, Lerchenweg 6, D-88709 Meersburg

So entwickeln sich Ideen in Ihrem Kopf ... oder wie Sie Ihr kreatives Potenzial reaktivieren

1. Was ist Kreativität?

Das Problem der Definition

Es gibt über 400 Definitionen von Kreativität. Daran erkennen Sie, wie schwer es ist, das Phänomen Kreativität begrifflich zu erfassen. Soll man in diesem Buch eine weitere hinzufügen? Ich denke nein, denn worin besteht der Wert bzw. Nutzen einer weiteren Definition? Ist der Versuch einer Definition nicht gerade das Gegenteil von Kreativität, da hier eine Einengung erfolgt, die dem Wesen der Kreativität widerspricht? Der amerikanische Kreativitätsforscher Ausubel hat Recht mit seiner Meinung:

»Kreativität ist einer der vagsten, mehrdeutigsten und verwirrendsten Begriffe der modernen Psychologie und Erziehung.«

In der Kreativität gibt es kein richtig oder falsch

Kreativität ist etwas, das sich leichter wahrnehmen als definieren lässt. Fragt man kreative Menschen nach den Ursachen ihrer Kreativität, dann können sie darauf zumeist keine Antwort geben. Kreativ sein ähnelt dem Fahrradfahren – man macht es unterbewusst richtig. Vielleicht ist unser Vokabular auch zu sehr beschränkt, um das kreativ-mentale Innenleben eines Menschen zu beschreiben. Statt einer akademischen Definitionsvorgabe sollten Sie, liebe Leser, selber einmal den Versuch einer Definition wagen. Beziehen Sie diese auf Ihren Beruf oder Ihr Hobby. In der Kreativität gibt es kein richtig oder falsch. Die einzige Mindestanforderung an ein kreatives Ergebnis ist, dass es nützlich und zielgerichtet ist.

Was also ist Kreativität Ihrer Meinung nach in Bezug auf Ihre Tätigkeit, Ihr Interessengebiet oder Ihr Anliegen?

....

....

....

Aspekte und Fragestellungen zum Thema Kreativität

Wissenschaftler, die über das Phänomen Kreativität nachdenken, konzentrieren sich insbesondere auf diese vier Fragestellungen:

1. Was zeichnet einen kreativen Menschen aus?
2. Was sind kreative Produkte, Leistungen bzw. Sachverhalte?
3. Wie kommt eine kreative Idee zustande?
4. Wie muss das Umfeld beschaffen sein, um Kreativität zu fördern?

Fragestellungen zur kreativen Person

Bei der Frage nach der kreativen Person müsste zusätzlich unterschieden werden zwischen den

- rein kreativen Fähigkeiten bzw. Verhaltensweisen (z. B. Originalität),
- begleitenden intellektuellen Fähigkeiten,
- begleitenden Persönlichkeitsmerkmalen.

Drei theoretische Grundaussagen zur Kreativität

Solche Aspekte werden in diesem Kapitel behandelt. An den Antworten wird deutlich, dass kreative Fähigkeiten, kreative Produkte und kreative Verhaltensweisen verschiedene Dinge sind. Selbst wenn kreative Fähigkeiten tendenziell vorhanden sind, ist noch nicht sicher, ob sich eine Person auch kreativ verhält. Das hängt von vielen Voraussetzungen ab, z. B. vom Umfeld, dem Mut, der Situation u. Ä. Widmen wir uns zunächst der

Frage, was menschliche Kreativität ist. Hierzu sind Annahmen und Theorien entstanden, die man ganz grob so einteilen könnte:

1. Kreativität schlummert in jedem, sie muss nur aktiviert werden.

Jeder Mensch verfügt über ein kreatives Potential, das aber aufgrund negativer Kultureinflüsse – vor allem in Form einer überzogenen Dressur des Verstandesdenkens während der Schulzeit – blockiert wurde. Demnach muss Kreativität gar nicht gefördert, sondern vielmehr müssen die Blockaden abgebaut werden.

Der bekannteste Vertreter dieses »demokratischen« Ansatzes ist der amerikanische Psychologe *Joy P. Guilford*, ehemals Präsident der *American Psychological Association*. In einem bahnbrechenden Vortrag im Jahre 1950 hob er hervor:

»Nach allgemeiner psychologischer Überzeugung scheinen Menschen [...] bis zu einem gewissen Grade sämtliche Fähigkeiten zu besitzen: Man kann deshalb von fast allen Menschen kreative Akte, wie schwach oder wie selten sie auch immer sein mögen, erwarten« (zitiert nach Beer, 1996, S. 10).

Kreativitätsblockaden

Das Problem sei nur, dass es Blockaden gibt, die den Menschen am kreativen Denken hindern.

Es gibt folgende vier Arten von Blockaden:

1. Wahrnehmungsblockaden
2. Gefühlsblockaden (z. B. Angst)
3. Kulturblockaden (Betonung von Vernunft und Logik)
4. intellektuelle Blockaden (mangelnde Denkflexibilität).

Wenn Sie diese *blocks* kennen, können Sie sie in Bausteine *(buildings blocks)* umwandeln. Darum überlegen Sie hier einen Moment: Welche Blockaden behindern Sie, Ihre Kreativität zu reaktivieren?

Der »Chefideologe der Kreativität«, Edward de Bono, ein englisch-maltesischer Autor zahlreicher Kreativitätsbücher, ist nicht der Meinung, dass der Mensch per se kreativ sei. Selbst wenn Sie Ihre Blockaden erkannt und abgebaut haben, muss die zum Vorschein gekommene Kreativität *systematisch* entwickelt werden. Das betrifft insbesondere die Grundtechniken des schöpferischen Denkens, die im 4. Kapitel dieses Buches vorgestellt werden (De Bono, 1996, S. 29).

2. Kreativität ist das Besondere an Genies, z. B. an Dichtern und Denkern.

Danach ist ein Genie eine außergewöhnlich kreative Person, die aus ihrem Unterbewusstsein heraus außergewöhnliche Werke schafft. Dieser Denkansatz hatte im »Geniekult« des 19. Jahrhunderts Hochkonjunktur. Aber auch der an der *Harvard University* lehrende Psychologieprofessor *Howard Gardner* vertritt diese Meinung. In seinem Buch »So kreativ wie Einstein« untersuchte er die Lebensläufe von Sigmund Freud, Albert Einstein, Mahatma Gandhi, T. S. Eliot, Igor Strawinsky, Martha Graham und Pablo Picasso, um deren kreative Gemeinsamkeiten zu finden. Die Anhänger des Geniekults vermuten oft auch eine Verbindung zwischen Genie und Irrsinn, von der ich aber nicht glaube, dass sie empirisch fundiert ist.

Kreativität als Folge harter Arbeit ganz normaler Menschen

Anders Ericsson von der *Florida State University* ist ganz anderer Meinung als sein Kollege Gardner. Er hat über viele Jahre hinweg die Lebensläufe der »Übernatürlichen« analysiert und die sich um solche Personen rankenden Anekdoten als Legenden entlarvt. *»Bei genauer Ansicht erweisen sie sich als anderen Menschen erstaunlich ähnlich«*, so seine Aussage. Viele von ihnen zeichneten sich kaum durch besondere geistige Fähigkeiten aus. Der entscheidende Unterschied zum Normalbürger bestehe darin, dass die »Superhirne« jahrelang hart gearbeitet und geübt hätten, oft von frühester Kindheit an (Der Spiegel, 18/1997, S. 218). Der frühe Beginn sichert einen lebenslangen Vorsprung. Olympiasieger, Schachgroßmeister und Meisterpianisten verfügen über die gemeinsame Fähigkeit, sich selbst zu schonungslosem Training zu motivieren. Wer über Nacht berühmt wurde, hat am Tage hart gearbeitet.

3. Kreativität ist ein Merkmal der Nutzung fundierten Fachwissens.

Kreativität, Wissen und Denken

Nach dieser Aussage wird Kreativität als die Anwendung einer reichen und hochwertigen Wissensbasis gedeutet. Sie ist nicht eine besondere Art des Denkens, sondern Denken auf hohem Niveau. Der an der *University of Chicago* lehrende Kreativitätsforscher *Mihaly Csikszentmihalyi* schreibt:

»Kreativität ist eine Form von geistiger Aktivität, ein Erkenntnisvorgang, der ›nur‹ in den Köpfen einiger außergewöhnlicher Menschen stattfindet« (Mihaly Csikszentmihalyi, 1997, S. 41).

Damit meint er vor allem jene 91 prominenten (kreativen) Interviewpartner, die ihm den Stoff für sein Buch »Kreativität« lieferten. Andere ideenreiche Menschen sind für ihn »nur« brillant oder persönlich kreativ, jedoch ohne positive Wirkung auf die Wissenschafts- oder Kunstgeschichte. Tritt diese ein, dann verleiht das bewertende Umfeld das Prädikat »kreativ«.

Das kreativ Besondere bildet sich aus dem Normalen heraus

Der erwähnte Anders Ericsson, der das Normale im Genialen erkannt haben will, steht diesem Denkansatz nahe. Bevor sich aber das kreativ Besondere aus dem Normalen herausbildet, hat eine zehnjährige intensive Aufbauarbeit stattgefunden. Die moderne Hirnforschung hilft ihm, seine Meinung zu fundieren. Hierzu ein interessantes Forschungsergebnis:

Die Verknüpfung von Netzwerken zu Mega-Netzwerken

Man weiß, dass das Gehirn schon von frühester Kindheit an umfangreiche Wissenspakete »schnürt« und sie dann speichert. Bei diesem *»chunking«* werden viele einzelne geistige Operationen zu Makrooperationen (Chunks) verknüpft, die dann als Ganzes im Gedächtnis abrufbar sind. Wissenschaftler haben errechnet, dass es etwa zehn Jahre dauere, bis das Gehirn jene rund 100 000 Chunks verschaltet hat, die für fachliche Exzellenz nötig sind. Dann kann der Profi ein Problem in wenigen Makroschritten kreativ und intelligent lösen. Das genau ist der Mechanismus, der sich z. B. im Kopf eines Garri Kasparow abspielt. In seinem Hirn sind so viele Schachpartien und Schachstellungen gespeichert, dass er Probleme turboschnell erkennt und löst.

Kreativität der kleinen Schritte oder der große Wurf?

Wenn man Kreativität auf geniale Personen und geniale Einfälle bzw. auf ein fundiertes Fachwissen reduziert, dann diskreditiert man damit die »Kreativität der kleinen Schritte«. Dieses Konzept der kleinen Schritte wurde unter der Bezeichnung *Kaizen* bekannt. Es ist die Metamethode des japanischen Erfolgssystems. Ihr Grundgedanke lautet: Lieber 100 x 1 % Verbesserung schnell und unkompliziert durchführen als 1 x 100 % Verbesserung, die nur schwer durchführbar sind. Dem 1-Prozent-Kleinschrittdenken steht das westliche 100-Prozent-Knüllerdenken gegenüber, bei dem es um kreative Weit- oder Hochsprünge geht. Als Vertreter dieser Denkweise steht der US-Strategiepapst *Prof. Michael Porter*:

»Innovation bedeutet nicht kleine, der Reihe nach abzuwickelnde Verbesserungen – das ist ohnehin Kennzeichen einer dynamischen Organisation. Innovation bedeutet viel mehr die generelle Ermittlung neuer Kombinationsmöglichkeiten« (Porter, 1997, S. 94).

Am Fortschritt wirken viele kluge Köpfe mit

Wer Kreativität als eine Fähigkeit betrachtet, die sich durch geniale Hoch- oder Weitsprünge auszeichnet, vermittelt den Eindruck, es handle sich um eine Gabe, die akademisch vorgebildeten Geistesarbeitern vorbehalten ist. Die Propagandisten dieser Sichtweise übersehen, dass die Erfinder von Faustkeil und Rad wahrscheinlich Handarbeiter waren. Wer fasziniert auf einzelne Erfinder, Wissenschaftler und Künstler schaut, bekommt ein falsches Bild von der Geschichte des wissenschaftlichen Fortschritts im 20. Jahrhundert. So wichtig Edison, Einstein und Wernher von Braun auch gewesen sein mögen, der Fortschritt der Menschheit ist ein Mosaikbild, an dem Tausende und Abertausende von klugen Köpfen mitgewirkt haben.

Kreativität als die Fähigkeit zur Evolution

Der deutsche Physiker und Nobelpreisträger Gerd Binnig meint, dass Kreativität nicht mit einem »Urknall« vergleichbar ist. Der Urknall beruht auf vielen kleinen Urknällen. Eine große Evolution besteht aus vielen kleinen. Da er Kreativität als die Fähigkeit zur Evolution definiert, sind für ihn die kleinen Schritte ebenfalls evolutionär bzw. kreativ (Binnig, 1997, S. 249).

Kreativ ist, wer zur Kreativität motiviert ist

Welche der hier vorgestellten Denkweisen ist richtig? Ich meine jede auf eine gewisse Art und aus einem bestimmten Blickwinkel. Hat gar der kreative Vordenker Edward de Bono Recht? Er ist der Meinung, dass der verschwommene Sammelbegriff »Kreativität« eine breit gefächerte Palette unterschiedlicher Fähigkeiten und Fertigkeiten abdeckt. Aber letztendlich verbirgt sich für ihn *»hinter dem Etikett der angeborenen ›schöpferischen Gabe‹ [...] oft nichts weiter als die Motivation kreativ zu sein«* (De Bono, 1996, S. 2).

Wenn Sie innovativ sein wollen, dann bemühen Sie sich doch einfach um Kreativität.

Was ist eine Innovation?

Innovation und Kreativität

Unternehmen verwenden die Begriffe »Kreativität« und »Innovation« sehr großzügig, ohne die echte Bedeutung und die Zusammenhänge zu kennen. Es sind Modewörter, die häufig fast synonym gesprochen oder geschrieben werden. Besonders der Begriff »Innovation« hat es den Menschen angetan. Mit Innovationen wollen die Parteien Deutschland modernisieren. Auch Russlands Politiker sprechen von Innovation, wenn sie versuchen die wirtschaftliche Stagnation zu reanimieren. Mit innovativen Konzepten will man seit zwei Jahrzehnten den Regenwald retten und das deutsche Steuersystem reformieren usw.

Ein Beispiel

In pfälzischen Unternehmen, die Jugendliche ausbilden, hängt ein vom Präsidenten und Hauptgeschäftsführer der Industrie- und Handelskammer Pfalz unterschriebenes Zertifikat mit diesem Text:

Die Firma XYZ leistet mit der Berufsausbildung einen wichtigen Beitrag für die Qualifikation der Jugend und Innovationen der Wirtschaft.

Ich verstehe nicht, worin der innovative Beitrag besteht. Ist Berufsausbildung als solche schon eine Innovation?

Noch mehr Verwirrung entsteht, wenn Führungskräfte die Begriffe »Kreativität« oder »Innovationsmanagement« erklären sollen. Statt Antworten zu geben, produzieren sie meistens Sprechblasen, in denen sich Begriffe wie Brainstorming und Business Reengineering befinden.

Es gibt einen wichtigen Unterschied zwischen Kreativität und Innovation. Man könnte Kreativität ganz grob als den Denkprozess bezeichnen, mit dem Ideen kreiert werden. Die Kreativität ist das gedankliche Fundament, auf dem die Innovation entsteht. Innovativ ist ein Handeln dann, wenn eine Idee realisiert wird, daraus also ein Produkt oder eine Dienstleistung entsteht.

Innovationen dauern länger als die Ideenfindung. Ideen beruhen ggf. auf Einzelleistung, während Innovationen das Mitwirken vieler voraussetzen. Anders ausgedrückt könnte man sagen, die Fantasie ist eine bedeutende Geisteskraft und die Innovation der Fortschrittsmotor. Schon *Karl Marx* hat mit dieser berühmten Formulierung im »Kommunistischen Manifest« auf die Bedeutung der Tat hingewiesen:

»Die Philosophen haben die Welt nur verschieden interpretiert. Es kommt aber darauf an, sie zu verändern.«

Das Beispiel des Fotografierens

Um Kreativität und Innovation zu vergleichen, bietet sich das Fotografieren an. Wenn Sie ein Foto geschossen haben, dann haben Sie es als Rohmaterial oder als Input lediglich auf dem Zelluloidstreifen, sozusagen als Möglichkeit. Erst wenn der Filmstreifen entwickelt und daraus Papierbilder geworden sind, liegt das gewollte Ergebnis, der Output, vor. Darauf kommt es letztendlich an. Mehr hierzu erfahren Sie im 5. Kapitel.

Ihr innokratives Potenzial

Innokrativ-Relationstest

Das Optimum ist, wenn beides, Kreativität und Innovation, zusammenfällt, sozusagen in der Person selbst verschmilzt. Oft ist das eine ausgeprägter als das andere. Es ist schade, dass viele gute Ideen ungenutzt bleiben, weil es an der Tatkraft, dem Willen und dem Durchhaltevermögen des »Krea(k)tivsten« fehlt. Der Kreative sollte aber zugleich innovativ sein, sonst nützen die besten Ideen nichts. Ein Wille wird erst dann materiell wirksam, wenn er vergegenständlicht, also in ein Produkt oder eine Dienstleistung transformiert wird.

Der nachfolgende Test gibt Ihnen ein Feedback zu Ihrem innokrativen Potenzial. Kreativität und Innovation bilden hier keine Gegensätze, sondern stehen in einem komplementären Verhältnis. Darum habe ich das Kunstwort »innokrativ« geprägt. Die beiden Dimensionen »innovativ« und »kreativ« haben hier eine Skalierung von 1 bis 10, wobei 1 die minimale und 10 die maximale Ausprägung ist. Bitte beantworten Sie die folgenden Fragen.

Nr.	Fragen zu Ihrem kreativen Potenzial	Trifft nie zu 0 Pkt.	Trifft etwas zu ½ Pkt.	Trifft immer zu 1 Pkt.
1.	Es fällt mir leicht, Zusammenhänge zwischen Dingen und Sachverhalten zu erkennen und Beziehungen herzustellen.			
2.	Ich verfüge über ein gutes bildliches Vorstellungsvermögen.			
3.	Ich weiß mir oft zu helfen, wenn ich ein technisches oder soziales Problem habe, indem ich Ersatzlösungen finde.			
4.	Ich scheue mich nicht, auch mal verrückte Dinge anzudenken, wenn mich das im Denkprozess insgesamt weiterbringt.			
5.	Ich kann glaubwürdig und überzeugend lügen.			
6.	Manchmal habe ich so etwas wie eine Vorahnung bzw. ein Gefühl, wie sich etwas entwickeln wird.			
7.	Wenn ich ein Stichwort höre oder ein Bild sehe, fallen mir viele zusätzliche Dinge ein, mit denen ich die Information bereichere.			

8.	Ich habe gern Kontakt zu anderen Menschen und kann diesen gut zuhören.			
9.	Ich bin ein Mensch, der staunen kann, und lasse mich von diesem Staunen zum Nachdenken anregen.			
10.	Ich bin ein neugieriger Mensch und stelle mich interessiert dem Neuen.			
	Anzahl der ½ und der vollen Punkte			

gesamt

Nr.	**Fragen zu Ihrem innovativen Potenzial**	Trifft nie zu 0 Pkt.	Trifft etwas zu ½ Pkt.	Trifft immer zu 1 Pkt.
1.	Aus meinen Ideen formuliere ich konkrete, messbare und mit Terminen unterlegte Ziele.			
2.	Ich arbeite in regelmäßigen und geplanten Abständen an der Realisation meiner Ziele.			
3.	Von Hindernissen und Rückschlägen lasse ich mich nicht entmutigen.			
4.	Zwischenerfolge spornen mich immer wieder an.			
5.	Ich bringe angefangene Dinge gern zu Ende.			
6.	Ich versuche, andere Menschen von meinen Ideen zu überzeugen und sie als Verbündete zu gewinnen.			
7.	Ich kann beständig konkrete und nachweisbare Innovationserfolge vorweisen.			
8.	Ich habe auch für die nächsten Monate/Jahre konkrete Innovationsziele.			
9.	Ich gehe auch schon mal Umwege und nicht immer die vorgeschriebenen Pfade, um meine Ziele zu erreichen.			
10.	Es verschafft mir eine gewisse Befriedigung, es macht mir Spaß oder verschafft mir Wohlgefühl, wenn ich an neuen Dingen arbeite.			
	Anzahl der ½ und der vollen Punkte			

gesamt

Übertragen Sie nun die Punkte auf die nachfolgende Innokrativ-Matrix. Zunächst übertragen Sie die erreichte Punktzahl zum Kreativitätspotenzial gedanklich auf die kreative Senkrechtachse und die zum Innovationspotenzial auf die Horizontalachse. Dann markieren Sie bitte die Schnittstelle beider Punkte in der Matrix, und schon haben Sie Ihr persönliches Innokrativ-Profil.

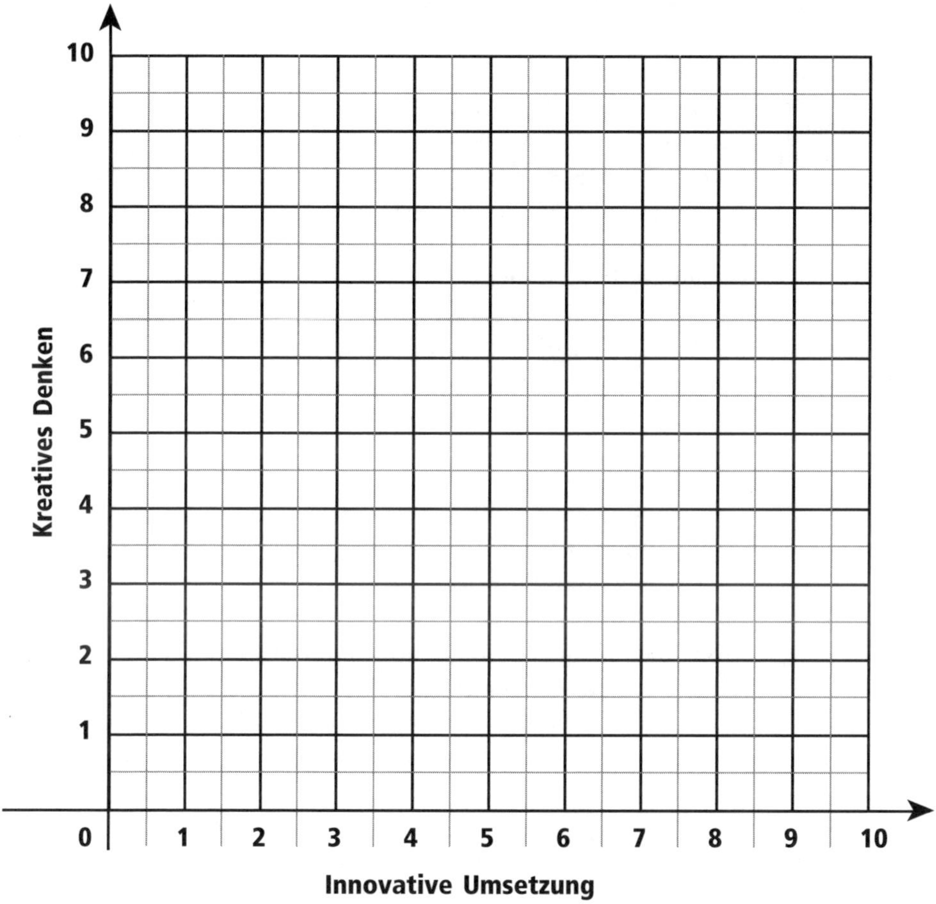

Einige Beispiele für die Auswertung: Der 1.1-Typ ist weder besonders kreativ noch innovativ. Der 1.9-Typ (1 für Innovation und 9 für Kreativität) oben an der linken Senkrechtskala ist ein ideenstarker Mensch, aber leider ohne den nötigen Antrieb, diese umzusetzen. Der 9.1-Typ (9 für Innovation und 1 für Kreativität)

ganz rechts an der Waagerechtskala ist ein Powertyp, aber ohne eigene Ideen. Man kann allerdings auch sehr innovativ sein, indem man Ideen einkauft und umsetzt, statt sie selbst zu entwickeln. Das Optimum ist der 10.10er-Typ. Das ist derjenige, der zugleich kreativ und innovativ ist. Wo stehen Sie?

2. Kann man Kreativität messen?

Ein Pionier der Kreativitätsforschung: Joy P. Guilford

Der genannte *Joy P. Guilford* von der *University of Southern California* gab der Kreativitätsforschung in den Fünfzigerjahren wichtige Impulse. Als Psychometriker – einer derjenigen, die das Psychische messen wollen – entwickelte er Testverfahren, ähnlich jenen, mit denen die Intelligenz gemessen wurde. Der Auftrag dazu erging von der *US Air Force* und sollte der Auswahl geeigneter Piloten dienen.

Zwei Arten von Problemen, zwei Arten des Denkens

Guilford forderte Kriterien, mit denen sich Kreativität bestimmen lassen sollte. Ausgangspunkt waren für ihn aber zunächst Probleme, die der Auslöser des Denkens sind. Dabei unterschied er zwischen

- Problemen, für die es *eine* richtige Lösung gibt, und
- Problemen, für die es *verschiedene*, aber noch nicht bekannte Lösungen gibt.

Probleme, für die es eine richtige Lösung gibt, sollen konvergent denkend bearbeitet werden. Das *konvergierende* Denken entspricht dem, was man intelligentes und logisches Denken nennt. Es ist reproduktiver Natur und führt zu Schlussfolgerungen.

Konvergierendes Denken

Angenommen, Sie werden gefragt: Was haben ein Auto und ein Fahrrad gemeinsam? Wenn Sie diese Frage konvergent, also logisch geordnet, beantworten, dann wäre dies die richtige Lösung: Beides sind Fahrzeuge. Wenn Sie aber divergent bzw. kreativ denkend auf diese Frage reagieren, dann bieten sich eine ganze Reihe von Antworten an, z. B.: Autos und Fahrräder haben Räder, werden von Menschen gelenkt, fahren am besten auf Asphalt, unterliegen der Straßenverkehrsordnung u. a. m.

Das *divergente* Denken ist produktiver Natur, indem es einen Sachverhalt oder ein Ding aus mehreren Blickwinkeln betrachtet und verschiedenartige Lösungen anbietet. Dementsprechend wird in den gängigen Kreativitätstests nach möglichst vielen Verwendungsmöglichkeiten, z. B. für einen Ziegelstein, oder nach alternativen Titeln für eine Geschichte gefragt. Ein kreativer Mensch liefert in der Regel mehr divergente Antworten als der Normalbürger.

Divergierendes Denken

Guilford hat eine Reihe von Experimenten angestoßen, die folgende Schlussfolgerungen zulassen:

Reliabilität und Validität von Kreativitätstests

- Kreativität und Intelligenz sind verschiedener Art, obgleich zwischen beiden ein Zusammenhang besteht.
- Kreativitätstests sind reliabel (zuverlässig). Bei einer Wiederholung der Tests wiederholen sich auch die Ergebnisse.

Aber die Validität (Gültigkeit) von Kreativitätstests ist nicht beweisbar. Aus hohen Punktzahlen im Testergebnis kann nicht geschlossen werden, dass der als kreativ eingestufte Mensch im Berufs- oder Privatleben tatsächlich kreativ ist. Es fehlt der wissenschaftliche Nachweis, dass sich die betreffende Person kreativ verhält. Kreativitätstests sind also noch weniger ein präzises Messinstrument als Intelligenztests. Sie registrieren nicht die Risikobereitschaft eines Menschen oder die Beharrlichkeit, mit der diese an einer Problemlösung arbeiten. Außerdem messen Kreativitätstests zwar die Fähigkeit, Probleme kreativ zu lösen, aber der Wirkungsradius der Kreativität bezieht sich nicht nur auf das Lösen von Problemen, sondern auch auf die Gestaltung neuer Produkte und Dienstleistungen oder auf die Formulierung neuer Fragen, ohne dass ein aktuelles Problem dahinter steht. Es gibt erkannte Probleme und solche Sachverhalte, bei denen das Problematische noch gar nicht erkannt wurde.

Der Widerspruch zwischen dem kreativ Möglichen und dem kreativ Realen

Zudem kann selbst das pure Vergnügen an einer Sache Kreativenergien freisetzen, bis hin zu einer Art Erlebnishöhepunkt. Viele Krea(k)tive arbeiten hart, ohne Stress dabei zu empfinden, sondern eher als Vergnügen, Spiel und Abenteuer. Sie haben sich an einen Gefühlszustand gewöhnt, der auch als *Flow-Erlebnis*

Vergnügen an der Sache als Kreativitätsursache: das Flow-Erlebnis

beschrieben wird. Darunter versteht man ein vollständiges Aufgehen aus Freude an der Sache, verbunden mit einem Hochgefühl, das für einen konzentrierten Bewusstseinszustand sorgt.

Kreative Leistungen beruhen also auf einer Art zielstrebiger, fließender Vertiefung.

Das Fließen ist ein Zustand der Selbstvergessenheit und Versunkenheit, ohne störende Emotionen, mit Ausnahme der ekstatischen Motivation an der Sache, die einen in den Bann zieht. Die Emotionen sind aber nicht bloß beherrscht und kanalisiert, sondern positiv und voller Spannung auf die Aufgabe ausgerichtet. Menschen, die regelmäßig kreativ sind, berichten, dass sie diesen Zustand regelrecht suchen. Sie unternehmen große Anstrengungen, um ihn genießen zu können. Ihre Belohnung besteht in einem inneren Hochgefühl. Es kümmert sie nicht, wie sie abschneiden. Sie fragen nicht nach Erfolg oder Misserfolg, sondern genießen die Freude am Tun.

Der Flow-Zustand ermöglicht kreative Energiezufuhr, die hohe Kopfproduktivität und Ideenreichtum garantiert.

Merkmale des Flow-Erlebnisses

Die amerikanische Sozialpsychologin *Teresa Amabile* von der *Harvard University* wies dies in einer Reihe von Experimenten nach. Sie hat herausgefunden, dass die Kreativität abnimmt, wenn eine Beurteilung oder eine materielle Belohnung zu erwarten ist. Nach einer anderen Studie sollen Gedichte an Qualität verloren haben, sobald die Poeten für Geld arbeiteten. In einer Untersuchung von Mihaly Csikszentmihalyi an 200 Kunststudenten zeigte sich, dass diejenigen, die als Studenten Freude am Malen als solchem fanden, ernst zu nehmende Maler wurden. Diejenigen, die von Ruhm und Reichtum träumten, wurden der Kunst nach dem Studium untreu, weil sie unterdurchschnittlich blieben. Das Flow-Erlebnis spielt also eine wichtige Rolle für die Kreativität und trägt seinen Lohn in sich.

Das Charakteristische des Flow-Zustandes

Charakteristische Merkmale des Flow-Zustandes sind:

- Die Aufgabe ist durch klare Ziele gekennzeichnet.
- Aus dem Handeln resultiert ein unmittelbares Feedback.
- Die Aufgabe steht im Einklang mit dem Können.
- Der Handelnde ist deshalb frei von Versagensängsten.
- Der Handelnde ist voll auf die Aufgabe konzentriert und geht völlig darin auf.
- Das Zeitgefühl ist aufgehoben.
- Die Aufgabe wird zum Selbstzweck.

Mein eigenes Beispiel

Genau so geht es mir beim Schreiben dieses Buches. Die Geräusche des Nintendo-Spiels meiner Kinder nehme ich kaum wahr. Ziemlich abgespannt setze ich mich abends zur Schreibarbeit nieder und gehe erfrischt ins Bett. Das Schreiben hat etwas Erotisches an sich und bringt mir ebenso viel Spaß wie das Fußballspielen. Vier Stunden Schreibarbeit kommen mir vor wie 30 Minuten, so schnell verrinnt die Zeit.

Grenzen, die in der Natur der Sache liegen

Die Eingangsfrage zu diesem Abschnitt lautete: *Lässt sich Kreativität messen?* Der Psychologe, der das schöpferische Denken exakt bestimmen, testen oder definitorisch eingrenzen will, stößt schnell an die Grenzen. Kreativität betrifft die ganze Persönlichkeit. Deswegen ist es äußerst schwierig, die menschliche Kreativität in einen wissenschaftlich exakten Rahmen einzufügen, zu definieren oder umfassend zu testen. Man müsste die gesamte Persönlichkeit testen. Aber dafür gibt es noch keine geeigneten Testverfahren. Damit will ich nicht den Wert der hier eingebauten Checks und Tests minimieren, aber diese decken nur Teilaspekte ab.

3. Gibt es einen kreativen Grundstoff?

Der historiometrische Ansatz der Kreativitätsforschung

Aufgrund der Schwierigkeiten, Kreativität zu messen, konzentrierte man sich später auf die Beobachtung von Menschen, bei denen besondere schöpferische Kräfte sichtbar waren. Dieser so genannte *historiometrische* Ansatz hat bisher noch wenig Anhänger unter den Kreativitätsforschern. Als Beispiel steht der schon vorgestellte Psychologieprofessor *Howard Gardner*.

Das individuelle Gepräge der Kreativität

Er kommt zu dem Ergebnis, dass es keine Kreativität als solche, sozusagen als Extrakt verschiedenartiger Leistungen, gibt. Kreativität hat ihr individuelles Gepräge, je nachdem, in welchem Bereich sie erbracht wird. Menschen verwirklichen ihre Kreativität nur im Kontext bestimmter Aufgaben oder Fachbereiche. Der kreative Mensch realisiert seine Kreativität auf einem bzw. seinem besonderen Gebiet. Die Kreativität eines Bill Gates ist anderer Natur als die des Entertainers Thomas Gottschalk. Die Fantasie des unbekannten Erfinders der doppelten Buchführung folgt anderen Motiven als die des Komikers Otto Waalkes. Das Anwendungsspektrum von Kreativität ist breit und unabhängig vom speziellen Beruf des Menschen. So wie die Intelligenz in verschiedenen Formen auftritt, verfügt auch die Kreativität über viele Ausdrucksmöglichkeiten. Es gibt keinen kreativen Grundstoff, keine multifunktionelle Kreativität. Kreativität ist ein Können, das viele Ausdrucksformen hat. Mehr und mehr setzt sich die Erkenntnis durch, dass die Kreativität zu den Dingen gehört, die den Rahmen einer Einzeldisziplin, hier insbesondere die Psychologie, sprengen. Der britische Immunologe und Nobelpreisträger *Peter Medawar* erklärte hierzu:

»Die Analyse der Kreativität [...] überschreitet die Kompetenz einer einzelnen Disziplin, welche es auch sei [...] Psychologen, Biologen, Philosophen, Computerwissenschaftler, Künstler und Schriftsteller – alle werden ein Wort mitzureden haben« (zitiert nach Gardner, 1996, S. 54).

Der Nutzen vieler Biografien für die Kreativitätsforschung

Den Beweis hierfür liefern Biografien, die nicht speziell die Kreativität fokussieren. Sie sind wahre Fundgruben für die Kreativitätsforschung. Als lobenswert möchte ich in diesem Zusammenhang das Buch des langjährigen Leiters der *Henri-Nannen-Journalistenschule* in Hamburg *Wolf Schneider* »Die Sieger«

erwähnen, in dem viele Quellen genannt werden, aus denen historisch Große verschiedener Provenienz schöpften. Ruhm, so resümiert Schneider, ist das Produkt von Begabung, Zufall und Willkür, gepaart mit der Gunst von Zeit und Ort. Auffallend viele Genies waren misswüchsig, hässlich oder krank. Sie waren egozentrisch, maßlos arrogant und gegen Kritik mimosenhaft empfindlich. Jedoch konnten sie sich energisch auf ihr Werk konzentrieren, wobei ihnen ihre gute Arbeitsökonomie behilflich war. Bedeutsame Künstler, nach der Quelle ihrer Ideen befragt, wussten oft keine Antwort, so dass auch hier die Suche nach dem kreativen Urstoff erfolglos blieb.

4. Sind Sie kreativ?

Fesseln der Kreativität

Auch Sie sind kreativ, nur ist es Ihnen möglicherweise nicht bewusst. Als kleines Kind haben wir alle eine bildreiche Vorstellungskraft. Wir sind Ritter, Indianer oder Raumschiffkommandant. Aber im Prozess des Heranwachsens wird unsere Kreativität oft erstickt. Wir werden gedrillt, die Welt »vernünftig« zu sehen und die Dinge logisch zu betrachten, entsprechend der Sichtweise unserer Eltern und Lehrer. So wird unserem Denken jene Fessel angelegt, welche die Fantasie abschnürt, ohne dass wir es spüren.

Trotzdem gibt es Situationen, in denen wir kreativ sind, sei es beim Finden von Ausreden, beim Ausfüllen der Steuererklärung, bei der Formulierung einer Heiratsanzeige oder beim Zusammenstellen der Faschingsgarderobe. Aber wie steht es um die Kreativität am Arbeitsplatz? Hindert Sie Ihre Schere im Kopf oder gar Ihr Chef, neue Ideen zu entwickeln und anzuwenden?

Eine erste Übung in Sachen Kreativität:
Was ist die Hälfte dieser **8**

(Lösung am Ende des Buches)

Kriterien der Kreativität

Sie sind dann kreativ, wenn Sie eines oder mehrere oder aber alle der folgenden Kriterien erfüllen, an denen nach gängiger Meinung Kreativität erkennbar wird:

1. **Sensitivität gegenüber Problemen:** Der kreative Mensch erspürt früher Probleme, als sie von einer breiteren Öffentlichkeit wahrgenommen oder beschrieben werden. Das betrifft auch das Erkennen von Chancen.

2. **Ideenflüssigkeit:** Kreative Menschen entwickeln in kurzer Zeit viele Ideen, finden Worte, haben innere Bilder oder Assoziationen.

3. **Flexibilität:** Die kreative Frau oder der kreative Mann kann relativ leicht Hypothesen generieren, unterschiedliche Ideen entwickeln, Informationen modifizieren oder Bezugssysteme wechseln.

4. **Originalität:** Der schöpferische Denker besitzt die Fähigkeit, Probleme oder Sachverhalte umzustrukturieren und somit neue, schöne oder seltene Lösungen zu finden.

Eine exakte Abgrenzung dieser vier Merkmale ist nicht möglich, da sie sich vielfältig überschneiden und teilweise sogar bedingen.

Testen Sie sich selbst, lieber Leser, ob und inwieweit Sie folgende Kriterien erfüllen:

1. **Sensitivität gegenüber Problemen:** Was wären die Folgen, wenn die rechtsextreme Deutsche Volksunion die Bundesregierung stellen würde?
2. **Ideenflüssigkeit:** Welche anderen Worte könnte man aus den Buchstaben Ihres Namens noch bilden?
3. **Flexibilität:** Was alles könnte man noch aus/mit einer Wäscheklammer machen?
4. **Originalität:** Versuchen Sie sich einmal an einem Bildwort. Entwerfen Sie eine Visitenkarte, so wie in den nebenstehenden Abbildungen beispielhaft vorgeschlagen.

Woran erkennen Sie Ihre Kreativität?
Merkmale kreativer Menschen

Der Kreative: ein von Luststress befallener Workaholic?

Es gibt noch mehr Merkmale, die einen kreativen Menschen auszeichnen. Bitte glauben Sie nicht, der kreative Mensch sei ein versponnener Träumer. Im Gegenteil, krea(k)tive Menschen sind vom Luststress befallene Workaholics. Als aufgabenbezogene Menschen neigen sie eher zur Kreativität als ichbezogene Individuen. Die Ichbezogenheit behindert die für Ideenfindung notwendige Offenheit und Sensibilität. Krea(k)tivisten sind willensstark, zielstrebig und individualistisch. Sie haben aber nicht nur Freude an der Arbeit, sondern auch an anderen Aktivitäten des Lebens.

Der Kreative als Nonkonformist

Der amerikanische Forscher *R. J. Sternberg* kommt zu der Erkenntnis, dass sich der kreative Mensch Herausforderungen stellt sowie fähig und bereit ist,

»[...] über vorgegebene Ordnungen der eigenen Person und der Umgebung hinauszugehen und in einer unkonventionellen, ja sogar traumhaften Weise zu denken und zu handeln. Das kreative Individuum verfügt über eine bestimmte Freiheit des Geistes und ist unwillig, an die ungeschriebenen Regeln der Gesellschaft gebunden zu sein. Das sind Charakteristika, die man beim hochintelligenten Individuum nicht findet« (Sternberg, in: Journal of Personality and Social Psychology, 49, o. J., S. 607 - 627).

Ein Psychogramm des Kreativen

Auch verfügen kreative Menschen über die erstaunliche Fähigkeit, sich fast jeder Situation anpassen zu können und sich mit dem zu behelfen, was gerade zur Verfügung steht, um ihre Ziele zu erreichen. Ich konnte in den vielen Jahren meiner Tätigkeit als Unternehmensberater immer wieder beobachten, wie wichtig es für den Kreativen ist, mit anderen Menschen in Kontakt zu stehen, abweichende Ansichten zu hören, Ideen auszutauschen und die Arbeit sowie das Denken anderer Menschen kennen zu lernen.

Kreativität als paradoxe Bipolarität

Wenn man aber dennoch mit einem Wort zusammenfassen sollte, was eine kreative Persönlichkeit von anderen unterscheidet, so wäre es für Mihaly Csikszentmihalyi die *Komplexität*. »Krea(k)tivisten« vereinen widersprüchliche Extreme in sich. Sie bilden

Gewinner oder Verlierer?

Der Gewinner hat immer einen Plan,
der Verlierer immer eine Ausrede.
Der Gewinner findet für jedes Problem eine Lösung,
der Verlierer findet zu jeder Lösung ein Problem.
Der Gewinner sagt: »Lass mich dir dabei helfen«,
der Verlierer sagt: »Das ist nicht meine Aufgabe.«
Der Gewinner ist immer ein Teil einer Lösung,
der Verlierer ist immer Teil eines Problems.
Der Gewinner sagt: »Geht, wenn man ...«,
der Verlierer sagt: »Geht nicht, weil ...«

(Abgewandelt aus einer unbekannten Quelle)

keine individuelle »Einheit«, sondern eine individuelle »Vielheit«. Wie die Farbe Weiß, die alle Nuancen des Spektrums enthält, neigen sie dazu, das gesamte Spektrum menschlicher Möglichkeiten in sich zu vereinigen. Damit ist aber nicht etwa eine Art »goldener Mittelweg« gemeint, sondern die ganze Bandbreite gegensätzlicher Eigenschaften, paradoxe Bipolaritäten, je nach Situation. So kann der Kreative zugleich

– logisch wie auch kreativ denken,
– sich anspannen und entspannen,
– introvertiert und extrovertiert,
– demütig und stolz,
– ehrgeizig und selbstlos,
– aggressiv und kooperativ,
– konservativ wie auch progressiv,
– Träumer und Realist,
– subjektiv wie auch objektiv sein

(Mihaly Csikszentmihalyi, 1997, S. 88).

Bestätigung durch die Lohhausen-Studie

Zu ähnlichen Ergebnissen kommt die »Lohhausen-Studie«. Diese empirische Untersuchung aus dem Bereich komplexer Problemlösungen kommt zu dem Ergebnis, dass sich der gute Problemlöser durch seine Selbstsicherheit, sein »optimistisch-realistisches und selbstkritisches Zutrauen in die eigene Handlungsfähigkeit« von weniger guten Problemlösern unterscheidet. Der gute Problemlöser kann geistig umschalten zwischen Neugier und Konzentration, zwischen kreativem und logischem Denken, zwischen Verallgemeinern und Differenzieren. Diese produktiv-dialektische Widersprüchlichkeit sieht auch der amerikanische Managementguru Tom Peters, wenn er sagt, dass der Kreative ebenso an allem zweifelt, wie er daran glaubt.

Wenn man die wichtigsten Aussagen über die Persönlichkeitsmerkmale kreativer Menschen im Vergleich zu weniger kreativen zusammenträgt, dann schälen sich die in der Tabelle aufgeführten Faktoren heraus.

Was trifft auf Sie zu?	sehr stark	stark	etwas	nicht
Unabhängigkeit	....	....	....	....
Neugierde	....	....	....	....
Humor	....	....	....	....
Toleranz	....	....	....	....
Nonkonformismus	....	....	....	....
Konfliktfähigkeit	....	....	....	....
Sensibilität	....	....	....	....
Arbeitseifer	....	....	....	....
Interesse an neuen Aufgaben	....	....	....	....
Originalität	....	....	....	....
Optimismus	....	....	....	....
Innengesteuerte Motivation	....	....	....	....
Ausdauer	....	....	....	....
Zurückhaltung bei Urteilen	....	....	....	....
Antiautorität	....	....	....	....
Gedankliche Gewandtheit	....	....	....	....
Geistige Beweglichkeit	....	....	....	....
Individualität	....	....	....	....
Flexibilität	....	....	....	....
Hohe Durchlässigkeit zwischen dem Bewussten und dem Unterbewussten	....	....	....	....
Offenheit für das Umfeld	....	....	....	....

Wie jung fühlen Sie sich? Die Rolle des Alters für Ihre Kreativität

Spielt das Alter eine Rolle für die Kreativität?

Kreativitätsforscher wollen herausgefunden haben, dass die Zeit zwischen dem 35. und 39. Lebensjahr die Phase maximaler Produktivität ist, jedoch mit deutlichen Abweichungen, je nach Arbeitsgebiet. Dichter und Mathematiker durchschreiten im dritten Lebensjahrzehnt ihren Zenit, während ihn Historiker und Philosophen erst Jahrzehnte später erreichen. Bei den EDV-Firmengründern in Turnschuhen liegt die Phase der kreativen Eruption oft noch früher. Bill Gates gründete Microsoft im Alter von 16 Jahren. Der deutsche Senkrechtstarter am EDV-Businesshimmel, Lars Windhorst, war erst 18, als er seine erste Million verdiente.

Das Beispiel Einstein

»Mit 8 sind viele Menschen genial«, sagt Jean Cocteau, *»das Kunststück ist, Genie zu bleiben.«* Genau das gelang dem Jahrhundertgenie Albert Einstein. Er war sich sogar der Verwandtschaft seiner Denkweise mit der Gedankenwelt der Kinder bewusst, wie aus seiner Selbsteinschätzung hervorgeht:

»Wenn ich mich also frage, woher es kommt, dass gerade ich die Relativitätstheorie gefunden habe, so scheint es an folgendem Umstand zu liegen: Der normale Erwachsene denkt nicht über Raum-Zeit-Probleme nach. Alles, was darüber nachzudenken ist, hat er nach seiner Meinung bereits in der frühen Kindheit getan. Ich dagegen habe mich derart langsam entwickelt, dass ich erst anfing, mich über Raum und Zeit zu wundern, als ich bereits erwachsen war. Naturgemäß bin ich dann tiefer in die Problematik eingedrungen als ein gewöhnliches Kind.«

Von Kindern lernen

Kennen Sie die Geschichte, an der die unkomplizierte Denkweise von Kindern deutlich wird? Ein LKW passte nicht durch eine Unterführung. Das Fahrzeug war 10 Zentimeter zu hoch. Drei Ingenieure dachten lange und angestrengt über das Problem nach. Ein Dreikäsehoch kam vorbei und meinte: »Warum lasst ihr nicht einfach etwas Luft aus den Reifen?«

Kannte Sigmund Freud diese Geschichte, als er feststellte:
»Was für ein trauriger Gegensatz zwischen der strahlenden Intelligenz eines Kindes und der dürftigen Mentalität des durchschnittlichen Erwachsenen«?

Stellen Sie, liebe Leser, die gleichen naiven Fragen, die auch Ihre Kinder oder Enkel stellen, wenn Sie Ihre Kreativität reanimieren wollen. Meine Söhne stellten im statistischen Schnitt 150 Fragen pro Tag, als sie noch Kinder waren.

Ein Kind ist deshalb kreativ, weil seine Sicht nicht vorbelastet ist. Es fängt bei null an, nimmt also »unbefleckt« wahr. Wundern Sie sich so wie ein Kind über alles, was Sie umgibt – sich selbst eingeschlossen.

Große Forscher, Denker und Philosophen konnten sich wundern, wo andere nichts zu staunen fanden, schreibt Wolf Schneider. Für Platon hat die Philosophie ihren Ursprung im Erstaunen.

Ohne zu staunen läuft man Gefahr, die Dinge mechanisch zu erleben. Der erste Schritt hin zu mehr Kreativität besteht darin, die Neugier und das Interesse an der Umwelt zu fördern. Das ist der Weg zum erwachsenen Kind, den Sie beschreiten müssen, um Ihre Kreativität wachzukitzeln. Aber Sie müssen Ihre Neugier wach halten und lernen, sie zu genießen.

Eine weitere Übung
zum Training Ihrer Flexibilität im Denken:
Bei der folgenden Abbildung handelt es sich um eine Insel, die an allen Seiten von einem 3 Meter breiten Wassergraben umgeben ist. Sie sollen diesen überqueren. Ihnen stehen 2 Bretter von je 3 Meter Länge zur Verfügung. Wie können Sie diese so über den Graben legen, dass Sie trockenen Fußes ans andere Ufer gelangen?

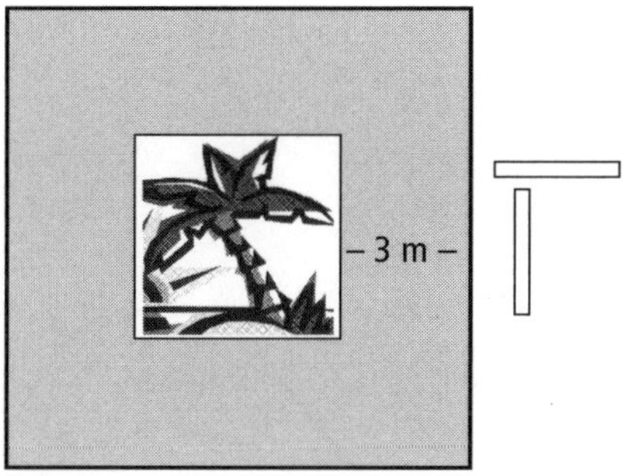

Warum es so viele junge Mathematiker und Musiker gibt

Warum gibt es unter den Wunderkindern häufiger Mathematiker, Informatiker und Musiker als Schriftsteller und Maler? Wahrscheinlich bedarf es bei der EDV nicht der Reifung des Geistes und der Ansammlung von Erfahrungen wie beim Schriftsteller. Das Symbolsystem der Mathematik ist relativ eng strukturiert und zeichnet sich durch eine strenge innere Logik aus. Darum kann ein junger Mensch die mathematischen Regeln relativ schnell erlernen.

Auch Kinder neigen zur Starrheit

Edward de Bono relativiert das Bild vom kreativen Kind. Er meint, Kinder gehen zwar offen, unverbildet und originell an ein Problem heran. Wenn sie aber eine Lösung gefunden haben, halten sie starr daran fest.

Ein interessanter empirischer Befund

Robert W. Dilts, Vater des amerikanischen NLP-Pioniers *Robert B. Dilts,* berichtet in dem zusammen mit seinem Sohn und *Todd Epstein* geschriebenen Kreativitätsbuch »Know how für Träumer« von einer Untersuchung des RCA-Konzerns, in der es darum ging herauszufinden, welche Art von Bewerbern und Mitarbeitern in welcher Altersgruppe den Typ des Erfinders verkörpern. Danach wurde der größte Teil der Erfindungen im Alter zwischen 30 und 40 Jahren gemacht. Als man dann noch wissen wollte, aus welcher Altersgruppe *wirklich brauchbare* Neuerungen kommen, fiel die Kurve des Diagramms etwas flacher aus. Außerdem wollte man noch erfahren, welche Altersgruppe Urheber der *wertvollen* Innovationen ist. Die Kurve wurde noch flacher. Schließlich hat man untersucht, wie alt oder jung jene Menschen waren, denen man *historisch bedeutsame* Kreativitätsleistungen zuschreibt. Das Diagramm zeigt, dass man nicht mehr von einer Kurve sprechen kann. Die Autoren resümieren:

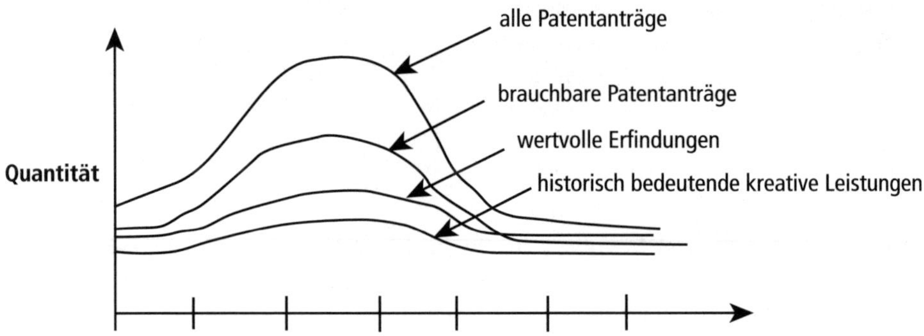

»Dies deutet darauf hin, dass man die Fähigkeit zu bedeutenden kreativen Leistungen nicht mit einem bestimmten Alter in Verbindung bringen kann.«

Wenn jüngere Mitarbeiter jedoch mehr Vorschläge einreichen als ältere, dann resultiert dies aus ihrem jugendlichen Elan. Der ältere Mitarbeiter verfügt über mehr Filter und weiß eher, welche Vorschläge machbar sind und welche nicht. Der kreativen Intelligenz der Jugend steht die Weisheit des Alters gegenüber.

Sind Sie ein Linkshirn oder Rechtshirn? Die Hemisphärentheorie

Die Arbeitsteilung im Gehirn

Begierig griff die Zunft der Wirtschaftstrainer nach den Erkenntnissen des Psychobiologen *Roger Sperry* vom *California Institute of Technology*. Von ihm stammt die so genannte Hemisphärentheorie, für die er 1981 den Nobelpreis für Medizin erhielt. Sie besagt, dass das menschliche Gehirn arbeitsteilig denkt. Die »Zuständigkeiten« der jeweiligen Hirnhälften sind in der Tabelle dargestellt.

Linke Hirnhälfte	**Rechte Hirnhälfte**
Sequentielles Verarbeiten	Simultanes Verarbeiten
Digitales Denken	Analoges Denken
Analyse	Synthese
Sprache, Lesen	Körpersprache
Details	Ganzheitlichkeit
Logisches Denken	Kreatives Denken
Gedächtnis für Wörter	Gedächtnis für Personen
Verstand	Gefühl
Mathematik/Physik	Musikalität/Kunst
begriffliches Denken	bildliches Denken

Ein Beispiel zur Arbeitsteilung

Hierzu ein Beispiel, um die Arbeitsteilung zu verdeutlichen: Wenn Sie ein Lehrbuch über das Skilaufen lesen, ist das eine Angelegenheit der linken Hirnhälfte. Wenn Sie aber ein Gefühl für die Bretter bekommen, dann hat sich die rechte Hälfte eingeschaltet. Zeugnisse, Diplome und akademische Titel werden für linkshirnige Leistungen verliehen. Für Ihren Lebens- oder Ehepartner haben Sie sich aber rechtshirnig entschieden. Ihr Computer ist die riesige linke Seite eines Gehirns.

Fragwürdige Vereinfachungen

Dieses Modell wird von vielen Wirtschaftstrainern dahingehend vereinfacht, dass das logische Denken in der linken und das kreative in der rechten Hirnhälfte abläuft. Schnell sind sie auch mit Patentrezepten zwecks Förderung der Rechtshirnaktivitäten zur Stelle. In bester amerikanischer Manier bietet so z. B. die US-Trainerin *Marilee Zdenik* in ihrem Buch »Der kreative Prozess – die Entdeckung des rechten Hirns« ein Sechs-Tage-Programm zur Befreiung der schöpferischen Kräfte an. Jeder zweite deutsche Trainer plappert heute die vielfach wiedergekäute und mittlerweile arg verfälschte Hirnhälftentheorie nach. Halbes Halbwissen wird als Vollwertwissen ausgegeben.

Linkshirnige Vormontage, rechtshirnige Endmontage

Nach dem heutigen Stand der Erkenntnis können wir davon ausgehen, dass es das linke und rechte Gehirn als strikt getrennte Funktionen nicht gibt. Logisches Denken ist ebenso wenig nur auf die linke Hirnhälfte beschränkt wie das kreative auf die rechte. Probleme, die logische oder auch kreative Lösungswege erfordern, benötigen das Zusammenspiel beider Hälften. Das Kreative ist immer auch mit linkshirnigen Fähigkeiten verknüpft, so wie das Analytische mit rechtshirnigen. Außerdem muss vieles zunächst linkshirnig bearbeitet worden sein, bevor es in die rechtshirnige, intuitive Endmontage geht. Was als kreativer Einfall ausgegeben wird, ist linkshirnig-analytisch lange vorbereitet worden. Der wahre Kern der Kreativität scheint in der synergetischen Beziehung zwischen der linken und der rechten Gehirnhälfte zu liegen.

Die Asymmetrie von linker und rechter Hirnhälfte

Es gibt keine Belege dafür, dass Menschen reine »Links-« oder »Rechtshemisphäriker« sind. Zwischen der linken und rechten Hälfte sind die Grenzen ebenso fließend wie zwischen den sprachlichen und den nichtsprachlichen Gehirnfeldern. Eher kann man gewisse Asymmetrien registrieren, die von Mensch zu Mensch verschieden sind und über Jahre hinweg konstant bleiben. Dabei liegt das Aktivitätsniveau bestimmter Hirnteile regelmäßig höher als andere Bereiche. Das jedenfalls meint die Psychobiologin und Mitarbeiterin von Roger Sperry, *Jerre Levy*:

»Allerdings ist bei einigen in variierendem Umfang die linke Hälfte aktivert, und die Sprachfunktionen sind ausgeprägter. Bei anderen ist die rechte aktiver, und räumliche Fähigkeiten sind besser entwickelt« (Treichel, in: Weiterbildung 1/91, S. 70).

Fehlinformationen durch Überlagerung

Interessant für das Verständnis der Kreativität sind neuere Erkenntnisse der Hirnforschung, die allerdings im Kontext der Psychotherapie entstanden. Alles, was das Gedächtnis aufnimmt, wird in der Großhirnrinde gespeichert. In nur einem Quadratmillimeter Großhirnrinde stecken etwa 100 000 Nervenzellen; jede Einzelne davon steht über ein Gestrüpp von Leitungsbahnen mit rund 5000 anderen Zellen in Verbindung. Im Cortex lagern auch die »ungelösten Probleme«, die auf Geistesblitze warten. Wenn nun neue Sinneseindrücke vom Hippocampus, einer Art Relaisstation, an das Großhirn gemeldet werden, dann fließen sie über die schon »eingelagerten« Informationen hinweg und verändern diese so sehr, dass sie für den Betreffenden zur Wahrheit werden, ohne dass er sich dessen bewusst ist. So kann es passieren, dass Sie eine Person mit einem Fest in Verbindung bringen, obwohl die betreffende Person nie dort gewesen ist. Die »Originalversion« (Person) wurde durch ein anderes Erlebnis (Fest) »überschrieben«. Wenn Sie Erinnerungen abrufen, versucht Ihr Gehirn, Informationen, die über die gesamte Großhirnrinde hinweg in der Seh-, Hör- oder Fühlrinde gespeichert sind, im Bewusstsein zu vereinen. Darunter befinden sich auch die unbewusst verfälschten Informationen.

Neue Sinneseindrücke fließen über die in Ihren Nervenzellen gespeicherten Informationen hinweg und können diese verändern oder auch dank des neuralen Netzwerkes Geistesblitze auslösen.

Zufallsbegegnung im Gehirn

Hier liegt ggf. der Schlüssel für das Verständnis des Inkubationsprozesses und Illuminationseffekts. Könnte es nicht sein, dass über die in der Großhirnrinde zwischengelagerten Informationen neue hinwegfließen und die Illumination auslösen? Zwei Informationen, eine schon gespeicherte und eine neue, haben sich gefunden und sich auf den ersten Blick ineinander »verliebt«. Mittels eines Gerätes, das sich PET-Scanner (Positronenemissions-Tomographie) nennt, wurde nachgewiesen, dass schon bei anspruchslosen Denkvorgängen das Gehirn eine Fülle von Parallelschaltungen in Gang setzt. Alle Hirnregionen werden aktiviert, besonders die, in denen bildhafte Assoziationen erzeugt werden.

Psychologen, Physiologen, Informatiker, Gentechniker, Biochemiker – aus den unterschiedlichsten Richtungen tasten sich die

Wissenschaftler an den letzten großen weißen Fleck der Natur heran. Sie verbünden sich zu einer großen interdisziplinären Forschungsreise in die Tiefen des Gehirns. Materie und Leben wurden entschlüsselt, nun geht es an den Geist.

Hirnpräferenz-Check
nach Prof. Dr. Walter Simon

Kreuzen Sie jeweils *eine* Möglichkeit an. Eine Sowohl-als-auch-Antwort ist bewusst nicht vorgesehen. Sie sollen sich also zwischen der linken und der rechten Seite entscheiden.

1. Welche Art der *Problemlösung* bevorzugen Sie?	logisch-analytisches Denken **1**		aus dem Bauch heraus **2**
2. In welchen *Schulfächern* waren Sie besser?	Mathematik, Physik **1**		Kunst, Werken, Musik **2**
3. Interessieren Sie sich eher für *Technik* oder für *Geschichte?*	Technik **1**		Geschichte **2**
4. Schätzen Sie sich eher als *praktisch* oder als *theoretisch* veranlagten Menschen ein?	theoretischer Mensch **1**		praktisch veranlagter Mensch **2**
5. Verlassen Sie sich eher auf Ihr *Gefühl* oder auf *Analysedaten?*	Analysedaten **1**		Gefühl **2**
6. Lernen Sie eher, indem man Ihnen etwas *erklärt* oder *präsentiert, zeigt?*	durch Erklären **1**		durch Präsentieren **2**
7. Macht Sie *Unordnung* unruhig oder bleiben Sie trotzdem ruhig?	unruhig **1**		ruhig **2**
8. Welche *Art von Menschen* liegt Ihnen eher?	Realisten **1**		Visionäre **2**
9. Was ist Ihnen sympathischer – *Tatsachen/ Fakten* oder *Meinungen?*	Tatsachen/Fakten **1**		Meinungen **2**

10. Haben Sie Ihre *Gefühle* unter Kontrolle, oder kommt es auch schon mal vor, dass Sie *weinen?*	habe Gefühle unter Kontrolle **1**		Weinen kann schon mal vorkommen **2**
11. Glauben Sie an den *ersten Eindruck* oder suchen Sie nach weiteren Anhaltspunkten?	suche nach weiteren Anhaltspunkten **1**		glaube an den ersten Eindruck **2**
12. Was liegt Ihnen eher: *Do-it-yourself-Aktivitäten* und *Gartenarbeit* oder *Knobelspiele* und *Computerprobleme?*	Knobelspiele und Computerprobleme **1**		Do-it-yourself und Gartenarbeit **2**
13. Verfügen Sie über einen *6. Sinn* oder verlassen Sie sich lieber auf Ihre *fünf Sinne?*	verlasse mich auf meine 5 Sinne **1**		verfüge über einen 6. Sinn **2**
14. Sind Sie eher ein Anhänger der *Schulmedizin* oder der *Naturheilkunde?*	Schulmedizin **1**		Naturheilkunde **2**
15. Mit wem würden Sie sich lieber unterhalten, mit einem bekannten *Musiker* bzw. *Maler* oder einem überragenden *Naturwissenschaftler?*	mit einem überragenden Naturwissenschaftler **1**		mit einem bekannten Musiker oder Maler **2**
16. Was würde Sie in München eher interessieren: die *Alte Pinakothek* oder das *Deutsche Museum?*	das Deutsche Museum **1**		die Alte Pinakothek **2**
17. Wo würden Sie lieber arbeiten, in der *Personalabteilung* oder in der *Buchhaltung?*	Buchhaltung **1**		Personalabteilung **2**
18. Spielen Sie lieber *Skat* und *Schach* oder *Mikado und Memory?*	Skat / Schach **1**		Mikado / Memory **2**
19. Was schätzen Sie mehr am Auto – die *Technik* oder das *Design?*	Technik **1**		Design **2**
20. Wenn man Ihnen Ministerämter anbieten würde, welches würden Sie bevorzugen: *Finanzminister* oder *Kulturminister?*	Finanzminister **1**		Kulturminister **2**

Jetzt addieren Sie die Werte der markierten Ziffern. Sie werden zwischen 20 und 40 Punkte erreicht haben. Nehmen wir an, Sie haben 35 Punkte. Diese Zahl markieren Sie unten auf der Skala und sehen nun, inwieweit Sie ein Links- oder ein Rechtshirn sind.

|.....|.....|.....|.....|.....|.....|.....|.....|.....|.....|.....|.....|.....|.....|.....|.....|.....|.....|.....|.....|

20 21 22 23 24 25 26 27 28 29 30 31 32 33 34 35 36 37 38 39 40

Angenommen, Sie haben einen Wert zwischen 20 und 27, dann überwiegt bei Ihnen der Einfluss der linken Hirnhälfte. Liegt Ihr Wert aber zwischen 31 und 40, dann sind Sie eher ein »Rechtshirn«. Liegt Ihr Testergebnis zwischen 28 und 32, dann setzen Sie beide Hälften ziemlich ausgewogen ein.

Sind Sie so schlau wie ein Dummer? Das Problem der Intelligenzfalle

Sie können Ihre geistigen Fähigkeiten in diese vier grundlegenden Funktionen aufteilen:

1. Wahrnehmung und Aufmerksamkeit
2. Gedächtnis und Erinnerungsvermögen
3. Analyse und Urteilsfähigkeit
4. Intuition, Fantasie und Kreativität

Vieles lässt sich durch bloßes Hinsehen bzw. gekonntes Wahrnehmen klären. Das zeigt die folgende Übung:
In Ihrem Büroschrank steht ein vierbändiges Lexikon. Jeder Band ist 2,6 Zentimeter dick, und zwar 2 Zentimeter die Seiten und je 3 Millimeter der vordere und der hintere Einbanddeckel, also zusammen 6 Millimeter.
Ein Bücherwurm frisst sich von der ersten Seite des ersten Bandes bis zur letzten Seite des zweiten Bandes. Welche Strecke hat er dabei zurückgelegt? Schauen Sie genau hin!

(Lösung am Ende des Buches)

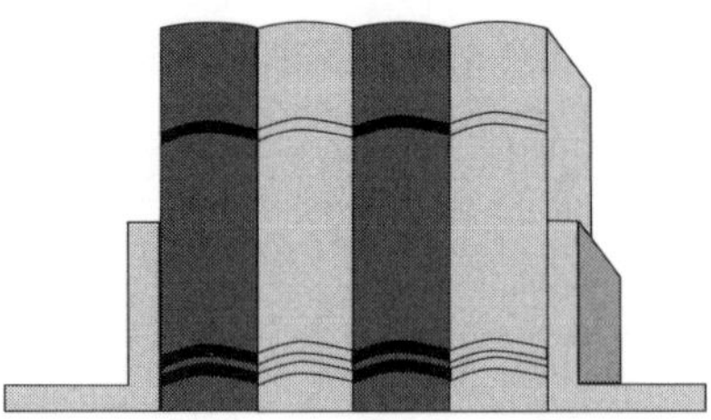

Ihre Schul- und Lehrzeit haben Sie damit verbracht, die ersten drei Funktionen zu entwickeln, während die vierte oft nicht nur vernachlässigt, sondern den Schülern regelrecht ausgetrieben wird. Auch unser Bildungssystem interessiert sich fast nur für die ersten drei Aspekte. Diese werden gefordert, während letzterer allzu oft ignoriert wird. Man interessiert sich für Ihre Fähigkeit, Tatsachen und Daten zu speichern, damit Sie diese in der Klausur oder Prüfung wieder ausspucken. Dafür erhalten Sie dann einen (akademischen) Titel.

Intelligenz macht selbstgefällig

Haben Sie einen akademischen Titel? Wenn ja, dann können Sie sich vielleicht gut ausdrücken. Dafür schleifen sich aber andere Schnitzer ein, so der Hang zur »Überpräzisierung«. Akademisches Wissen wirkt sich schädlich auf Ihre Kreativität aus, wenn Sie die mit dem Wissen verknüpften Denkweisen als unveränderlich ansehen. Intelligente Menschen neigen zu voreiliger Kritik und voreiliger Analyse. Sie sind schlechte Zuhörer und achten nur selten auf die Interaktion. Was nützt es, einen hohen IQ zu haben und ein emotionaler Trottel zu sein, fragt *Daniel Goleman* in seinem Buch »Emotionale Intelligenz«. Auch sollten Sie sich vor der Intelligenzfalle hüten. Kluge Menschen haben das Bedürfnis, Recht zu behalten, da man sonst an ihrer Bildung zweifeln könnte. Darum wollen sie anderen ihre Intelligenz demonstrieren. Wer redegewandt argumentiert, kann sich bei jeder passenden Gelegenheit auch ohne teures Auto oder Rolex-Uhr ein Überlegenheitsgefühl verschaffen. Menschen mit hohem IQ werden gern selbstgefällig. Sie wiegen sich in der Gewissheit ihrer Intelligenz und verlieren die Neugier.

Starre Meinungen wirken wie Isolationshaft

Als ich noch jung an Jahren und ein linientreuer Marxist war, suchte ich meine Informationen unter dem Gesichtspunkt aus, ob sie geeignet waren, meine Weltanschauung zu bestätigen. Ich habe sehr viel gelesen und geschrieben und darum die meisten Diskussionen gewonnen, aber manchen Freund verloren. Einerseits wurde ich immer klüger, aber andererseits auch dümmer. Nicht Information schuf Meinung, wie es sein sollte, sondern Meinung schuf Information. Eine Weltanschauung hilft, sich zu orientieren, aber sie verengt auch den Blick so, als würde man durch ein schmales Rohr schauen. Überzeugungen können wie Gefängnisse wirken. Wer 10 Jahre lang mit den gleichen politischen und gesellschaftlichen Überzeugungen behaftet ist, obwohl sich die Rahmenbedingungen ständig ändern, der neigt zum Starrsinn.

Vorsicht: Ihre Intelligenz kann zum Gefängnis werden:

Menschen mit hohem Intelligenzquotienten lassen sich in ihrer Entscheidungsfindung oft bremsen. Sie haben gelernt, erst dann zu handeln, wenn alle Fakten bekannt und gewürdigt sind.

90 Prozent der Informationen sind schnell beschafft, aber für die letzten 10 Prozent brauchen Sie die dreifache Zeit. Die dann gefällte »richtige« Entscheidung ist häufig falsch, weil sie zu spät erfolgte.

Angst blockiert die Intelligenz

Vielen Menschen fehlt die »capacity to close«, die Fähigkeit, endlich Schluss zu machen mit dem Grübeln und der Qual, Probleme vorauszudenken, die sich niemals stellen. In einer Wirtschaft, die im Blitzschachtempo funktioniert, verändern sich die Dinge mit jedem Zug im Sekundentakt. *Timing* ist eines der Lebensgeheimnisse, die man kennen muss, um im Spiel zu bleiben. Manchmal muss man schießen, egal ob man die richtige Munition hat. Nicht jedes Problem ist mit einer Operations-Research-Fallstudie lösbar. Aufgrund dieses Sachverhalts ängstigt sich der Intelligenzler vor Fehlern. Diese Angst aber untergräbt den Verstand, so dass der Vorteil zum Nachteil werden kann. Ich beobachte das immer wieder an meinen Studenten. Die Prüfungsangst puscht das Adrenalin in das lymbische System. Als Folge hiervon werden die Gehirnzellen verstopft, so dass der gelernte Stoff nicht aktiviert wird und nicht fließen kann. Schlechtere Studenten, die zuversichtlich, nicht naiv optimistisch, in die Klausur kommen, kennen dieses Problem nicht und haben oft bessere Noten als die »Angsthasen«.

Intelligenz macht krank

Ähnliches wurde anlässlich einer wissenschaftlichen Reihenuntersuchung bei Managern festgestellt. Intelligente neigten stärker zu Herzflattern und -klopfen. Der Versuchsleiter *Prof. Siegfried Streufert* hierzu: *»Die Dummen sind eindeutig gesünder als die Intelligenten. Das gilt [...] auch für Magen und Darm.«* (Stern, o. J.)

Der Intelligenzler neigt eher zum reaktiven Denken. Er ist stark, wenn es darum geht, Rätsel oder Denkaufgaben zu lösen. Das wirkliche Leben fordert aber eher eine Art projektorientiertes Denken. Der Intelligenzquotient trägt nach Daniel Goleman höchstens zu 20 Prozent zum Lebenserfolg bei. Vor allem in der Berufswelt müssen Zusammenhänge begriffen, Ziele formuliert und Handlungen koordiniert werden. Das setzt die Fähigkeit voraus, auch spekulativ und intuitiv zu denken. An irgendeinem Punkt muss man den Sprung ins Ungewisse wagen, auch ohne die Gewissheit, ob die Ziffer an der fünften Stelle hinter dem Komma richtig ist.

Das Leben fordert mehr als nur intelligentes Denken

Akademische Intelligenz allein reicht nicht, um das Durcheinander des Lebens, seine Chancen, Probleme und Wechselfälle zu bewältigen. Die Fähigkeiten des Herzens und des Bauches sind genauso wichtig wie die des Kopfes.

Scharfsinnige Turbodenker kommen aufgrund weniger Anhaltspunkte zu Denkschlüssen. Aber schnelles Verstehen bedeutet nicht unbedingt gutes Denken. Ein Verstand, der im 2. Gang fährt, benötigt mehr Zeit, gibt damit aber seiner Intuition die Gelegenheit, mitzufahren und als Kopilot selbst das Steuer zu übernehmen. So kann auch das Unterbewusstsein Ideen beisteuern.

In den US-Streitkräften wurde vor einigen Jahren untersucht, welcher Typ Offizier vorzugsweise Karriere macht. Das Ergebnis: Die »akademisch geschädigten« Intellektuellen konnten weniger erfolgreiche Karrieren vorweisen als die durchschnittlichen Gehirnanwender. Der Grund: Intelligenzler denken zu kompliziert. Das verzögert Entscheidungen und somit Handlungen. Außerdem ist der intelligente Rekrut so dumm, dass er gleich am ersten Tag seine Klugheit versprüht – an falscher Stelle, bei den falschen Leuten, zum falschen Zeitpunkt. Zu viel geistige Leuchtkraft blendet andere, so dass diese lieber gleich die Augen schließen. Das kann dem Dummen nicht passieren.

Intelligentes Anpassen oder kreatives Querdenken?

Das alles hat schon der klügste Kopf des 16. Jahrhunderts, *Erasmus von Rotterdam* (1469 bis 1536) gewusst. Er machte dies am Beispiel des Schreibens deutlich: *»Ohne Ende quält sich der Geschei-*

Erkenntnisse eines klugen Kopfes über die Dummheit

te mit Einfügen, Abändern, Ausstreichen, Neuschreiben, Umschreiben, Weglegen und Ratholen ... nie kommt er zu einem Ende«: Je länger sich der Klugkopf mit dem Schreiben quält, desto schlechter wird der Text. Der Dumme geht klüger vor: *»Er schmiert hin, was in die Feder läuft, wie ihn die Lust überkommt.«* Darum liest sich sein Text lebendig, spannend und sogar witzig. Das Schlechte aber kommt gut an. *»Denn die Mehrheit ist eingeschworen auf Dummheit.«*

§1 des Karrieregesetzes

Dieses Ergebnis muss verwundern, denn normalerweise ist der schreibgeübte »Diplom-Fachidiot« eher auf eine Karriere abonniert als der ungeduldige, kreative und quirlige Hans-Dampf-in-allen-Gassen. Intelligente Menschen neigen häufig zu konformistischem Verhalten. Sie haben §1 des Karrieregesetzes, »Passe dich an, wenn du weiterkommen willst«, schnell gelernt. Das beginnt schon in der Schule: Jugendliche mit einem hohen Intelligenzquotienten neigen eher dazu, sich den Vorstellungen der Lehrer anzupassen, während sich kreative Schüler gegenteilig verhalten. Aber in Unternehmen ist dieses Verhalten oft schädlich: Das Anpassungsvermögen von Mitarbeitern kann nämlich über kurz oder lang die Anpassungsfähigkeit des Unternehmens an den Markt und somit den möglichen wirtschaftlichen Erfolg vereiteln.

Vom Wert nichtakademischer Mitarbeiter. Das Beispiel Joschka Fischer

Darum sollten auch Unternehmen, die den kreativen Schatz in den Köpfen ihrer Mitarbeiter heben wollen, den nichtakademischen Mitarbeitern größere Aufmerksamkeit widmen. Es kann nicht angehen, dass derjenige, der einige Jahre auf der Hörsaal-Hühnerleiter den Vorlesungen lauschte, automatisch die Karriereleiter emporsteigt, während sein nichtakademischer Kollege mit 30 Jahren den EDEKA-Status (*E*nde *de*r *Ka*rriere) erlangt hat. Bei dieser Praxis hätte der Nichtabiturient Joschka Fischer keine Chancen in bundesdeutschen Unternehmen. Leider sorgt die gängige Art der Personalauswahl dafür, dass keine Krea(k)tivisten eingestellt werden. Man interessiert sich für Leute mit guten Schulnoten, tadelloser Kleidung, geschniegelter Frisur, stromlinienförmigem Lebenslauf; für solche, die schon im Kindergarten wussten, dass sie nach dem Abitur eine Banklehre machen und anschließend BWL studieren, um dann im Nadelstreifenanzug mit Seidenkrawatte und Krawattennadel die Karriereleiter einer Großbank aufzusteigen.

Um kreativ zu sein, benötigen Sie kein Diplom. Für Innovationen brauchen Sie keinen akademischen Titel. Der Apostel Paulus war auch kein vom Bischof ordinierter Priester. Akademische Intelligenz reicht nicht, um auf die Wechselfälle des Lebens vorbereitet zu sein. Intelligenz sagt zwar etwas darüber aus, wie gut ein Mensch oder Bewerber rechnen und logisch denken kann, aber nichts über seinen Ideenreichtum und seinen Innovationsehrgeiz. Der beste Eignungstest ist und bleibt die Berufspraxis.

Der beste Test: die Berufspraxis

Sollten Sie, lieber akademischer Leser, nach dieser Akademikerschelte einen insgeheimen Groll gegen mich verspüren, dann gebe ich Ihnen diesen Rat noch mit auf den Weg: Seien Sie so klug und lernen Sie von den Dummen. Sie werden die Zukunft gewinnen, wenn Sie wissen, wann es nötig ist zu denken und wann es besser ist, den Kopf abzuschalten, wenn Sie gewollt intelligent, aber auch gewollt dumm sein können. Dann sind Sie auf dem besten Weg, emotionale Intelligenz zu erwerben.

Seien Sie schlau und lernen Sie von den Dummen

Emotionale Intelligenz ist jene lebenswichtige Fähigkeit, Stimmungen, Temperamente, Motivationen und Wünsche anderer Menschen zu erkennen und angemessen darauf zu reagieren. Es ist eine Metafähigkeit, die es Ihnen ermöglicht, alle unsere Fähigkeiten, darunter die intellektuellen, richtig einzusetzen.

5. Wie entstehen Ideen im Kopf? Der kreative Reifungsprozess

Unter dem Gesichtspunkt des Ablaufes versuchte der britische Soziologe *Graham Wallas* schon in den Zwanzigerjahren das Phänomen des schöpferischen Denkens zu erklären. Seine Theorie gilt als allgemeine Heuristik. Sie beruht auf der Auswertung von autobiografischen Berichten bedeutsamer Wissenschaftler und Künstler. Er unterteilte den Kreativitätsprozess in folgende fünf Stufen.

Fünf Stufen des kreativen Prozesses

1. **Vorbereitung bzw. Präparation:** Wer ein Problem hat, versucht dieses zu lösen. Es folgt eine Phase inten-

siver geistiger Anstrengung. Sie findet ihren Ausdruck im Grübeln und Problematisieren.

2. **Inkubation:** Das noch ungelöste »Problem« begibt sich nun auf Wartestellung in den neurologischen Untergrund. Das Unterbewusstsein erhält so die Gelegenheit, an dem »schwelenden« Problem weiterzuarbeiten bzw. die Puzzleteile zusammenzufügen.
   Das war auch der Fall bei dem berühmt gewordenen Schimpansen Nueva, der 1917 »im Auftrag« des deutschen Psychologieprofessors Wolfgang Köhler darüber nachdachte, wie er an die außerhalb des Käfigs und seiner Reichweite liegende Banane kommen könnte.

3. **Eingebung bzw. Illumination:** Die Inkubationsphase des Schimpansen dauerte nur sieben Minuten. Dann kam ihm die rettende Idee. Er ergriff einen im Käfig liegenden Stock und zog damit die Banane in den Käfig hinein.
   Diesen Effekt hat jeder schon im eigenen Kopf gespürt. Auch Sie haben irgendwann einmal über ein Problem nachgedacht, ohne sofort die Lösung zu wissen. Plötzlich, nachdem Sie gedanklich längst woanders waren, kam Ihnen der göttliche Funke. Ihr Unterbewusstsein hat an der Sache weitergearbeitet und Ihnen unerwartet eine Lösung geliefert.

Während der Illumination geht Ihnen plötzlich ein Licht auf. Unerwartet wird Ihnen die rettende Idee aus dem neurologischen Untergrund »zugebeamt«, obwohl Sie mit Ihren Gedanken ganz woanders sind.

4. **Prüfung bzw. Verifizierung:** Jede noch so brillante Idee muss auf ihre Machbarkeit hin geprüft werden. Das gilt insbesondere dort, wo andere Menschen an der Umsetzung mitwirken. Jetzt erst darf die Schere im Kopf schneiden.
   Diese Phase ist voll von Emotionen, da sie von Zweifel und Unsicherheit geprägt ist. Viele Ideen überleben diesen Schritt nicht, weil sie sich im hellen Licht der Vernunft als nicht machbar erweisen.

5. **Ausarbeitung:** Ideen sind gut, aber Pläne, aus denen sinnlich wahrnehmbare Innovationen resultieren, sind besser. Dies ist die Phase, die das amerikanische Erfindergenie Thomas A. Edison meinte, als er davon sprach, dass Erfolg zu 1 Prozent aus Inspiration und zu 99 Prozent aus Transpiration bestehe.

The art of thinking

Diese fünf Stadien sind für Wallas *»the art of thinking«*. Sie laufen unbewusst, spontan und nach anderen Gesetzen als das bewusste, geordnete und logische Denken ab. Besonders die zweite Phase, die Schwangerschaft, ist wichtig. Hier reift die »Frucht«, um dann als Lösung das Licht der Welt zu erblicken.

Mischung und Bewegung als Ursachen der Ideenauslösung

Die besondere Rolle der Inkubation

Wegen ihrer rätselhaften Beschaffenheit hat man die Inkubation häufig für den kreativsten Teil des gesamten Prozesses gehalten, denn hier wird der bewusste Teil des Vorgangs durchbrochen. Warum aber soll die Inkubation den kreativen Prozess fördern? Aus welchem Stoff ist die kreative Gärhefe?

Lassen Sie Ihr Unterbewusstsein am folgenden Problem arbeiten. Es findet eine Lösung: Pflanzen Sie 4 Bäume auf einem quadratischen Grundstück so ein, dass *jeder* Baum zu *jedem anderen* Baum *im gleichen Abstand* steht. Das gilt auch für den diagonalen Abstand.

(Lösung am Ende des Buches)

Die Quelle der Kreativität: Libido oder Assoziation?

Die Freudianer glauben, dass die Quelle der Kreativität die Libido sei. Aber dass der Illuminationsfunken in den Genitalien gezündet wird, verlangt viel Vorstellungsvermögen. Weniger Gedankenaufwand erfordert die Vorstellung, wonach Ideen, wenn sie nicht mehr bewusst gesteuert werden, einfach den Gesetzen der Assoziation folgen. Ideen verknüpfen sich mit anderen, willkürlich, ohne System und Logik, aber dennoch erfolgreich, so wie im Falle vieler bedeutender Wissenschaftserkenntnisse.

Bewusstes Detaillieren und unbewusstes Synthetisieren

Während des bewussten Denkvorgangs wird ein Problem seriell in Teilschritten abgearbeitet und abschließend zu einer Gesamtlösung zusammengeführt. Im Unterbewusstsein aber kann dieser Prozess parallel verlaufen, d. h., die Gedanken können sich mischen und in jede beliebige Richtung bewegen. Diese Mischung und Bewegung ist die eigentliche Kreativitätsquelle.

Kreativität als Regelkreisprozess

Das Ablaufschema mit den Schritten Präparation – Illumination – Verifizierung – Ausarbeitung ist ein Modell, mit dem ein komplexer, vielgestaltiger Prozess übersichtlicher gemacht werden soll. Aber in der Realität überschneiden sich die Phasen und wiederholen sich. Selbst in den einzelnen Phasen wirken die anderen Phasen. So kann während der Prüfung ein plötzlicher Geistesblitz wirken. Manche Phasen können Tage, ja Wochen, Monate und Jahre dauern, so wie im Falle des Evolutionsforschers Charles Darwin. Der Gesamtprozess wird dabei ständig von kleinen Inkubationen und Illuminationen begleitet oder unterbrochen. Er verläuft weniger linear als rekursiv, mit Wiederholungen und Schleifen. Darum sollte man sich diese Abfolge eher als Regelkreis vorstellen, der spiralförmig verläuft.

Das Beispiel dieses Buches

Das gilt auch für meine Arbeit an diesem Buch. Die Idee und einzelne Abschnitte mussten Monate im eigenen Saft schmoren, bis sie tafelfertig waren. Manches Kapitel, ja mancher Absatz entstand innerhalb dieser fünf Phasen. Manchmal besteht die Inkubation darin, dass ich ein treffenderes Wort suche, das mir die Inspiration als die Schwester der täglichen Schreibarbeit plötzlich liefert. Oftmals muss ich verifizieren, indem ich Sätze wieder lösche, weil sie mir im Nachhinein nicht mehr geeignet erscheinen, das auszudrücken, was ich meine.

Die kreative Lösung ist mehr als die Summe ihrer Teile

Kennen Sie einen Witz, irgendeinen? Erzählen Sie ihn sich in Gedanken. Beachten Sie dabei genau seine Struktur. Sie stellen fest, dass zwei Dinge, die eigentlich nichts miteinander zu tun haben, originell verknüpft werden und dabei eine neue Wirkungseinheit entsteht. Dabei ist der Gag mehr als die Summe seiner Teile. Das ist zugleich ein kreatives Grundprinzip.

Die menschliche Kreativität ist das Wechselspiel zwischen Synthese und Analyse. Synthese ist der Versuch, neue Wirkungseinheiten zu finden, indem zwei bekannte Dinge auf der nächsthöheren Stufenleiter kombiniert werden. Die Analyse besteht darin herauszufinden, ob es sich hier wirklich um eine neue Wirkungseinheit handelt.

Die Psychologin *Erika Landau* kommt in ihrer »Psychologie der Kreativität« zu dem Ergebnis, dass den kreativen Prozessen eine gemeinsame Fähigkeit zugrunde liegt, nämlich

»Beziehungen zwischen vorher unbezogenen Erfahrungen zu finden, die sich in der Form neuer Denkschemata als neue Erfahrungen, Ideen oder Produkte ergeben.«

Genau das geschieht beim Witz und geschah, als die Schimpansin Nueva über ihr Bananenproblem nachdachte. Ob Affe oder Mensch über ein Problem nachdenken, der Grundmechanismus der Ideenschöpfung bleibt der gleiche. Auch bei Dichtern und Denkern, bei Wissenschaftlern und Managern, bei Arbeitern und Angestellten, Kindern und Rentnern trifft man dieses Syntheseprinzip A + B = C an. Kreativität ist so gesehen die Fähigkeit, Beziehungen zwischen zwei Aspekten herzustellen, die sich in der Form neuer Denkschemata als neue Erfahrungen, Ideen oder Produkte ergeben.

Das Syntheseprinzip

Die kreative Lösung ist mehr als die Summe ihrer Teile. Diese Teile ergeben neue Ideen, neue Produkte oder führen zu neuen Denkweisen.

Beispiele »göttlicher« Eingebungen

Die Literatur ist voll von Zeugnissen solcher »göttlichen Eingebungen«, wie Platon sie nannte. Für Albrecht Dürer waren es *»obere Eingießungen«*. Goethe sah sich als *»ein für würdig befundenes Gefäß zur Aufnahme eines göttlichen Einflusses«*. Von seinen Gedichten sagte er: *»Ich machte sie nicht, sie machten mich.«* Goethe liebte es, (rechtshirnig) in Bildern zu sehen und zu denken. (Linkshirnige) Orthographie, Grammatik und Interpunktion lagen ihm nicht. Komposition und Aufsatz waren schon eher seine Stärke. Ihm kam es auf das Sehen an, auf das In-der-Hand-Halten, am besten in der freien Natur, nicht im Studierzimmer. Wenn man Dinge beschaut und betastet, dann komme einem, wie er sagte, die göttliche Eingebung, die wie ein »coup de foudre« in einer Liebesbeziehung ist. Er nennt einen solchen Geistesblitz einen »Aperçu«.

Der weltberühmte Psychiater C. G. Jung weiß, woher solche plötzlichen Eingebungen stammen, nämlich aus der Schicht unter dem persönlichen Unbewussten, dem Ort, an dem die Urvorstellungen und Urerfahrungen der Menschheit gespeichert sind.

Heureka – das bekannteste Beispiel

Aber es sind nicht nur die Dichter, in deren Köpfen es plötzlich blitzt, auch Wissenschaftler erfahren diese Segnung zum Nutzen der Menschheit. Als Paradebeispiel bietet sich der griechische Mathematiker Archimedes an. Er wollte das Volumen einer Goldkrone bestimmen, um über das spezifische Gewicht die Echtheit des Goldes nachzuweisen. Nach langer Inkubation kam ihm in dem Moment die schlagartige Erleuchtung, als er in die Badewanne einstieg und der Wasserspiegel entsprechend seinem Körpervolumen anstieg. Beglückt sprang er aus der Wanne und rief »Heureka« (»ich hab's«).

Die Rolle des Zufalls

Zweitausend Jahre später mehren sich solche Beispiele, in denen vom unbewussten Mitwirken der Seele an Erfindungen und Entdeckungen berichtet wird. Von Alexander Fleming ist zu erfahren, dass er Bakterienkulturen auf dem Fensterbrett stehen ließ, so dass sich Schimmelsporen ansiedelten. Als er diesen Schimmel, der ihn eigentlich nicht interessierte, trotzdem untersuchte, stellte er fest, dass er eine chemische Substanz enthielt, die Bakterien abtötete. Das Penicillium notatum (Penizillin) war entdeckt. Dafür erhielt er 1945 den Nobelpreis. Oft ist es der Zufall, der eine Lösung serviert, vorausgesetzt, ein kreativer Kopf erkennt, was ihm da »zu-fällt«.

Bekannt sind auch die Träume des deutschen Chemikers Friedrich August Kekulé und des russischen Physikers Dimitrij Mendelejew, in denen Intuition und Logik kreativ vereinigt wurden. Kekulé hat lange über die molekulare Anordnung der sechs Wasserstoff- und Sauerstoffatome des Benzols nachgedacht. In einem seiner Träume hat sich eine Schlange selbst in den Schwanz gebissen. Das führte zu der wichtigen Entdeckung des Benzolringes, die der organischen Chemie entscheidende Impulse gab.*

SPEICHER

Daten von der Rolle

Auf einer Rolle Tesafilm lassen sich Computerdaten in gewaltigen Mengen verstauen. Das entdeckten vor wenigen Tagen Forscher der Universität Mannheim. Sie hatten nach Materialien aus hochfeinem Plastik gesucht, auf denen Bits mittels Belichtung sehr dicht gespeichert werden können. Nur einer Laune ist es zu danken, daß sie auch mal ordinären Tesafilm ausprobierten. Um so größer war ihr Erstaunen: Der Klebestreifen erwies sich als überaus glatt und ebenmäßig.

Es muß aber schon die Marke „kristall-klar" sein. Sie ist so durchsichtig, daß der Blick fast ungetrübt durch die rund 90 Lagen der Wickelung dringt. Die Daten werden mit einem Laserstrahl eingebrannt; dabei läßt sich die gewünschte Lage punktgenau anpeilen – der Film bleibt aufgewickelt. Eine gewöhnliche Rolle, die im Laden drei bis vier Mark kostet, faßt etwa zehn Gigabyte an digitalen Daten. Das ist mehr als das 15fache einer CD.

Tesafilm „kristall-klar"

Hier erkannte ein kluger Kopf, was ihm »zufiel« (Der Spiegel 7/98).

Auch Thomas A. Edison und viele ungenannte Wissenschaftler profitierten davon, dass ihnen die Lösung nach langem Grübeln »zugeflüstert« wurde.

Der Chemiker Kekulé hat lange über die atomare Struktur von Benzol nachgedacht, dessen Summenformel C6H6 bereits bekannt war. Nach einem Zoobesuch, vom Anblick geknäulter Schlangen beeinflusst, soll ihm die Idee der Ringstruktur gekommen sein.

* Von dieser Geschichte gibt es diverse Variationen. Die originäre ist nicht mehr feststellbar.

Erst die Arbeit, dann die Idee

Es scheint, dass ohne den schöpferischen Einfall nichts zustande kommt, aber ohne harte Arbeit gibt es keinen schöpferischen Einfall. Der kreative Prozess beruht demnach auf der Abfolge *lange Arbeit – plötzliche Erleuchtung – lange Arbeit*. So jedenfalls sah es der bedeutende französische Mathematiker Henri Poincaré.

Max Planck als Zeuge

Sein Kollege, der Physiker und Nobelpreisträger *Max Planck*, bestätigt dies:

»Eine jede wissenschaftliche Idee, die dem Gehirn eines Forschers entspringt, knüpft stets an ein konkretes Erlebnis an, an eine Entdeckung, eine Beobachtung, eine Feststellung irgendwelcher Art [...] und der Inhalt der Idee besteht darin, dass sie dies Erlebnis in Zusammenhang und in Vergleich bringt mit gewissen bereits vorliegenden andersartigen tatsächlichen Erlebnissen.«

Die Wirkung von Verknüpfungen und Zufällen – ein Beispiel

Wie stark solche Verknüpfungen und Wirkungen sind und welche kuriosen Formen der Zufall animiert, darüber berichtete unlängst »Der Spiegel«. In Deutschland wurde 1990 eine bahnbrechende Entdeckung gemacht. Gefunden wurden so genannte »Fullerene«, die eines Tages eine »völlig neue Chemie« ermöglichen. In den Achtzigerjahren hatten sich ein deutscher und ein amerikanischer Chemieprofessor bemüht, diese Fullerene herzustellen, aber ergebnislos. Der eine, inzwischen in die USA zurückgekehrt, drängt den anderen, die Experimente zu wiederholen. Da dieser keine Zeit und Lust dazu hat, beauftragt er damit einen Praktikanten, der durch »trial and error« zunächst die technischen Voraussetzungen entdeckte. Daraufhin wurde der Praktikant durch einen pfiffigen Doktoranden ersetzt, der weiter gehende Untersuchungen anstellte. Dieser hat nach einem Jahr intensiven Experimentierens Erfolg. Ihm gelang es, Fullerene in Reinform herzustellen, und er beansprucht für sich die Patentrechte, die ihm sein Doktorvater jetzt streitig macht. Das Ganze mündete in einen noch andauernden jahrelangen Rechtsstreit (Der Spiegel, 31/1993).

So funktioniert die Inkubation

Das erlösende Aha-Erlebnis

Ob es nun der liebe Gott, das Unter-Unterbewusstsein oder das Kombinationsspiele liebende Großhirn ist, welches dem Menschen die rettenden Ideen souffliert, Tatsache ist, dass es diesen dialektischen Vereinigungsmechanismus von A mit B gibt und C als Idee dabei herauskommt. Dieses erlösende Aha-Erlebnis taucht wahrscheinlich immer dann auf, wenn die Paarung von A und B so gut zueinander passt, dass die »vollzogene Ehe« an das Bewusstsein gemeldet werden kann.

Trial and Error und die Rolle des Zufalls

Für den früher in der DDR lehrenden Kybernetiker Prof. Georg Klaus kann das schöpferische Denken durch geniale Einfälle, durch Glück usw. zu Lösungen kommen. Für ihn ist schöpferisches Denken nichts anderes als eine besondere Form der Trial-and-Error-Methode, die sich dadurch auszeichnet, *»dass sie systematisch den Zufall berücksichtigt«*, so dass neue Ideen entstehen.

Aus dem Nichts kommt nichts

Aber die plötzliche Idee kommt nicht aus dem Nichts. Es gibt keine Inkubation und Illumination bei Leuten, die nichts von der Sache verstehen. Sie entsteht auch nicht, wenn Sie einfach wahllos kombinieren. Und selbst bei Fachleuten stellt sich der Heureka-Effekt nur als Folge brennender Neugier, lebendigen Interesses und intensiven Nachdenkens über ein Problem ein.

Füllhalter + Kugel = Kugelschreiber

Man muss nicht in Geschichtsbüchern blättern, um Beispiele für das hier besprochene Assoziationsprinzip zu finden. Täglich werden Produkte angeboten, die aus A und B neu geschaffen wurden. Der Kugelschreiber entstand aus der Verbindung von Füllhalter und Kugel. Er war eigentlich nur als Schreibgerät für Piloten gedacht, weil in großer Höhe aus dem Füllhalter die Tinte herausfloss.

Einer gedanklichen Verbindung entstammt auch der Teppich mit eingewebtem Kompass. Gläubige Moslems konnten so, selbst in der Nacht, richtungsgenau gen Mekka beten.

Sie suchen eine Idee? Machen Sie Folgendes: Gehen Sie vor die Tür und lassen Sie sich von allem, was Sie optisch, akustisch und riechend wahrnehmen, anregen. Stellen Sie Verbindungen zu Ihrem Problem her. Schauen Sie sich Fernsehsendungen unter dem Gesichtspunkt der Verknüpfung zu Ihrem Problem an.

Arthur Koestlers »Bisoziation« als Verbindung von zwei Dingen zu einer neuen Qualität

Über den hier beschriebenen Heureka-Effekt haben viele kluge Leute nachgedacht und geschrieben, so z. B. der Philosoph *Arthur Koestler* in seinem Buch »Der göttliche Funke«. Er und andere sehen in der Zusammenfügung verschiedener Dinge (z. B. Banane und Stock, Wasser und Goldkrone) die Quelle des schöpferischen Aktes. Diese so genannte Bisoziation ist mehr als die Kombination von zwei Dingen, nämlich eine Verbindung von zwei verschiedenartigen Bezugssystemen zu einer neuen Qualität.

Für Arthur Koestler besteht die Geschichte der Wissenschaft aus einer Vielzahl von Ehen zwischen Ideen, die zuvor als wesensfremd oder unvereinbar galten.

Zu spektakulären Innovationen kommt es, wenn eine Idee, die in einem Fachgebiet funktioniert, auf ein anderes übertragen wird.

So hat Gutenberg die Technik des Buchdrucks erfunden, indem er die Technologien der Weinpresse und der Münzprägung gedanklich synthetisierte. Erfindungen oder Entdeckungen sind insofern die Folge davon, dass man etwas aus einer anderen Perspektive sieht oder Elemente neu anordnet. Vieles kann man durch bloßes Hinsehen erkennen und ggf. entdecken bzw. erfinden.

Was tun, wenn die Intuition ausbleibt?

Eine wichtige Einschränkung muss ich jedoch machen, da die Wirkungsweise der Intuition zu dem Fehlschluss führen kann, es handle sich hierbei um einen automatischen Prozess des Unterbewussten. Das ist ein Trugschluss. Die Intuition ist ein Bonus, über den Sie sich freuen sollten. Er wird aber nicht immer gewährt. Wenn der göttliche Funke ausbleibt, müssen Sie den Denkprozess in allen seinen Formen fortsetzen, um zu einem Ergebnis zu kommen.

6. Verfügen Sie über einen sechsten Sinn? Vom Nutzen der Intuition

Intuition statt Resignation

Um nur halbwegs über ihr Unternehmen informiert zu sein, müssten Manager 24 Stunden am Tag lesen, sagt Siemens-Chef Heinrich von Pierer. Der Aufsichtsratsvorsitzende der Deutschen Bank AG, Hilmar Kopper, klagt: *»Ich ersticke hier in Komplexität.«* Um alle Risiken eines eventuellen Kredits ins Visier zu bekommen, müsste er einige Meter Akten einige Wochen lang durchlesen. In dieser Situation muss er sich auf sein Bauchgefühl verlassen, auf jene Mischung aus Intuition und Erfahrung. Dieses Denken aus dem Bauch heraus wird angesichts der Informationsflut immer wichtiger. Das haben auch amerikanische Venture-Capital-Geber erkannt, die nach einer sorgfältigen Risikoabwägung zusätzlich ihre Bauorgane konsultieren und dann Risikokapital in neue Geschäftsideen investieren. Während deutsche »Bankbeamte« auf der Grundlage von Zahlen und Sicherheiten ihre Kreditentscheidungen treffen und sich mit 10 Prozent zufrieden geben, verlassen sich die risikobereiten Kapitalinvestoren auf ihre Nase, Erfahrung und Menschenkenntnis, um 25 und mehr Prozent Gewinn einzustreichen. Außerdem kann man auf Finanzmärkten, die 24 Stunden rund um den Globus geöffnet sind, nicht 48 Stunden lang analysieren.

Ein Politiker, ein Manager oder auch ein ganz normaler Mensch, der sich bei seinen Entscheidungen nur auf Zahlen, Statistiken und wissenschaftliche Prognosen stützt, reduziert damit zwar das Risiko einer Fehlentscheidung, hat aber keinen Freifahrschein in Richtung Erfolg. Wenn alle Zahlen geprüft und alle Experten gehört wurden, dann bedarf es noch einer letzten Prüfinstanz: der Intuition. Wer diese »innere Stimme« unterdrückt, halbiert damit auch seine Fähigkeiten und Möglichkeiten der Problemerkennung und -lösung.

Fundierte Entscheidungen basieren auf der gleichzeitigen Nutzung Ihrer Kopf- und Ihrer Bauchintelligenz.

Das Beispiel McDonald's

Intuition ist der wissenschaftlich korrekte Ausdruck für das, was man umgangssprachlich das »Händchen« oder den »Riecher« nennt. Wer das richtige »Gespür« hat, macht in einer kritischen Situation das Richtige, ohne genau zu wissen, warum es richtig war. Nicht der Kopf, sondern der Bauch hat entschieden. So erging es einem gewissen *Ray Kroe* im Jahre 1960. Gegen den Rat kluger Leute kaufte er für 2,6 Millionen Dollar eine marode Imbissfirma mit dem ziemlich verrückten Namen *McDonald's*. *»Ich spürte in meinem Musikantenknochen, dass das eine ganz sichere Sache war«*, sagte er später in einem Interview (Stern, 10/95, S. 36). Natürlich muss man eine gewisse Unschärfe akzeptieren, ggf. können sich auch Fehler einschleichen.

Als eine Art innere Stimme ist die Intuition so etwas wie eine Spezialbegabung, die wenigen Menschen vorbehalten ist. Als sechster Sinn kommt sie immer dann ins Spiel, wenn Logik und Analyse nicht weiterhelfen, wenn Situationen so komplex sind, dass sie das Gehirn nicht mehr detailliert erfassen kann.

Eine immer komplexer werdende Welt zwingt uns, unsere Intuitionsgene zu aktivieren. Der »Riecher« tritt an die Stelle des Denkens. *André Kostolany* lebt gut mit seinem Näschen für steigende und fallende Kurse. Er meint:

»Die Börse ist nicht gemacht für Betriebs- und Volkswirte. Die sollen lieber bei ihren Leisten bleiben [...] Wer mit Computern an der Börse operieren will, der ist zur totalen Pleite verurteilt« (Stern, 10/95, S. 36).

Ein Beispiel aus dem Fußballsport

Auch im Sport trifft man auf Intuitive. Gerd Müller und Franz Beckenbauer hatten z. B. das richtige Gespür für den Ball. Beckenbauer konnte sich in Sekundenbruchteilen mehrere denkbare Spielzüge vorstellen, während Müller ahnte, woher der Ball kommen würde, um seine berühmten »Abstaubertore« schießen zu können.

Intuition als Radarsystem bzw. Gefühlsintelligenz

In Form der Inspiration liefert die Intuition spontane Ideen, die nicht den Dienst- bzw. Instanzenweg der Vernunft durchliefen. Über die Ursachen ist viel nachgedacht worden. Besonders Esoteriker geben quacksalbernde Erklärungen ab, um das Übernatürliche bzw. Außersinnliche beweisen zu können. Wissenschaftler sprechen eher von einer Art Radarsystem, das uns unbewusst lenkt. Jemand mit guten intuitiven Fähigkeiten weiß oder empfindet etwas direkt und unmittelbar, ohne bewusste Verstandestätigkeit. Darum könnte man bei der Intuition auch von einer gewissen Gefühlsintelligenz sprechen.

Die gegenseitige Stimulierung von Bewusstem und Unbewusstem

Wenn Sie, lieber Leser, von Details überfordert sind, dann geben Sie den Staffelstab an die Intuition weiter, indem Sie sich für neue und andere Erfahrungen öffnen. Sie erweitern Ihre intuitiven Fähigkeiten vor allem, indem Sie sich Ihr Unbewusstes bewusst machen und das Bewusste wiederum zur Schatzkammer Ihres Unterbewusstseins wird. Ohne die Intuition kommt selten etwas Großes zustande. Aber ohne Mühsal gibt es auch keine Intuition. Das eine bedingt das andere.

12 Hinweise auf Ihre intuitiven Fähigkeiten

(nach Prof. Daniel Cappon, York University Toronto)

1. Sie können etwas erkennen, ohne es deutlich gesehen zu haben.
2. Sie können ein Drei-Minuten-Ei kochen, ohne auf die Uhr zu schauen.
3. Es gelingt Ihnen, den Wald zu sehen, nicht nur lauter Bäume.
4. Wenn Sie die Wolken betrachten, entdecken Sie darin konkrete Formen.
5. In kurzer Zeit können Sie ein Gesamtbild erfassen und sich auch an Einzelheiten erinnern.
6. Das Entwickeln spontaner Ideen gehört zu Ihren Stärken.
7. Sie können erahnen, was als Nächstes passiert.
8. Bei Entscheidungen haben Sie einen guten »Riecher«.
9. Sie erkennen den richtigen Moment, um zuzuschlagen.
10. Sie haben detektivischen Spürsinn und wissen, welche Puzzlesteine zusammenpassen.
11. Obwohl Sie etwas nie vorher gesehen haben, erkennen Sie, was es ist.
12. Es fällt Ihnen nicht schwer, die Bedeutung von Symbolen zu verstehen.

Wie entscheiden Sie, intuitiv oder auf logischer Grundlage?

360-Grad-Denken: Logik + Intuition

Die Intuition kann rationales Denken, logisches Prüfen und Abwägen nicht ersetzen. Das würde bedeuten, dass Sie sich dem Blindflug der Gefühle aussetzen. Wenn Sie sich nur auf Ihre Gefühle berufen, können Sie außerdem schnell zum Opfer Ihrer Denkfaulheit werden. Die gute Nase allein nützt Ihnen ohne fundiertes Wissen und Erfahrungen nichts. Im Gegenteil, Intuition sollte sich dem rationalen Denken anschließen und es kreativ ergänzen, damit man so zu einer Art 360-Grad-Denken kommt. Intuition bezieht mehr Informationen in die Wahrnehmung ein, auch Nebensächliches und Abwegiges, das ggf. originelle Gedankenverknüpfungen ermöglicht.

Bauchmanagement als Karrierekonzept?

Nachdem die Managementforschung die größere Wirkung der »soft facts« gegenüber den »hard facts« für den Unternehmenserfolg festgestellt hat, mehren sich jetzt auch Stimmen, die das »Bauchmanagement« als persönliches Karriererezept empfehlen. Zumindest sollten Sie harte wie weiche Fakten bei Managemententscheidungen gleichermaßen berücksichtigen. Was aber die weichen »facts« angeht, so geben Führungskräfte nur ungern zu, dass sie sich eher auf ihre Intuition verlassen als auf Computerberechnungen und -simulationen. Seinem Gespür nachzugehen gilt in unserer Kultur noch immer als intellektuelle Schwäche bzw. als Rückfall in vorwissenschaftliche Zeiten.

Fifty-fifty-Entscheidungen statt Schwarz-Weiß-Denken

Da sich Führungskräfte stets um eine rationale Begründung ihrer Entscheidungen bemühen, streben sie nach Sicherheit in Form von Informationen. Aber es gibt genügend Informationen und Argumente, die für ein Projekt sprechen – und genauso viele dagegen. Für Schwarz-Weiß-Analysen gibt es keinen Raum mehr. Statt »richtig oder falsch« gilt heute: »besser oder schlechter«. Die Zahl der Fifty-fifty-Entscheidungen wird immer mehr zunehmen.

Ein Befund der Intuition: Die Chemie stimmt nicht

Voll ausgebildete Intuition ist eine Form der Erkenntnis. Je offener Sie für Ihre Gefühle sind, umso sicherer und geübter werden Sie, um Personen und Situationen gefühlsmäßig zu erfassen. Die Intuition kann Sie vor allem vor jenen Typen schützen, die zwar sprachgewandt, aber ansonsten völlig inkompetent sind. »Die

Chemie stimmt nicht« ist die umgangssprachliche Umschreibung für das Gefühlsradar.

Intuitionstest

(nach Weston H. Agor, *NEP Enterprises Consulting,* Texas)

1. Kommen Sie im Allgemeinen besser zurecht
a) mit phantasievollen Menschen?
b) mit Menschen, die die Dinge realistisch sehen?

2. Wenn Sie alltägliche Dinge erledigen, liegt es Ihnen eher,
a) es auf die Art und Weise zu machen, die allgemein akzeptiert ist, bzw. es so zu tun, wie alle anderen es machen?
b) einen neuen, originellen, Ihnen persönlich entsprechenden Weg zu finden?

3. Schätzen Sie es höher ein, wenn von jemandem gesagt wird,
a) er oder sie sei ein Mensch mit Visionen?
b) er oder sie habe einen gesunden Menschenverstand?

4. Würden Sie sich selbst eher einschätzen
a) als einen praktisch veranlagten Menschen?
b) als einen erfinderischen Menschen?

5. Möchten Sie eher mit jemandem befreundet sein, der
a) ständig mit neuen Ideen kommt?
b) mit beiden Füßen fest auf der Erde steht?

Welches Wort in der jeweiligen Gegenüberstellung spricht Sie mehr an?
(Bitte bei jedem Wortpaar eine Entscheidung treffen!)

6.	a) Theorie	oder	b) Gewissheit
7.	a) bauen	oder	b) erfinden
8.	a) Tatsachenfeststellung	oder	b) Gedankenkonzept
9.	a) konkret	oder	b) abstrakt
10.	a) Tatsachen	oder	b) Ideen
11.	a) Theorie	oder	b) Erfahrung
12.	a) wortwörtlich	oder	b) sinngemäß

Intuitionsquotient

12
....
....
....
....
6
....
....
....
....
0
....
....
....
....
6
....
....
....
....
12

Denkquotient

Auswertung

1. Zählen Sie die mit (a) angekreuzten Antworten der Fragen 1, 3, 5, 6 und 11 zusammen.

2. Zählen Sie die mit (b) angekreuzten Antworten der Fragen 2, 4, 7, 8, 9, 10 und 12 zusammen.

3. Zählen Sie die Ergebnisse von (a) und (b) zusammen.
   Diese Zahl gibt den von Ihnen erzielten *Intuitionsquotienten* an.
   Tragen Sie dieses Ergebnis in die Punktetabelle ein.

4. Da dieser Test aus 12 Fragen besteht, nehmen Sie die Zahl 12 und ziehen davon Ihr Intuitionsverhältnis ab. Diese Zahl gibt den von Ihnen erzielten rationalen *Denkquotienten* an.

5. Tragen Sie dieses Ergebnis in die Punktetabelle ein.

   Um Ihr Testergebnis in die Punktetabelle einzutragen, vergleichen Sie Ihren Intuitionsquotienten mit dem *Denkquotienten.* Nehmen Sie die *höhere* dieser beiden Ergebnisse und kreuzen Sie die entsprechende Zahl auf der Skala an. Sollten beide Ergebnisse gleich hoch sein, tragen Sie die Zahl in beiden Skalen ein.

7. Glauben Sie an Hokuspokus? Vom Unsinn der Esoterik

Esoterik als Sofortkleber für alle Probleme

Bitte missverstehen Sie das Plädoyer für die Intuition nicht als Fürsprache für die Esoterik. Die Esoteriker verschiedenster Provenienz missbrauchen nur allzu gern Intuition, Illumination und Inspiration als »Sofortkleber« zur Lösung von Problemen. Statt die Komplexität gesellschaftlicher Strukturen und Entwicklungen gedanklich zu durchdringen, wird sie auf philosophische Schnellantworten reduziert. Statt eine rational und ggf. intuitiv flankierte Entscheidung auf der Basis fundierter Informationen und fundierten Denkens zu fällen, wird die Mondkonstellation oder die zufällige Partitur von Tarotkarten zum Entscheidungskriterium gemacht.

Schnellantworten auf dem Niveau von »Astrali banali«

Die Esoterik nutzt das Vakuum, das die Philosophie in den letzten Jahrzehnten gelassen hat. Da diese im Gegensatz zu Physikern, Medizinern und Chemikern keinen wesentlichen Erkenntnisfortschritt mehr hervorbrachte, besetzte die Esoterik das frei gewordene Terrain, um dort philosophische Schnellantworten auf dem Niveau von »Astrali banali« zu geben.

Die Worthülse »Schicksalskosmos«

Esoterik ist kein Mittel, mit dem sich Kreativität fördern lässt. Im Gegenteil, die Esoterik ist eher ein Innovationshemmnis, besonders dann, wenn der Gang der Dinge als vom »Schicksalskosmos« vorbestimmt betrachtet wird. Über den Verlauf der Firmengeschichte entscheidet aber nicht ein undefinierbarer Schicksalskosmos, sondern der Ideenreichtum der Mitarbeiter, die Innovationskraft des Unternehmens, dessen Produktivität und Profitabilität und damit letztendlich der Markt.

Ursachen der Esoterikwelle

Die Esoterik ist nicht aus sich heraus zu erklären, sondern nur im gesellschaftlichen Kontext. Massengesellschaft, Globalisierung und ein kühler Hightech-Alltag, der Zwang zum Mithalten in der Turbogesellschaft und Informationsüberflutung – das alles hat die Fluchtbewegung nach innen ausgelöst. Esoterik wird als Gebrauchsanweisung für die Alltagsprobleme und als Lebenshilfe betrachtet. Für manche Menschen ist sie das Opium, das sie brauchen, um den »Schmerz« zu betäuben, den die Herausforderungen unserer Zeit mit sich bringen. Die Esoterik gedeiht am besten in der modernen Massen- und Wohlstandsgesellschaft mit ihrer noch nie da gewesenen Erlebnisdichte im Alltagsleben. Heute ist der »Kick« für viele Menschen zum Lebenssinn geworden. In Gesellschaften, die ihre Ressourcen für den Überlebenskampf und die Alltagsbewältigung benötigen, findet die Esoterik einen schlechten Nährboden für ihre Saat.

Esoterik als Ausdruck der Furcht vor dem Fortschritt

Das Verborgene, Hintergründige und Übersinnliche beunruhigt den Menschen heute genau wie vor Tausenden von Jahren. Während sich der urzeitliche Mensch vor den Mächten der Natur fürchtete, die ihn bedrohten, so ängstigt sich der moderne Mensch vor jenen gesellschaftlichen Kräften, die ihn bedrohen, sei es die Informationsrevolution oder einfach die Geschwindigkeit, mit der sich der wissenschaftlich-technische Prozess vollzieht. Die Fantasiegestalten in den Hirnen der Menschen, in denen sich anfangs nur die geheimnisvollen Kräfte der Natur widerspiegelten, sind heute gesellschaftlicher Art. Trotzdem werden sie mit den Mitteln der menschlichen Frühzeit bekämpft, mit Zauberei, Ritualen, Beschwörungen oder mit Bachblüten und Edelsteinen.

Die Widerspiegelung des eigenen Unterbewusstseins

Wen die esoterische Muse küsste und wer nun glaubt, ein »Medium« zu sein, ist dieses nur als Widerspiegelung seines eigenen Unterbewusstseins. Viele merkwürdige Dinge lassen sich letztendlich durch Freuds Lehre vom Unterbewusstsein erklären. Der Esoteriker, der die Sterne und Tarotkarten »konsultiert«, der Hexen und Teufel beschwört, betet damit letztendlich nur sein eigenes menschliches Wesen an.

Der esoterische Placeboeffekt

Grundsätzlich halte ich esoterische Plattheiten für ungefährlich. Wenn jemand meint, die Konzentration auf eine Pyramide mobilisiere in ihm innere Kräfte, dann sollte man ihm diesen Placeboeffekt gönnen. Das Sehnen nach Lebensglück mag in dem einen oder anderen Fall sogar zur »self-fulfilling prophecy« führen, vorausgesetzt, der »Erleuchtete« glaubt fest daran und bewegt sich in einem sozialen Umfeld von ebenfalls »Erleuchteten«.

Gefahren der Überpsychologisierung der betrieblichen Weiterbildung

Der Esoterikboom wirkt bis in die betriebliche Weiterbildung hinein. Ursache hierfür ist meines Erachtens die Überpsychologisierung der betrieblichen Weiterbildung. Der psychologische Erklärungshunger für menschliche Verhaltensweisen wurde immer größer, bis viele meiner Kollegen, Wirtschaftstrainer und Unternehmensberater schließlich bei der Parapsychologie landeten. Es war nur ein kleiner Schritt von der psychoanalytischen Aufarbeitung frühkindlicher Erlebnisse hin zur Reinkarnationstherapie, bei der traumatische Erlebnisse »früherer Erdenleben« in die Analyse einbezogen wurden. Viele Trainer rühmen sich ihrer psychologischen Spezialausbildungen. Solche Ausbildungsgänge mögen für therapeutische Zwecke durchaus sinnvoll sein, aber sie führen die betriebliche Weiterbildung dort in eine Sackgasse, wo soziale Sachverhalte gesellschaftswissenschaftlich erklärt werden müssen.

Die kontraproduktive Funktion der Esoterik

Man kann Verständnis für das übersinnliche Sehnen haben, aber die betriebliche Weiterbildung sollte ihre Mitglieder auf das Diesseitige, das Konkrete und Veränderbare orientieren. Jede Bewegung, welche die Menschen von der wirklichen Welt hin zu einer transzendentalen Scheinwelt führt, muss ernst genommen und von der betrieblichen Weiterbildung möglichst fern gehalten werden. Mitarbeiter müssen für das Informations- und Hightech-Zeitalter und für die Verteidigung des Standortes Europa sensibilisiert und mobilisiert werden. Hier wirkt die Esoterik meines Erachtens kontraproduktiv.

Kreatives statt spirituelles Denken

Wenn die betriebliche Weiterbildung den Menschen und ihren Mitgliedern spirituell tatsächlich helfen will, dann sollte sie allen transzendentalen Plattheiten Einhalt gebieten und ihnen zeigen, dass ihnen das kosmisch Übersinnliche und Jenseitige nichts bringt. Der spirituellen Gegenkultur des letzten Jahrzehnts muss die des kreativen Denkens und innovativen Handelns entgegengestellt werden.

8. Das Verhältnis von Chaos und Kreativität

Die Reise zu einem neuen Weltbild

Die Systemtheorie bzw. »Strukturwissenschaft« (vgl. 2. Kapitel) wurde in den Neunzigerjahren durch die Chaostheorie »angereichert«. Diese Synthese zweier Denkgebäude zur »Theorie komplexer nichtlinearer Systeme« brachte das deterministische und mechanistische Weltbild der abendländischen Wissenschaft zum Wanken. Von René Descartes (1596–1650) über Pièrre Simon Laplace (1749–1827) bis hin zum Begründer des Scientific Management Frederic Winslow Taylor gilt das Axiom der prinzipiellen Berechenbarkeit und Prognostizierbarkeit von Systemen. Mathematik und Physik meldeten nach der Jahrhundertwende ihre Bedenken an. Der französische Mathematiker Henri Poincaré stellte 1908 fest, dass sich Planetenbahnen bei minimalen Abweichungen der Eingangsgrößen gravierend verändern. Damit relativierte er das von Newton kreierte Weltbild der ewig gültigen, berechenbaren Naturgesetze. Während Einstein noch meinte »Der Herrgott würfelt nicht«, behauptet die später etablierte Quantentheorie, er würfele doch. Die empirische Fundierung der poincaréschen Entdeckung wurde aber erst in den Achtzigerjahren durch große und schnelle Computer möglich.

Mittels leistungsfähiger Prozessoren konnte nun nachgewiesen werden, dass sich kleinste Schwankungen oder Abweichungen in den Anfangsbedingungen gravierend auf den Endzustand auswirken. Darum ist eine präzise Vorhersage des angestrebten Zustandes nicht möglich, weil sich kleinste Einwirkungen zu Beginn lawinenartig verstärken. Das wird gern am Beispiel des Schmetterlingseffekts erklärt. Modellrechnungen zeigen, dass der Flügelschlag eines Schmetterlings in Brasilien einen Wirbelsturm in Texas auslösen könnte, vorausgesetzt, alle Bedingungen sind erfüllt. Auch hier haben kleine Ursachen große Wirkung.

Interessanter Hinweis eines großen Strategen

Darauf machte ebenfalls der große Kriegsstratege Carl von Clausewitz aufmerksam. Er wies darauf hin, dass das Fehlverhalten oder Unterlassen eines einzelnen Soldaten folgenschwere Verzögerungen oder Irrtümer bewirkt. Auch Regen, Nebel oder Ermüdung wirken der präzisen Ausführung eines Befehls entgegen. Sieg oder Niederlage ist oft weniger eine Frage gekonnter Strategie und Taktik als das Resultat einer Verkettung von Zufällen oder verpassten Gelegenheiten.

Wann ist ein System chaotisch?

Solche unberechenbaren Wirkungszusammenhänge werden als »chaotische Systeme« bezeichnet. Chaos steht insofern als Synonym für das Unberechenbare. Ein System ist unberechenbar, weil sich unter dem Einfluss der Rückkopplung die Ausgangsbedingungen fortwährend ändern. Doch darf diese Botschaft komplexer Unberechenbarkeit nicht dazu führen, sich vom zielgerichteten Handeln abzuwenden und die Dinge dem Schicksal zu überlassen.

Einfache Systeme	**Chaotische Systeme**
Das Ganze ist die Summe seiner Teile	Das Ganze ist mehr als die Summe seiner Teile
mit einfachen linearen Gleichungen berechenbar	unberechenbar
prognostizierbar	nicht prognostizierbar
steuerbar	schwer oder ggf. nicht steuerbar
gleiche Resultate bei gleichen Ausgangsbedingungen	unterschiedliche Resultate

Die Chaosforschung ist aus dem Bemühen entstanden, in ungeordnet erscheinenden Abläufen, unberechenbaren Vorgängen oder komplexen Strukturen doch noch einen Rest an Ordnung nachzuweisen. Sie sucht im Chaos nach Mustern bzw. nach einer Ordnung höheren Grades und macht Aussagen darüber, wann ein System als chaotisch oder als geordnet angesehen werden kann.

Ordnung in der Unordnung

Dieser Aspekt drückt sich im Begriff *»chaordische Organisation«* aus, eine Zusammensetzung von Chaos und Ordnung. Hierbei handelt es sich um eine Wortschöpfung aus der Vorstandsetage der VISA-Karten-Organisation. Dort versteht man sich als ein Unternehmen, das Ordnung aus Chaos erzeugt und damit im Gegensatz zu traditionellen Organisationen steht, die ungewolltes Chaos infolge von zu viel Organisation bewirken.

Ein Maß für hochkomplexe Strukturen

Das »Fanal« Fraktal

Seit man über die Gesetze des dynamischen Wandels nachdenkt und die Phänomene der Selbstorganisation erforscht, sucht man nach Begriffen und Methoden, das Phänomen Chaos zu beschreiben. Die Mathematik entdeckte ein Maß für hochkomplexe Strukturen und entwickelte daraus ein Modell, das so genannte *Fraktal*. Die Fraktaltheorie ist zwar unabhängig von der Chaosforschung entstanden, aber sie ist heute ein fester Bestandteil davon.

Quelle: til mette 1993

Das Gesetz der Selbstähnlichkeit

Der Mathematiker und Nobelpreisträger Benoit B. Mandelbrot (geb. 1925) kreierte den Begriff »Fraktal« aus dem Lateinischen »fractus« (= gebrochen, fragmentiert). Er versteht darunter eine Art geometrischer Strukturen, die ineinander geschachtelt, aufeinander aufbauend und einander ähnlich sind. Diese ineinander geschachtelte *Selbstähnlichkeit* findet man in der Natur ständig. Das klassische Beispiel ist der Blumenkohl, dessen einzelne Teile dem Blumenkohl insgesamt ähneln. Diese Selbstähnlichkeit kann man auch bei Bäumen (Ästen) und Gebirgen (Steinen) sowie Sozialgebilden beobachten, bei denen immer kleinere Gabelungen oder Teile den größeren ähneln, aus denen sie hervorgehen. Jede Einheit steckt in jeder und ist dynamisch. Nehmen wir als Beispiel die Evolution. In ihr steckt Evolution, der andere Evolutionen zugrunde liegen. Oder denken Sie an eine Stufenpyramide, die ihrerseits aus Pyramiden besteht. Nehmen Sie Ihr Unternehmen als Beispiel: Mitarbeiterziele müssen zu Abteilungs- und diese zu Unternehmenszielen passen. Die Buchstaben, die Sie jetzt lesen, formen sich zu Wörtern. Diese bilden Sätze, aus denen Absätze und Kapitel entstehen und somit ein ganzes Buch. Das Kleine ist im Großen enthalten und ist diesem ähnlich. Alle uns bekannten Dinge sind nach diesem Baukastenprinzip aufgebaut. Solche Selbstähnlichkeiten sind Ausdruck einer universellen Gesetzlichkeit.

Auch die Natur ist kreativ

Kreativität ist kein menschliches Privileg

Hier nun, im Bereich der Selbstähnlichkeit, liegt die Schnittstelle zwischen Kreativität und Chaos. Um das zu erklären, ist es notwendig, sich für einen Moment mit dem Denken des deutschen Physikers und Nobelpreisträgers Gerd Binnig zu beschäftigen. Er moniert, dass die Kreativität auf menschliches Denken beschränkt wird. Aber auch die Natur ist kreativ. Die Erfindung einer Kneifzange war ein kreativer Akt. Krebse und Langusten verfügten jedoch schon lange vor dem Menschen über ein derartiges Werkzeug. Die Injektionsnadel ist ein segensreiches Produkt. Aber es handelt sich nur um die Kopie des Giftzahnes einer Schlange. Der Erfinder des Katzenauges hat die Reflexion des Katzenauges nachgebildet. Die Wissenschaft der Bionik »kopiert« ständig bewährte Modelle der Natur.

Auslese und Mutation als Kreativitätsmechanik

Auch die Evolution und das ihr zugrunde liegende Prinzip von Auslese und Mutation sind eine Art Kreativität. Es sieht so aus, als hätte die Natur ein Ziel, nämlich immer komplexer zu werden. In diesem System herrscht ein Zwang zur ständigen Verbesserung, ähnlich wie beim Kaizenmanagement. Denn wer sich im Kollektiv mit den anderen Systemelementen nicht weiterentwickelt, geht frei nach dem Motto »friss oder stirb« unter. Das Programm, nach dem dieser Mechanismus abläuft, heißt Auslese und Mutation. Dabei spielen der Zufall und plötzliche Sprünge eine große Rolle, ähnlich wie bei der Kreativität.

Die »Ursuppe« der Kreativität

Wenn Sie ein Problem belastet, dann rühren Sie eine »Ursuppe« an, ähnlich wie die Natur es vor Millionen von Jahren tat. Viele Zutaten kommen in diese Ursuppe, Anregungen anderer Menschen, plötzliche Ideen und Denkergebnisse, so dass die Suppe mutiert. Ein Anfangsgedanke ist im Laufe des Denkprozesses zu einer konkreten Idee mutiert. Diese Mutation ist zufällig, jedoch auf eine Anzahl von Möglichkeiten beschränkt. Aber das Einzelereignis ist nicht im Voraus berechenbar. So verhält es sich auch mit den Mutationen in der Natur. Denken läuft also nach den gleichen Mechanismen ab wie deren Evolution.

»Wenn wir lernen, kreativ zu sein, lernen wir im Grunde nichts anderes, als mit Mutationsblockaden umzugehen« (Binnig, 1997, S. 157).

So wie die Ursuppe eine fraktal-selbstähnliche Struktur hat, denn sie baut auf der Existenz einer umfassenderen Ursuppe auf, so ist auch unser Denken fraktal. Aus vielen Fragmenten entstehen komplexere Denkgebilde. Chaos formt sich zu einer Idee. Diese Idee mündet irgendwann in eine übergeordnete. Unsere Denkgrenzen lassen sich durch Zufälle, Irrtümer, Hirngespinste oder aber durch die synthetische Herstellung dieser Aspekte, also durch mentale Provokationen, überwinden.

Die von Binnig bewirkte Mutation

Binnig entwickelt eine faszinierende Theorie der Kreativität, deren Nutzen vor allem darin besteht, dass die bisherige psychologische Diskussion naturwissenschaftlich angereichert wird und eben jene Mutationen bewirkt, die hier behandelt wurden. Damit realisiert Binnig seine Definition des schöpferischen Denkens: *»Kreativität ist das Ermöglichen neuer Wirkungseinheiten.«*

Komplexitätstheorie bestätigt Chaostheorie

Auch die Komplexitätstheorie, die sich zur Chaostherorie gesellte, bestätigt dies. Turbulenzen in Natur, Gesellschaft oder Wirtschaft sind dieser Theorie zufolge die notwendige Einleitung zu einer Kreativität neuer Ordnung. So war der Keynesianismus die kreative Antwort auf das Chaos der Weltwirtschaftskrise zu Beginn der Dreißigerjahre.

Zufall oder göttliche Regie?

Unlängst schrieb mir der bekannte deutsche Kreativitäts- und Innovationsberater *Helmut Schlicksupp* mit esoterisch-religiösem Unterton:

»Wer glaubt, unser Kosmos sei allein das Produkt einer Kette von Zufällen, mag an diesem Glauben haften. Gegenüber höherem Wissen blieben stets viele Augen, Ohren und Herzen verschlossen.«

Der Nutzen von Zufallsentdeckungen

Das klingt schön, aber ich glaube, dass es diese Zufälle gibt, so wie Binnig es am Prinzip der Mutation nachweist. Selbst wenn ich beim Joggen im Wald über etwas nachdenke, ist mein Denken zufallsgesteuert. Es ist nicht vorhersehbar, welche Gedanken in mir reifen, aber ich weiß, dass ich auf neue Gedanken komme. Warum soll ich nicht auch das Glück haben, das Isaac Newton 1685 hatte, als zufällig ein Apfel vom Baum fiel und mit ihm in diesem Moment die entscheidende Idee zur Formulierung des Gravitationsgesetzes? Und selbst für die Ökonomie spielen Zufälle eine große Rolle. Das jedenfalls meint der Nobelpreisträger *Hayek*:

»Wirtschaftlicher Fortschritt ist ein Spiel von Zufallsentdeckungen aus Millionen planlosen Experimenten. Die größten Chancen hat derjenige, der mehrere Eisen im Feuer hat. Seine Chancen auf ein Hufeisen sind am größten.«

Ohne die von Binnig erkannte Kreativität der Natur gäbe es uns Menschen nicht. Die Natur hat über viele kreative Zwischenstufen den Menschen geschaffen. Wer Kreativität ablehnt, verleugnet sich selbst.

Binnig geht noch weiter und schreibt den Technikkritikern ins Stammbuch:

»Wer technologischen Fortschritt generell ablehnt, der verleugnet sich selbst. In der Evolution des Lebens sind nämlich Entwicklungen notwendig gewesen, die unseren technologischen Errungenschaften äußerst ähnlich sind. [...] Keine Evolution kommt ohne ›Fehler‹ und ›Rückschritte‹ aus. [...] Ohne Kreativität gäbe es eine Menge Probleme nicht, aber ohne Kreativität gäbe es diese Welt nicht« (Binnig, 1997, S. 206 / 207).

9. Wie denken andere über Ihre Kreativität? Die Rolle des Umfeldes

Da es der Wissenschaft bisher nicht gelungen ist zu sagen, was Kreativität ist und wie sie entsteht, schlägt der vorgestellte Kreativitätsforscher Mihaly Csikszentmihalyi vor, diese Frage durch »Wo ist Kreativität?« zu ersetzen.

Die dialektische Wechselwirkung zwischen drei Knotenpunkten

Damit macht er auf einen wichtigen Aspekt der Kreativität aufmerksam, nämlich dass das gesellschaftliche Umfeld über das kreative Sein oder Nicht-Sein entscheidet. Das Urteil wird nicht allein im Kopf des Kreativen oder in den Köpfen seiner Kritiker bzw. des beurteilenden Vorgesetzten gefällt. So sehr die Kreativität eine persönliche Begabung ist, so sehr entscheidet die Gesellschaft darüber, wer als kreativ gilt und wer nicht. Ein Mensch kann nur wirken, wenn das Umfeld es ihm ermöglicht zu wirken. Das gilt auch für die Kreativität. Darum ist für Mihaly Csikszentmihalyi Kreativität eher ein systemisches denn ein individuelles Phänomen, eine Art dialektische Wechselwirkung zwischen diesen drei Knotenpunkten:

1. der individuellen Person bzw. deren Begabung,
2. der Disziplin bzw. dem Fachgebiet, in der diese Person arbeitet sowie
3. dem urteilenden bzw. bewertenden Umfeld (Experten, Käufer, kulturelle und institutionelle Leitbilder).

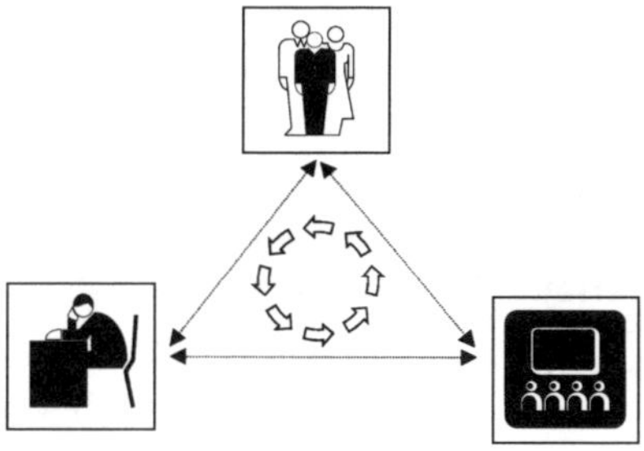

Letzten Endes muss man Kreativität als ein Phänomen betrachten, das nicht im Innern eines Menschen, sondern in den Wechselwirkungen eines Systems zum Ausdruck kommt.

Wie bei einem Verkehrsunfall spielen viele Faktoren eine Rolle. Das Persönlichkeitsmerkmal »kreativ« ist nicht entscheidend dafür, ob eine Person kreativ ist oder nicht. Entscheidend ist, dass ihre Ideen oder ihr Werk anerkannt wurden. Aus diesem Grunde ist für Csikszentmihalyi jede Handlung, Idee oder Sache, die eine bestehende Domäne verändert oder in eine neue verwandelt, kreativ. Demnach ist ein kreativer Mensch eine Person, deren Denken oder Handeln eine Domäne verändert oder eine neue begründet (Csikszentmihalyi, 1997, S. 48).

Synchrone und asynchrone Beziehungen zwischen den Bereichen

Diese Beziehungen können zwischen zwei oder zwischen allen drei Knotenpunkten synchron sein. Oft sind sie zwischen zwei Bereichen synchron und zum dritten Sektor hin asynchron. Das war z. B. der Fall beim Videosystem 2000, das infolge seiner Technik der Kopfabtastung und diskettenähnlichen Kreisform dem VHS-System technisch überlegen war, aber im Umfeld (Markt) keine Resonanz fand. Der Markt war bereits mit VHS-Pornovideos überschwemmt, so dass die interessierte Käuferschicht zu VHS-Rekordern griff.

Ähnlich erging es auch dem Wankel-Motor. Audi und NSU bauten ihn serienmäßig in den RO 80 ein, aber der Käufermarkt erkannte nicht den innovativen Wert dieser Kreiskolbenmaschine. Einer der großen deutschen Innovateure, der Computerpionier Heinz Nixdorf, gehörte bis ins hohe Alter zu den RO-80-Technologiefans. Er beschäftigte eigens einen Mechaniker, der das Wankel-Auto selbst dann noch »in Schuss« hielt, als es längst keine Ersatzteile mehr gab.

Die Rolle von Verlegern, Kritikern, Agenten und Vorgesetzten für das Schicksal von Ideen

Denkbar ist auch, dass die Beziehungen zwischen allen drei Bereichen asynchron sind, so wie im Falle des Malers Vincent van Gogh, der von seinem Umfeld nicht einmal zur Kenntnis genommen wurde, während Picasso den Nerv der Zeit traf und die Fachwelt sowie Bildersammler sofort für sich begeisterte. Maler bleiben ohne den die Werbetrommel rührenden Galeristen erfolglos. Über den Lebensweg eines Schriftstellers entscheidet das

Urteil eines Verlegers oder eines Kritikers vom Kaliber des Marcel Reich-Ranicki. Ob ein Mitarbeiter kreativ ist, entscheidet dessen Chef in der jährlichen Leistungsbeurteilung. Redakteure, Agenten und Kunden nehmen die Bewertung vor und verleihen das Prädikat »kreativ«. Alles in allem sind gute Beziehungen zu Zeitungs- und Zeitschriftenredakteuren, Verlegern und Lektoren, Vorgesetzten und Managern, Fernsehmoderatoren, Wissenschaftskommissionen und Politikern wichtiger als die eigentliche Leistung. Nur im Falle des Wunderkindes gibt es eine perfekte Koordinierung zwischen den drei Knotenpunkten Person, Disziplin / Domäne und Umfeld.

Die historischen Verdienste der kreativ »Andersdenkenden«

Die historische Rolle kreativ Andersdenkender

Auf zwei Merkmale möchte ich besonders aufmerksam machen, nämlich auf die Unabhängigkeit und den Nonkonformismus. Wie viele Erfindungen und Entdeckungen mussten sich gegen Expertenarroganz, Vorgesetzten-Dogmatismus, Konvention und Dummheit durchsetzen? An die Stelle des Scheiterhaufens der katholischen Kirche ist die »Killerphrase« getreten. »Das haben wir schon immer so gemacht« lautet das Dogma des Homo stupidus. Wer ein dominantes Paradigma angreift, muss damit rechnen, dass er in den etablierten intellektuellen und akademischen Kreisen misstrauisch beäugt, ausgelacht oder gar verfolgt wird. Wo aber stände die Menschheit ohne die geistige Unabhängigkeit solcher Größen wie Galilei, Kopernikus, Darwin und Freud?

Das Galilei-Syndrom

Auch die Technik- und Wissenschaftsgeschichte ist voll mit Beispielen der Verfolgung von krea(k)tiv »Andersdenkenden«. Der Autor *A. Witt* hat hierzu ein Buch mit dem Titel »Das Galilei-Syndrom – Unterdrückte Entdeckungen und Erfindungen« schreiben können. So intervenierten bekannte Wissenschaftler beim deutschen Kaiser, den Unsinn des Luftschiffbaus zu unterbinden, da Fliegen den physikalischen Gesetzmäßigkeiten widerspräche. Mit diesem Argument wurde auch der Gleitflugschöpfer Otto von Lilienthal attackiert. Der Lokomotivenkonstrukteur Georg Stevenson wurde im englischen Parlament ausgelacht, weil er so genannte Lokomotiven bauen wollte, die zweimal so schnell sind wie Pferde. Kekulés Theorie über die Struktur organischer Verbindungen wurde von den führenden Autoritäten der damaligen Zeit als »Hirngespinst« abgetan. Rudolf Diesel musste sogar bei Gericht erscheinen und die Logik seiner Patente gegenüber seinen akademischen Widersachern beweisen. Der berühmte englische Physiker William Lord Kelvin bezeichnete die von Konrad Röntgen entdeckten Strahlen als Schwindel. Rudolf Virchow, eine historische Größe der medizinischen Wissenschaft, bezweifelte die Existenz der von seinem Medizinerkollegen Robert Koch gesuchten Bakterien. Der Italiener Guglielmo Marconi musste sich über den großen Mathematiker Poincaré hinwegsetzen, als er über den Atlantik funkte. Das hatte Poincaré wegen der Erdkrümmung für unmöglich gehalten. Der erste Apple-PC wurde von EDV-Experten als Spielzeug verlacht. Das meiste von dem, was unser Leben lebenswert macht, die Annehmlichkeiten des Lebens, verdanken wir diesen »Träumern«, wie sie geringschätzig genannt werden. Doch diese Träumer waren die Vorhut der Menschheit.

Wissenschaft, die kein Wissen schafft

Thomas S. Kuhn, ein bekannter amerikanischer Wissenschaftsphilosoph, der sich seit Jahrzehnten mit Fragen des wissenschaftlichen Fortschritts beschäftigt, schrieb schon 1962 mit deutlichen Worten: *»Die normale Wissenschaft unterdrückt oft fundamentale Neuerungen, weil diese notwendigerweise subversiv sind für ihre grundlegenden Bindungen.«* Ich habe in meinem Leben viele Wissenschaftler kennen gelernt, die empirische Ergebnisse oder Diplomarbeiten eher akzeptierten, wenn ihre Lieblingstheorien darin unterstützt wurden. Es scheint so, als würden sich wissenschaftliche Erkenntnisse nicht durchsetzen, indem Gegner überzeugt werden, sondern indem diese allmählich aussterben.

Die Politik als Kreativitätskiller

Auch heute noch wird viel Kreativität aufgewendet, um Kreativität abzublocken. Das größte Kreativitätshindernis scheint mir die Politik zu sein. Hier werden Vorschläge nicht diskutiert, sondern debattiert. Im Verb »debattieren« steckt das französische »battre«, was so viel wie »schlagen« heißt. Wir nutzen auch im kommenden Jahrhundert immer noch das Demokratiemodell der französischen Revolution von 1789. Wann werden endlich moderne Formen der demokratischen Praxis entwickelt? Wer es wagt, wird wahrscheinlich als Verfassungsfeind abgestempelt.

Natürlich gibt es unterschiedliche Interessen in einer Gesellschaft. Aber angesichts der Existenzfragen der Menschheit sollten sich die Träger von Partikularinteressen um einen kreativen Konsens bemühen. Viele diskussionswürdige Vorschläge zur Lösung gesellschaftlicher Probleme, so z. B. das Bürgergeld oder die Rentenreformvorschläge des CDU-Politikers Kurt Biedenkopf, scheitern an der Dogmentreue der Altvordern. Zum Glück findet man dann auch noch ein Haar in der Suppe, um diese Ideenentwürfe insgesamt ablehnen zu können. Der Kreative aber, dem die Suppe nicht schmeckt, fischt wenigstens die Fleischstückchen heraus.

Wenn Ihnen die Suppe nicht schmeckt, fischen Sie die Fleischstücke heraus

In Deutschland werden viele Patente angemeldet und Hunderttausende Verbesserungsvorschläge gemacht. Aber wie viele Erfindungen, Entdeckungen und Verbesserungsvorschläge konnten sich deshalb nicht durchsetzen, weil Verwaltungsbürokraten Paragraphenreiterei betrieben, weil sich Banker an den Turnschuhen von EDV-Gründern störten oder weil Vorgesetzte meinten, sie hätten ein Ideenmonopol?

Die kreativitätstötende Rolle der Lähmschicht

Manch gute Idee scheiterte am mangelnden Vorstellungsvermögen oder der fehlenden Risikobereitschaft des Vorgesetzten. Als ich noch bei der damaligen »Elektrobehörde« AEG-Telefunken arbeitete, hatte ich einige Kollegen, deren Ideen nicht einmal bewertet, sondern gar nicht erst zur Kenntnis genommen wurden. Nachdem diese den Konzern verlassen hatten, wurden aus den Ideen gute Produkte und aus meinen Kollegen gute Unternehmer.

Die Rolle des Vorgesetzten für die Nutzung von Ideen

Andere Kollegen gingen mit ihren guten Ideen zu Konkurrenzunternehmen, um so die Synchronität zwischen dem Mitarbeiter und dem Umfeld herzustellen. Wenn dann auch noch der Markt mitspielte, war die Synchronität komplett und der Erfolg nicht mehr zu verhindern.

An dieser Stelle, lieber Leser, fordere ich Sie auf, einmal darüber nachzudenken, welche Leute bzw. welche wichtigen Elemente zu Ihrem Fachgebiet gehören (Zeitungen, Verbände, Vorgesetzte, Hochschullehrer)? Wie könnten Sie diese von Ihrer Idee überzeugen, falls Sie eine haben?

....

....

10. Arbeiten Sie an Ihrer Kreativität? So werden Sie krea(k)tiver

Das steht in Kreativitätsbüchern

Wirft man einen Blick in die Kreativitätsliteratur, dann stößt man auf drei Hauptgruppen:

1. psychologische Abhandlungen;
2. reine »Technikschwarten«, voll von Kreativitätsmethoden vom Assoziationsprinzip über das Brainstorming bis hin zur Zufallsworttechnik;
3. Lebenshilfebücher nach dem Motto »Werde kreativer« oder »Du bist kreativ«.

Vierdimensional denken – der Weg zu mehr Kreativität

Bei den Lebenshilfebüchern handelt es sich meistens um ein Sammelsurium allgemeiner Lebensregeln, vom Zeitmanagement über Zielsetzung bis hin zu allen möglichen Kommunikationsempfehlungen. Es ist unbestritten, dass solche Empfehlungen zu einer größeren geistigen Vitalität führen, aber der zwingende Zusammenhang zur Kreativität scheint mir nicht gegeben. Zwar wirkt auch bei mir ein interessantes Gespräch ideenanregend, aber ich will Gesprächsführungstechniken deswegen nicht gleich in den Rang einer Kreativitätstechnik erheben. Nichtsdestotrotz ist es lohnenswert, darüber nachzudenken, ob wir und wie wir kreativer werden könnten. Wir haben zwar eine gewisse Art des Denkens, Fühlens und Handelns, aber unsere Persönlichkeitsevolution ist nie abgeschlossen. In unserer Gesellschaft wird viel Geld für das gute Aussehen, für Kosmetik und Bodybuilding-Studios ausgegeben. Mancher Pykniker wurde dort schon zum Athleten umgewandelt. Warum sollte es nicht auch möglich sein, Denkprozesse zu trainieren? Oft reicht es schon, sich zu bemühen, Dinge anders wahrzunehmen als bisher und vertraute Dinge einmal anders zu betrachten. Rein impulsiv sehen wir die Dinge durch unsere gewohnte Brille. Das ist normal, denn es erfordert weniger psychische Energie, als nach verschiedenen Ursachen oder alternativen Lösungen zu forschen. Aber es engt den Blick ein.

Wenn Sie auf neue Ideen kommen wollen, müssen Sie Ihre Wahrnehmung ständig verändern. Darum sollten Sie sich um eine vierdimensionale Wahrnehmung bemühen und ggf. auch Ihren Bauch befragen, wenn der Kopf nicht mehr weiterweiß. Versuchen Sie das Gegenteil von dem zu denken, was Sie normalerweise denken würden.

Wenden Sie das dialektische Denkprinzip auf sich selber an: Zwei Gedanken, die sich widersprechen, lösen sich ggf. in einem kreativen neuen auf. Fragen Sie nach dem Negativen im Positiven und dem Positiven im Negativen. Bemühen Sie sich beim Wahrnehmen die in diesem Kapitel genannten kreativen Grundeigenschaften Flüssigkeit, Flexibilität und Originalität anzuwenden. Das bedeutet, so viele Ideen wie möglich zu entwickeln, aber auch unterschiedliche und ausgefallene.

Ein Zentner Wollen + ein Kilogramm Handwerkszeug

Wahrscheinlich verfügen auch Sie über ausreichend psychische Energie, die für ein kreatives Leben erforderlich ist. Wenn Sie diese Energie richtig einsetzen, könnten Sie eine reiche Ideenernte einfahren. Das aber setzt voraus, dass Sie Ihre Haupthindernisse, von denen die wichtigsten weiter vorn beschrieben wurden, kennen und die im Folgenden beschriebenen kreativitätsfördernden Verhaltensweisen anwenden. Wenn dann noch zu einem Zentner Wollen und Verhalten ein Kilo Handwerkszeug aus dem 4. Kapitel dazukommt, dann kann der kreative Neuaufbau beginnen.

Ein Albtraum, der sich Erziehung nennt

Dieser Neuaufbau ist bei vielen Menschen notwendig, da man ihnen im Laufe ihrer Kindheit und Jugendzeit die schöpferische Fantasie ausgetrieben hat. Wenn Sie trotzdem kreativ geblieben sind, dann sind Sie für den amerikanischen Bestsellerautor Tom Peters glücklicher Überlebender eines Albtraumes, der sich Erziehung nennt.

Ein wichtiger Doppelschritt zu mehr Kreativität

Neugier und Staunen: Für Aristoteles und Platon war das Staunen die Quelle der Kreativität. Sich wundern drängt zur Erkenntnis. Aristoteles schrieb: *»Denn die Verwunderung ist es, die die Menschen zum Philosophieren trieb.«* Das gilt auch noch heute, mehr als 2000 Jahre danach. Das zeigen jedenfalls die Biografien kreativer Persönlichkeiten. Ohne Staunen wird das Leben zum grauen Alltag. Besonders ältere Menschen verlieren die Fähigkeit zum Staunen, die ehrfürchtige Scheu vor der Vielfalt des Lebens. Sie sollten also als Erstes Ihre Neugier und Ihr Interesse fördern. Versuchen Sie sich möglichst täglich über irgendetwas zu wundern. Überlegen Sie auch, womit Sie die Menschen Ihres Umfeldes in Erstaunen versetzen könnten. Mein Trainingskollege, der bekannte deutsche Verkaufstrainer Günter Ebeling, pflegt hin und wieder auf allen vieren in den Seminarraum zu kriechen. Dort springt er plötzlich auf und fragt seine Teilnehmer: *»Haben Sie den Mut zum Außergewöhnlichen?«* Das ist eine sehr wichtige Frage. Statt einer Antwort blicken viele Teilnehmer beschämt auf den Fußboden.

Ein erster Schritt ist also getan, wenn wir die uns umgebende Welt um ihrer selbst willen wahrnehmen, erforschen und uns über ihre Wunder freuen. Wenn Sie etwas interessiert, folgen Sie Ihrem Gefühl. Erst wenn Sie erkannt haben, sollten Sie zweifeln und kritisch prüfen. Daraus schöpfen Sie neue Gedankengänge.

Flow und Freude: Sie sollten die Neugier genießen. Dabei hilfreich ist, wenn Sie sich für jeden Tag ein Ziel vornehmen, über das Sie sich freuen, wenn Sie es erreicht haben. Gehen Sie neugierig in den Tag und schaffen Sie etwas für Sie Bedeutungsvolles. Genießen Sie dabei den Akt des Entstehens, um so ein dauerhaftes Gefühl für den Augenblick zu bekommen. Am Ende steht eine neue Metafähigkeit, das Flow-Erlebnis. Wenn es Ihnen gelingt, dieses auf viele alltägliche Herausforderungen des Lebens anzuwenden, kann daraus eine eigenständige Kettenreaktion der Kreativität entstehen.

Die Komplexität der Beschäftigung muss erhöht werden

Um jedoch die Freude an der Tätigkeit zu bewahren, müssen Sie die Komplexität der Tätigkeit erhöhen. Das setzt voraus, neue Aspekte, andere Möglichkeiten und neue Herausforderungen zu entdecken. Das dürfte bei der Geschwindigkeit unseres Wissensfortschritts kein Problem sein. Um alle Aspekte des Themas Kreativität kennen zu lernen, müsste ich mich ein Leben lang damit beschäftigen. Das Thema ist für Überraschungen immer wieder gut.

Lebenslange persönliche Kreativität

Auch Sie, lieber Leser, sollten sich ein Leben lang mit der Kreativität beschäftigen, denn hier gibt es niemals einen Sättigungsgrad. Mehr persönliche Kreativität bedeutet ja nicht gleich, die Fachdisziplin zu verändern, der Sie angehören. Es muss auch nicht gleich eine patentreife Erfindung dabei herauskommen. Verändern Sie zunächst die Domäne Ihres persönlichen Lebens oder Ihres Arbeitsplatzes. Damit verbessern Sie Ihre Lebensqualität. Was ist Ihnen wichtiger, dass Ihr Name nach viel Anstrengung in den Geschichtsbüchern steht oder dass Sie ein erfülltes kreatives Leben geführt haben?

So verbessern Sie Ihre Ideen ... oder wie Sie ein kreativer Querdenker werden

Alles eignet sich zur Ideenstimulation

Es gibt ein großes Angebot so genannter Kreativitätstechniken. In der einschlägigen Literatur finden sich Dutzende solcher Methoden, so z. B. das Brainstorming, die Synektik, der Morphologische Kasten, die Reizworttechnik und die Bionik. Hierbei handelt es sich meines Erachtens lediglich um Leitsysteme für solche Menschen, die einen roten Faden hin zu neuen Ideen benötigen. Eigentlich eignet sich die gesamte uns umgebende Welt zur Ideenstimulation. Es gibt nichts, was sich nicht als Ideenauslöser eignen würde. Auch die Lektüre eines Buches, das Befragen seiner Gefühle, ein Spaziergang durch die Natur oder eine Stadt, ein anregendes Gespräch mit Kunden oder Mitarbeitern, ein Theater- oder Museumsbesuch, ein Einkaufsbummel oder eine Busfahrt kann den gleichen Effekt haben wie eine der vielen Kreativitätstechniken, vorausgesetzt, das Bewusstsein ist auf Ideenempfang bzw. Assoziation eingestellt.

Ideen entstehen meistens außerhalb der Firma

Wenn es stimmt, was der Innovationsexperte *Rolf Berth* herausgefunden hat, dann stellt sich ernsthaft die Frage nach dem Nutzen »reiner« Kreativitätstechniken. In seinem Buch »Erfolg« referiert er einige empirische Befunde über das Entstehen von Ideen. Danach werden nur 24 Prozent in der Firma »geboren«, aber 76 Prozent außerhalb, insbesondere in der Natur. Wenn man die Qualität der Ideen berücksichtigt, dann verschiebt sich das Verhältnis noch stärker zugunsten von Natur und Freizeit.

Die vielen Verbesserungsvorschläge in Unternehmen sind nur selten das Resultat der kollektiven Anwendung von Kreativitätstechniken im Unternehmen, sondern Ergebnis intensiven persönlichen Nachdenkens mit der Folge einer plötzlichen, durch äußere Einflüsse geförderten Illumination. Daher:

Unternehmen sind oft besser beraten, die in den Köpfen ihrer Mitarbeiter gereiften Ideen abzurufen und zu nutzen, anstatt in eiligst einberufenen Brainstormingsitzungen gedankliche Schnellschüsse zu produzieren.

Es existieren ca. 50 Kreativitätstechniken, die auf wenigen Denkprinzipien beruhen, nämlich den in diesem Kapitel vorgestellten. Diese Kreativitätstechniken werden in zwei Hauptgruppen eingeteilt, und zwar in

- die systematisch-analytischen und
- die intuitionsanregenden Methoden.

Die zwei Hauptgruppen kreativer Methoden

Bei den *systematisch-analytischen Methoden* werden Einzelelemente eines Gegenstandes oder Sachverhaltes systematisch erfasst, geordnet, gegliedert, variiert und ggf. neu kombiniert.

Den *intuitionsanregenden Methoden* liegt das Prinzip der gedanklichen Assoziation, der Stimulierung von außen, der Analogien- und Synthesebildung zugrunde.

Die in diesem Kapitel vorgestellten Methoden lassen sich dementsprechend so zuordnen:

Systematisch-analytische Methoden	Intuitionsanregende Methoden
– Umstrukturieren/umformulieren	– Analogienbildung
– Neu kombinieren	– Stimulierung (Zufallswort)
– Morphologischer Kasten	– Schöpferische Pause/Intuition
– Merkmalsliste	

1. Logisch oder kreativ denken?

Im 3. Kapitel war die Rede von konvergentem und divergentem Denken. Das konvergente Denken entspricht dem, was man auch das logische bzw. lineare Denken nennt. Im Gegensatz dazu steht das divergente Denken, bei dem in viele Richtungen gedacht werden soll. Es entspricht dem, was man das kreative bzw. das laterale Denken nennt. Welche Form des Denkens eignet sich für welchen Zweck?

Welche Form des Denkens eignet sich für welchen Zweck?

Angenommen, Sie haben ein klar strukturiertes Problem, so wie ein Statiker bei der Berechnung der notwendigen Balkendicke. In diesem Falle müssen Sie rechnen, also logisch denken. Sie können zwar kreativ nach neuen, extrem belastbaren Materialien Ausschau halten, mit denen die Balken ersetzt werden könnten. Wenn aber der Einsatz von Holzbalken zwingend vorgegeben ist, dann führt kein Weg an den vier Grundrechenarten vorbei. Dank eines Taschenrechners oder Computers können Sie sich einen großen Teil der Arbeit abnehmen lassen, aber auch die elektronischen Heinzelmännchen arbeiten auf logischer Basis, und zwar so zuverlässig, dass Berechnungs- und Entscheidungsfehler minimiert werden.

Ich lade Sie zu einer logischen Denkaufgabe ein. Stellen Sie die richtigen Fragen und schon haben Sie die Lösung.

Angenommen, auf dem abgebildeten Schachbrett sei eine Figur versteckt. Mit wie vielen Fragen finden Sie das Feld, auf dem sich die Figur befindet?

(Lösung am Ende dieses Buches)

Wissen Sie die Antwort? Falls ja, dann erkennen Sie an dieser Aufgabe die Ja-nein-Abfolge des logischen Denkens. Sie erkennen: Beim logisch-linearen Denken bewegt man sich nur, wenn es eine vorgegebene Richtung gibt, in die man sich bewegen kann. Beim kreativen Denken hingegen bewegt man sich, um eine Richtung zu finden, so wie hier dargestellt.

Das logische Denken erfolgt in Ja-nein- bzw. Richtig-falsch-Schritten (rechte Seite) hin zur »richtigen« Lösung. Beim kreativen Denken bewegen Sie sich in alle nur möglichen Richtungen und erst, wenn Sie eine Lösung haben, wissen Sie, was Sie suchten (linke Seite).

Die beiden Hauptformen der Logik sind die Deduktion und die Reduktion, auch als Induktion bezeichnet. Beim deduktiven Schließen werden von einer bestimmten, als wahr akzeptierten Aussage andere Aussagen abgeleitet. Wenn die Aussage lautet: A ist größer als B und B größer als C, dann ist A der größte. Das lässt sich grafisch so darstellen:

A B C.

Ist die Ausgangsaussage wahr und sind die logischen Ableitungsregeln richtig angewendet, dann sind auch die daraus abgeleiteten Aussagen wahr.

Der hypothetische Charakter des induktiven Schlusses

Anders verhält es sich mit dem induktiven Schließen. Angenommen, die Aussage lautet: »Immer wenn es regnet, wird die Straße nass.« Der Umkehrschluss »Die Straße ist nass, also regnet es« muss jedoch nicht stimmen. Diese aus einer wahren Prämisse gezogene Schlussfolgerung könnte auch falsch sein. Für die Nässe gibt es eventuell andere Ursachen. Der induktive Schluss hat also lediglich hypothetischen Charakter.

Die Logik ist so etwas wie ein Netzwerk von »Verkehrsregeln« beim Denken. Sie leistet gute Vorarbeiten für eine Lösung und kann vorhandene Lösungen verbessern. Aber mit der Logik allein finden Sie keine neuen Ideen. Sie kann sich sogar zur Zwangsjacke Ihrer Fantasie entwickeln. Sie müssen also erst Ideen entwickeln, bevor Sie diese logisch prüfen können.

Die Arbeitsteilung zwischen dem logischen und dem kreativen Denken

Zwischen dem logischen und dem kreativen Denken gibt es keinen Widerspruch. In der Praxis setzen wir beide Denkformen ein. Beide sind notwendig und ergänzen sich. Es kann logische Zwischenschritte geben, dann wieder kreative Sprünge. Selten ist es das kreative Denken allein, das die serienreife Lösung liefert. Man kann das logisch-lineare und das kreativ-laterale Denken auch unterscheiden hinsichtlich ihres Ranges in der Abfolge des Denkprozesses. Das kreative Denken ist die erste Stufe. Es dient der Ideengewinnung. Diese Ideen werden auf der zweiten, der logischen Stufe hinsichtlich ihrer Machbarkeit rational hinterfragt. Albert Einstein war ein genial kreativer Mensch mit viel Vorstellungsvermögen. Da er sich Raum und Zeit als unendlich vorstellen konnte, war es ihm vorbehalten, die Relativitätstheorie zu entwickeln. Er war zugleich auch ein Mensch, der seine Theorie logisch-mathematisch überprüfte und seine Berechnungen mit der Formel $e = mc^2$ krönte.

Wenn Sie, lieber Leser, Ihre Steuererklärung ausfüllen, dann produzieren Sie mit Ihrer rechten Hirnhälfte Ideen, was Sie noch absetzen könnten, und überprüfen diese mit Ihrer linken Hirnseite auf deren rechnerische Plausibilität, ohne dass die Logik zur Zwangsjacke für Ihre Fantasie wird.

Während also beim logischen Denken die Denkergebnisse einen Zusammenhang haben und sich sinnhaft ergeben, dürfen Sie beim kreativen Denken mit zusammenhanglosen Gedankensprüngen arbeiten. Beim kreativen Denken befinden Sie sich im Bewegungssystem und nicht im Beurteilungssystem.

Edward de Bono erläutert den Unterschied zwischen dem logischen und dem kreativen Denken mit diesem Beispiel:

Das Beispiel der Fotografie

Während in der Frühzeit der Fotografie der Fotograf sehr gründlich über Hintergrund, Beleuchtung, Lächeln und Haltung des Modells, Blende und Belichtungszeit nachdachte, bevor er das

Foto schoss, »knipst« er heutzutage einige Dutzend Bilder aus verschiedenen Perspektiven mit unterschiedlichen Parametern und verschiedenen Posen des Modells. Dann entwickelt er alle Fotos und wählt diejenigen aus, die am besten gelungen sind. Im ersten Fall wurde vorab selektiert und die Aufnahme brachte etwas vorher Bekanntes und Geplantes hervor. Im zweiten Fall wird im Nachhinein selektiert und ggf. etwas Unerwartetes gefunden und ausgewählt. Erst jetzt ist klar, welches Bild man haben will.

Dialektisches Denken

Dass sich Logik und Kreativität nicht ausschließen, zeigt das Beispiel des dialektischen Denkens. Viele Dinge gehören zusammen, wenn man sie dialektisch betrachtet. These und Antithese bilden eine Einheit.

Für das dialektische Denken stellt jedes Ding seine gegensätzliche Einheit dar, hat seinen Widerspruch in sich. Gegensätze werden gleichzeitig erfasst. Sie sind in dieser Gleichzeitigkeit wirksam, gültig und wahr. Ein Mensch, der vom Hausdach nach unten stürzt, befindet sich gleichzeitig in Ruhe und Bewegung, so der Gedanke von Einstein in der Relativitätstheorie. In Relation zu einer gleichzeitig fallenden Person befindet sich dieser Mensch in einem Ruhezustand, während er sich zu stehenden Personen in Bewegung befindet.

Gegensätze bedingen sich

Gegensätzliches bedingt sich. In der Wirtschaft konstituieren Angebot und Nachfrage den Markt. Männliches und Weibliches müssen sich zusammenfinden, um neues Leben hervorzubringen. Die Natur braucht Sommer und Winter für ihren Kreislauf.

Zwischen diesen Gegensätzen bestehen Gemeinsamkeiten. Das sind die Beziehungen, die These und Antithese miteinander verbinden, jedoch auf einer höheren Ebene als der logischen. Sie zu erkennen und in Beziehung zu bringen ist der Zweck des dialektischen Denkens. In der heutigen Zeit muss es gelingen, frühere Gegensätze zu verbinden, anstatt sich für eines von beiden zu entscheiden. Versuchen Sie es einmal mit folgender Übung.

Zwei Väter und deren zwei Söhne besuchen ein Restaurant. Sie bestellen jeder ein Bier und bezahlen anschließend für drei erhaltene Biere. Welche Erklärung haben Sie hierfür?

Dass vier Personen (?) nur drei Biere zahlen, widerspricht der Logik. Aber wenn Sie dialektisch denken, dann wissen Sie, dass in dem Wort »Vater« sein »Anderssein« steckt, so ein Hinweis Hegels in seiner Sprachphilosophie. »Vater« sagt mehr aus als nur »Mann«. Es impliziert das Vorhandensein von Kindern. Nun müssten Sie das Rätsel mit den drei Bieren leicht lösen können.

Wenn Sie These und Antithese gleichzeitig bedenken, kann daraus eine Denksynthese in Form höherer Erkenntnis entstehen.

2. So krea(k)tivieren Sie Ihr Denken

Vernünftig unvernünftig denken

Um den Denkapparat in Gang zu bringen, brauchen Sie einen Ausgangspunkt. Sie finden ihn am schnellsten, wenn Sie zunächst die übliche Sicht oder Vorgehensweise zur Grundlage Ihres Denkens machen. Aber diese eignet sich in der Regel nicht, um einen Sachverhalt oder ein Problem auf eine neue und bessere Art zu lösen. Darum sollten Sie die bisherige Methode bewusst unvernünftig verändern, um auf neue Ideen zu kommen. Würden Sie nämlich versuchen, das alte Verfahren »vernünftig« zu verändern, dann wäre die Wahrscheinlichkeit eines neuen Gedankens sehr gering. Es kann also vernünftig sein, bewusst unvernünftig zu denken.

Um das Denken zu krea(k)tivieren, wählen Sie eine übliche Vorgehensweise und verändern diese bewusst unvernünftig so, dass neue Ideen entstehen.

Das funktioniert am besten mit der Methode der gedanklichen Provokation. Zu diesem Zweck machen Sie eine willkürliche und herausfordernde Aussage. So bringen Sie Ihren Denkapparat in Gang, wie beim Ankurbeln eines Motors. Auch eine Diskussion beginnt mit ersten zaghaften, vielleicht sogar provozierenden Äußerungen und kommt so auf Touren. Die gedankliche Selbstprovokation dient also als Startblock für eine Wanderung, bei der der Weg das Ziel ist. Erst während der Wanderschaft schält sich der weitere Weg in Form einer Idee oder eines Konzepts heraus.

Der Sinn der gedanklichen Selbstprovokation

Der Unterschied zwischen dem logischen und dem krea(k)tiven Denken

logisches vertikales konvergentes Denken	**kreatives laterales divergentes Denken**
– sucht nach Lösungen	– sucht nach Alternativen, stellt Fragen
– ist selektiv	– ist generativ
– sucht das logisch Richtige	– sucht das kreativ andere
– ist analytisch	– ist provokativ
– forscht nach Ursachen	– sucht nach Wegen
– schrittweises, folgerichtiges Vorgehen	– sprunghaftes Vorgehen
– Schlussfolgerung nach dem Beweis	– Schlussfolgerung vor dem Beweis
– erfordert Konzentration auf das Wesentliche	– erfordert Lateration auch auf Nebensächlichkeiten
– vollzieht sich bewusst	– vollzieht sich ggf. unterbewusst
– will Resultate	– will Bewegung
– untersucht die Brauchbarkeit von Ideen	– findet Ideen

Der Zweck dieses Kaltwassergusses auf die Hirnzellen besteht darin, aus eingetretenen Denkpfaden auszubrechen. Durch »unvernünftiges« Denken soll der Verstand gereizt und mit einem Ruck aus der gewohnten Schablone gerissen werden. Hierzu ein Beispiel: Sie ärgern sich über den morgendlichen und abendlichen Verkehrsstau auf dem Wege zu Ihrem Arbeitsplatz. Trotz intensiven Nachdenkens finden Sie keine Lösung, ja nicht einmal einen Lösungsweg. Nun greifen Sie zu einer gedanklichen Provokation, indem Sie sich vorstellen, wie Sie morgens an Ihren Arbeitsplatz »gebeamt« werden und abends genauso zurück. Natürlich ist das »Unsinn«, aber vielleicht hat diese Idee einen

Ein Beispiel gedanklicher Provokation

Bewegungswert, indem sie zu anderen Ideen hinführt. Nicht Sie werden in Ihr Büro gebeamt, sondern die Arbeit in Ihre Wohnung. Von hier ist es dann nicht mehr weit zu der Idee eines Telearbeitsplatzes in Ihrem Wohnzimmer. Denkbar wäre auch, dass die Morgenbesprechung aller Mitarbeiter, soweit auch diese das Auto benutzen, per Telefonkonferenz geführt wird, um Zeit zu sparen. Sie sehen, die mentale Provokation ist ein Vehikel bzw. eine Art Kopfstandtechnik, die Ihnen zu einer anderen Problemperspektive und damit zu neuen Gedankenwegen verhilft. Die neuen Ideen, die vielleicht zunächst nur Zwischenprodukte sind, müssen auch nicht begründet werden wie Argumente in einer akademischen Diskussion. Erst das Endprodukt bedarf vielleicht einer Begründung, vor allem dann, wenn teure Investitionsentscheidungen anstehen.

Seien Sie klug und nutzen Sie das Dumme

Wenn Ihnen jemand etwas »Dummes« vorschlägt, liegt es allein bei Ihnen, darin etwas Dummes zu sehen oder aber dem »Unsinn« einen Sinn zu geben, indem Sie ihn als gedanklichen Impuls nutzen. Verlassen Sie das Beurteilungssystem und begeben Sie sich in ein gedankliches »Bewegungsbecken«. Fragen Sie also nicht danach, wie gut oder schlecht ein Vorschlag ist, sondern lassen Sie sich von ihm zu weiteren Ideen anregen.

Cogito ergo creativus sum

Es stellt sich nun die Frage, mit welchen Methoden Sie Ihre Gedanken provozieren und wie Sie von dort zu einer brauchbaren Lösung kommen. Dabei soll Sie das Wort »Methode« nicht einengen, denn alles, was Ihren Denkapparat in Gang bringt, ist willkommen. Das kann sogar ein Traum oder der Duft des Morgenkaffees sein. Voraussetzung ist, dass Sie Ihren Gedanken Freiraum gewähren, ohne Schere im Kopf. Denken Sie also genau so frei wie bei Ihren geheimsten erotischen Vorstellungen. Schlagen Sie gedankliche Purzelbäume. Reisen Sie in Ihre eigene Fantasiewelt. Öffnen Sie die Schleusen für äußere Einflüsse. Malen Sie innere Bilder. Versuchen Sie die Dinge auf verschiedene Weise zu sehen. Experimentieren Sie gedanklich. Träumen Sie von dem, was anders sein soll. *Cogito ergo creativus sum.* Ich denke, also bin ich kreativ.

Unabhängig von diesen kreativen Verhaltensweisen gibt es ein spezifisches Knowhow, mit dem Sie sich gedanklich provozieren können. Dieses Krea(k)tivierungs-Knowhow kann jeder anwenden, ohne großen Lernaufwand. Sie sollten diese *sieben Grundtechniken kreativen Denkens* beachten, nämlich

Das Krea(k)tivierungs-Knowhow

1. Denkmuster bewusst machen
2. Negation negieren
3. Erstidee erkennen und »zügeln«
4. Analogien suchen
5. Umstrukturieren bzw. umformulieren
6. Kombinieren von Einzelelementen
7. Stimulierung des Denkens.

Die Grundrichtung des Erkennens, Veränderns und Vermeidens

Diese Grundtechniken kann man auf *zwei Grundrichtungen* kreativen Denkens reduzieren. Bei der ersten Richtung geht es darum, Denkmuster oder nahe liegende *Standardideen* zu *erkennen*, zu *verändern* oder gar zu *vermeiden*. Zu dieser Grundrichtung gehören die Techniken des Erkennens von Erstideen und des Umstrukturierens bzw. Umformulierens.

Im Denkprozess greift man gern auf vorhandene Denkmuster zurück, aus denen sich schnell eine (nahe liegende) Idee ergibt. Wenn z. B. der Absatz eines Produktes zurückgeht, wird sofort das Denkmuster »Preissenkung« aktiviert. Vielleicht gibt es aber auch andere Wege und Möglichkeiten. Um diese zu finden, muss man das Denkmuster oder die Erstidee erkennen und sie zunächst einmal unberücksichtigt lassen, damit sich neue Ideen entwickeln können. Will man aber die Erstidee als Basis beibehalten, dann lässt sie sich vielleicht umstrukturieren, modifizieren oder modellieren.

Die Grundrichtung des Stimulierens und der Analogienbildung

Die *zweite Grundrichtung* könnte man mit dem Begriff *Stimulierungsimport* überschreiben. Hierbei verlassen Sie den Problemrahmen und suchen außerhalb des Bezugssystems nach Lösungsmöglichkeiten. Die konkreten Techniken sind die Stimulierung mittels Zufallswort und Fragetechnik sowie die Analogienbildung. Mit ihnen wird bewusst Diskontinuität bzw. Nichtlinearität in den Denkprozess gebracht und »Zufall« provoziert, aus denen in Verbindung mit dem Ausgangsproblem ggf. Ideen entstehen. Nichtlinearität umschreibt einen Schaltvorgang im Kopf, der im 3. Kapitel im Abschnitt »Der kreative Reifungsprozess«

beschrieben wurde. So wie im Falle des Heureka-Effekts des Philosophen Archimedes tritt eine Idee plötzlich auf den Plan, die mit dem vorherigen Gedanken in keiner unmittelbaren Verbindung steht. Die Linearität des bisherigen Denkvorganges, bei dem sich eine Idee folgerichtig aus der anderen ergibt, wird durch einen gewollten Zufall, durch eine Anregung aus einem gänzlich anderen Systembereich durchbrochen. Diese Nichtlinearität bewirkt in der Regel ein Umstrukturieren bzw. eine Änderung des gedanklichen Ausgangspunktes. Bleiben wir bei dem Beispiel des Absatzrückgangs. Angenommen, Sie gehen mit diesem Problem schwanger, lesen in einer Zeitung und stoßen auf das Wort »Olympiade«. Dieses Zufallswort bringt Sie auf eine Idee, nämlich einen Vertriebswettbewerb oder auch einen Kundenwettbewerb auszurichten, um den Absatz anzukurbeln.

Zur Krea(k)tivierung Ihres Denkens
- **erkennen, verändern oder vermeiden Sie bekannte Standardideen,**
- **suchen Sie neue Stimuli durch Zufallswörter, Fragetechnik oder Analogienbildung.**

3. Nehmen Sie die Wahrheit wahr? Machen Sie sich Ihre Denkmuster bewusst

Wahrnehmung und Wahrheit sind zweierlei

Die Erde ist eine Scheibe. Selbst vom Flugzeug aus ist sie nicht als Kugel erkennbar. Das entspricht der Wahrnehmung und dem Dogma des Heiligen Stuhls. Dem widersprechen zu wollen, war vor einigen Jahrhunderten noch lebensgefährlich. Aber irren ist päpstlich, denn auch der Papst verwechselt Wahrheit mit Wahrnehmung bzw. Wesen mit Erscheinung. Mit Hilfe der Wahrnehmung sehen wir die Welt nicht so, wie sie ist, sondern so, wie sie uns erscheint. Außerdem durchlaufen alle Wahrnehmungen den Filter unserer Erfahrungen und werden dort entsprechend geformt.

Stellen Sie sich vor, Sie entfernen sich von dem Ort, an dem Sie sich jetzt befinden, weiter und immer weiter, Tausende und Abertausende Kilometer. Je weiter Sie sich entfernen, umso näher kommen Sie wieder an ihren jetzigen Standort heran. Wie kommt das? (Lösung am Ende des Buches)

Aber es sind nicht nur Päpste und Diktatoren, die Ihnen den Weg zur Wahrheit versperren. Ihre gewohnheitsmäßige Wahrnehmung behindert den Blick auf die reichen und subtilen physiognomischen Eigenschaften der Dinge, die Sie wahrnehmen. Jegliche Art, etwas zu sehen, ist eine von mehreren Möglichkeiten wahrzunehmen. Dies und die Wahrnehmungshindernisse müssen Sie kennen, wenn Sie sich auf Ideensuche begeben. Die meisten dieser Denkschablonen sind in Ihnen selbst im Laufe Ihres Lebens entstanden. Das gilt vor allem für Gewohnheiten, Erfahrungen, Normen, Werturteile, Meinungen und Sichtweisen. Diese mögen sich in bestimmten Situationen als richtig erwiesen haben. Darum wurden sie zu Automatismen Ihres Verhaltens, ohne dass Sie in einer ähnlichen Situation lange darüber nachdenken müssen, was jetzt wie zu tun sei. Durch Wiederholung und Gewöhnung »automatisieren« sich Denkvorgänge. Daraus entstehen Wenn-dann-Gebrauchsanleitungen, die man »Denkmuster« nennt. Sie lösen einen Handlungsablauf aus, ohne dass der Verstand alle Hirnwindungen aktivieren muss, um Lösungen zu finden.

Der Nutzen von Denkmustern

Wenn Ihr einziges Werkzeug eine Schreibmaschine ist, dann werden Sie dazu neigen, jedes Problem für ein Stück Papier zu halten.

Das gilt besonders für Intelligenzler, deren Denken sich durch ein großes Beharrungsvermögen auszeichnet.

Denkmuster vereinfachen die Wahrnehmung

Aus Erfahrungen ist man klug geworden, denn der Verstand hat den speziellen Fall gespeichert und ein Programm dazu geschrieben. Denkmuster vereinfachen Ihre Wahrnehmung und erleichtern Ihr Handeln. Sie ermöglichen es, wie ein Autopilot sogar vorausschauend zu reagieren, noch bevor der Fall X erneut eingetreten ist.

Bitte überlegen Sie einen Moment: Warum tragen Sie Ihre Armbanduhr am linken Arm? Da Sie ein Kopfarbeiter sind, droht ihr am rechten Arm keine Gefahr. Außerdem müssen Sie sie nicht mehr mit der rechten Hand aufziehen, da sie wahrscheinlich von einer Batterie angetrieben wird. Also, warum am linken Arm? Ist es ein Denkmuster?

Wie die Musterbildung funktioniert, erkennen Sie an den folgenden Bildern.

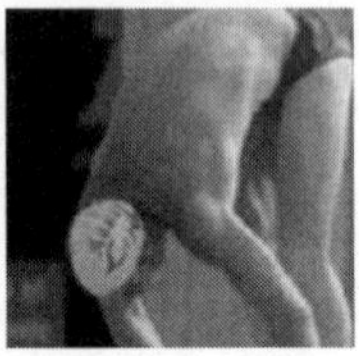

Diese Teilansichten genügen, um das Gesamtbild im Kopf entstehen zu lassen. Ähnlich verhält es sich mit Wörtern. Beim Lesen dieses Textes genügt es, nur Teile der Wörter und der Sätze wahrzunehmen, um zu wissen, was gemeint ist. Beispiele:

...uch, ...ühe, Fußba..., Seid..., Schei...,

Sie wissen gleich, was gemeint ist, nämlich *Buch, Mühe, Fußball, Seide* und *Scheibe*. Aber es könnte auch *Brauch, Brühe, Fußbad, Seidel* und *Scheidung* bedeuten.

Mein eigenes Beispiel

Dank Ihrer Denkmuster können Sie auch eine unleserliche Handschrift entziffern. Ich muss pro Semester an die 200 Klausuren meiner Studentinnen und Studenten lesen und davon mindestens 50 entziffern. Ist es mir gelungen, einige Worte zu entziffern, dann wird die Handschrift von Zeile zu Zeile leserlicher.

Was blockiert Ihr Denken?

In einem Kanal begegnen sich sechs Schiffe, so wie abgebildet. In der Mitte ist eine Ausweichbucht, in die aber nur ein Schiff passt. Die Schiffe kommen wegen ihrer Breite nicht aneinander vorbei. Mit welchem Manöver könnten die Schiffe es trotzdem schaffen, in der gewünschten Richtung aneinander vorbeizufahren? (Lösung am Ende des Buches)

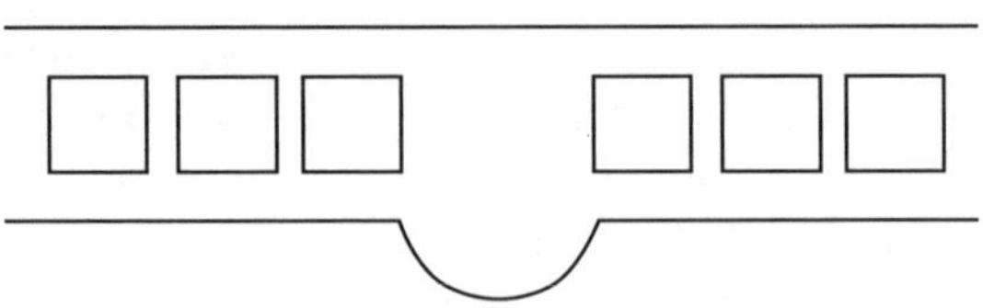

Die Wirkung von Etiketten

Denkmuster werden oft durch ein Wort bzw. ein Etikett ausgelöst, z. B. Flittchen, Spekulant, Ossi und Wessi. Schnell sind die dazugehörigen Attribute wie »leichtlebig«, »gerissen«, »faul« und »arrogant« zur Hand.

Die von Denkmustern ausgehenden Gefahren

Sobald Sie glauben oder wissen, wie etwas ist, haben Sie ein Denkmuster gebildet. Dies wirkt wie ein EDV-Programm. Besonders die durch Erfolge programmierten Denkmuster können gefährlich sein und Sie in anderen Situationen auf eine falsche Fährte führen. Nehmen wir ein einfaches Beispiel: Springt die Verkehrsampel auf Rot, dann wird das Denkmuster »Halt« in Sekundenbruchteilen aktiviert, und schon ist der Fuß auf der Bremse. Alle Verkehrsteilnehmer reagieren in Gefahrensituationen mit dem Durchtreten der Bremse. Aber bei Glatteis könnte dieses Denkmuster gefährlich werden, denn hier müssen Sie geschickt gegensteuern.

Denkmuster sind dauerhaft

Diese Gefahr droht Ihnen im Arbeitsalltag auch dann, wenn man neue Probleme mit den Methoden von gestern lösen will. Je mehr Denkmuster das Gehirn gebildet hat, umso schwerer fällt es, Informationen auf neue Weise zu betrachten. Es werden eher neue Muster gebildet als alte gelöscht oder abgewandelt.

Auch das Bedürfnis nach Struktur hemmt unsere Kreativität. Besonders unter Zeitdruck wächst unser Bedürfnis nach kognitiver Klarheit und innerer Logik. Infolgedessen »frieren« wir bereits gefällte Urteile ein.

Verschiedene Meinungen sind Ausdruck verschiedener Denkmuster

Wenn Sie nun wahrnehmen, ist es Ihr Bestreben, Muster wieder zu erkennen. Das geht so weit, dass Menschen auch dann noch an ihren Einstellungen und Mustern festhalten, wenn sie mit glaubwürdigen, ihren Meinungen widersprechenden Erkenntnissen konfrontiert werden.

Natürlich benötigen Sie ein grundlegendes Ausgangsmuster, um einen Sachverhalt überhaupt zu begreifen. Dies bestimmt Ihr Denken und Handeln in einer bestimmten Situation. Darum kann ein- und derselbe Sachverhalt bei verschiedenen Menschen unterschiedliche Verhaltensweisen auslösen. Wenn in einer Besprechung lange um eine Entscheidung gerungen wird, dann hat das seine Ursache darin, dass jeder Teilnehmer seine Erfahrungen, sprich Denkmuster, zu den anstehenden Sachfragen hat. Es wäre jedem am liebsten, wenn alle das gleiche Denkmuster, sprich die gleiche Meinung, hätten wie der, der eine Idee vorschlägt oder ablehnt.

Informationen bringen Sie in Form

Wie sehr Ihre Wahrnehmung von den Informationen abhängt, die Ihnen zur Verfügung stehen, sowie der Perspektive, die Sie haben, zeigt die folgende Abbildung. Dabei handelt es sich um zwei Ausschnitte ein- und derselben Karte, jedoch mit unterschiedlichem Maßstab.

Logisch richtig handeln, sich faktisch aber falsch verhalten

Angenommen, Sie kommen aus Südwesten und wollen nach Nordosten. Es liegt auf der Hand, dass Sie auf der breiten Straße geradeaus weiterfahren. Auf der Basis der Ihnen zur Verfügung stehenden Informationen ist das vernünftig. Sie handeln logisch richtig, obwohl Sie sich faktisch falsch verhalten. Hätten Sie aufgrund der zweiten Karte bessere Informationen, dann wären Sie links oder rechts abgebogen, um die Sackgasse / den Parkplatz zu umfahren.

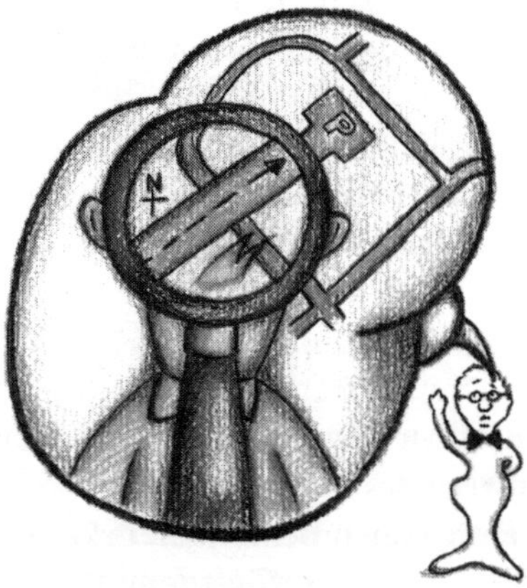

Sie wollen nach Nordosten. Wenn Sie nur die im Kreis dargestellte Teilinformation hätten, wäre es vernünftig, auf der breiten Straße geradeaus weiterzufahren. Hätten Sie aber die außerhalb des Kreises liegenden Informationen, dann würden Sie vorher abbiegen.

Was hätten Sie wahrgenommen? Ein bekanntes Beispiel

Die Folgen unterschiedlicher Wahrnehmung und daraus resultierender Denkschablonen werden an dem bekannten Beispiel der beiden Schuhverkäufer deutlich. Diese werden nach Afrika geschickt, um dort Absatzmöglichkeiten zu sondieren. Der eine Verkäufer meldet seinem Verkaufschef: Keine Absatzchancen, da die wenigsten Menschen hier Schuhe tragen. Der andere meldet: Große Absatzchancen, da nur wenige hier Schuhe tragen.

Dass Denkmuster kein rein individuelles Phänomen sind, wird an einem Beispiel aus dem Buch von *Gary Hamel* und *C. K. Prahalad* »Wettlauf um die Zukunft« deutlich. Darin berichten die Autoren von einem interessanten Experiment, das die Wirkung von kollektiven Denkmustern zeigt.

Wie kollektive Denkmuster entstehen

Vier Affen wurden in einen Raum gebracht, in dessen Mitte ein hoher Pfahl stand, an dessen Spitze Bananen hingen. Sofort kletterte ein Affe den Pfahl hinauf. In dem Moment, als er nach der Banane griff, erhielt er von oben eine kalte Dusche. Erschreckt ließ er von der Banane ab und sprang vom Pfahl. Auch die anderen Affen versuchten ihr Glück und hatten Pech. Das wiederholte sich mehrmals, bis die Affen endgültig von den Bananen abließen.

Nun wurde einer der Affen durch einen anderen ersetzt. Als sich dieser anschickte, die Bananen zu pflücken, sprangen seine Gefährten erregt auf ihn zu und zogen das Tier vom Pfahl wieder herunter. Der Affe verstand die Botschaft und ließ von den Bananen ab. Nun wurden auch die anderen Affen durch neue ersetzt. Jeder Neue erhielt die gleiche Lektion wie seine Vorgänger. Keiner der Affen verstand, warum er nicht an die Bananen soll, aber alle respektierten das Modellverhalten, selbst nachdem die Dusche abmontiert worden war.

Die Wirtschaftswelt ist voll von solchen Modellfällen. Sie »überwintern« in Handbüchern, Dienstanweisungen und Schulungsprogrammen, obwohl sich der Kontext, in dem sie entstanden sind, längst verändert hat.

Viele Denkfehler sind auf Unzulänglichkeiten in der Wahrnehmung und selten auf logische Irrtümer zurückzuführen. Erstaunlich ist in diesem Zusammenhang, dass wir der Logik traditionsgemäß einen höheren Stellenwert als der Wahrnehmung beimessen. Statt unsere Wahrnehmung kritisch zu hinterfragen, nehmen wir gern Zuflucht zu den logischen Gewissheiten und Wahrheiten.

Wenn Sie kreativ denken, dann versuchen Sie, den Denkmustern zu entrinnen, um neue Ideen hervorzubringen. Zumindest sollten Sie versuchen, Sachverhalte aus einem anderen Blickwinkel zu betrachten, um vorhandene Denkmuster anzuregen, sich anders zu strukturieren. Wenn Sie kreative Blitze produzieren wollen, dann setzt dies eine gewisse Unschuld Ihrer Wahrnehmung voraus, befreit vom Korsett der überlieferten Meinungen.

4. Das Negieren negieren

Ja oder nein?

Im kreativen Denkprozess bewegen Sie sich auf einer Art Spielfeld. Hier ist alles erlaubt, was geeignet ist, Ihren Denkapparat auf 100 000 Volt zu bringen. Hier gelten keine Gesetze. Hier gibt es keine Gebietsgrenzen. Hier werden Fehler toleriert. Hier gilt das uneingeschränkte Ja im Sinne von »ja, mal sehen, was dabei herauskommt«. Dieses Spielfeld ist exterritoriales Gebiet, auf dem es keine innere Denkpolizei gibt. Erst wenn Sie die kreative Tummelwiese verlassen und die Ideenauswahl treffen, darf das Nein gedacht und gesagt werden. Wenn wir beim Nein angelangt sind, muss gefragt werden: Ist dieses Nein absolut, oder geht es vielleicht doch? Was kann verändert werden, damit aus dem Nein vielleicht doch noch ein Ja wird? Das Nein ist das Ja zur Negation. Dabei steht das Nein synonym für Killerphrasen etwa folgender Art:

Typische Killerphrasen

- Das ist zu teuer.
- Das haben wir schon immer so gemacht.
- Das haben wir noch nie so gemacht.
- Das ist nun mal so.
- Das geht nicht anders.
- Die Erfahrung zeigt doch, dass ...
- Das klingt theoretisch.

Ideen ziehen Kritiker an

Neue Ideen ziehen die Kritiker an wie die offen auf dem Frühstückstisch stehende Marmelade die Wespen. Oft sind es Kollegen und Vorgesetzte, Familienmitglieder oder Freunde, die Ihnen mit diesen Killerphrasen das schöpferische Denken erschweren. Kreativität ist etwas, was sich manche Ihrer Mitmenschen gar nicht vorstellen können. Sie sind so sehr an die Mittelmäßigkeit gewöhnt, dass sie sich gar kein Bild mehr von der geistigen Kraft eines voll leistungsfähigen Gehirns machen können.

Weil das Denken so schwer ist, ziehen viele es vor zu urteilen und blocken so die schöpferische Nichtlinearität ab. Mit Recht empört sich der an anderer Stelle schon vorgestellte Nobelpreisträger Binnig, dass man die Theorien großer Forscher, wie Darwin und Freud, aufgrund von einigen Fehlern in ihrem Denkgebäude ganz in Frage stellt:

»Die Kontrahenten in diesen Wissenschaftszweigen können offensichtlich viel von der Physik lernen. Dort steht die Verehrung der Begründer im Vordergrund, nicht die Betonung ihrer Fehler« (Binnig, 1997, S. 179).

Der PFA-Zyklus oder die Angst vor der Kreativität

Manche nennen das, was sie immer schon falsch gemacht haben, Erfahrung. Andere sprechen von der Praxis im Gegensatz zur Theorie und meinen in Wirklichkeit die Tradition. Vielleicht verpassen auch Sie sich selber ein Denkverbot, weil Sie sich vor Ihrer eigenen Kreativität ängstigen. Möglicherweise trifft auf Sie genau der PFA-Zyklus zu. Dabei stehen die drei Buchstaben PFA für Panik, Freude und Angst. Dies sind die drei Stadien des Zyklus: 1. Panik, weil Sie keine guten Ideen haben; 2. Freude, wenn Ihnen endlich eine Idee gekommen ist; 3. Angst, weil Sie sich vor der Meinung anderer oder der Reaktion Ihres Vorgesetzten ängstigen.

So verläuft der PFA-Zyklus:

1. Panik wegen fehlender Ideen,
2. Freude über eine gefundene Idee,
3. Angst vor der Meinung anderer.

Bekennen Sie sich also zum Ja. Das bringt Bewegung in Ihr Denken. Später kann es durch das »Ja, aber« relativiert werden. Ein bekanntes Kirchenlied beginnt so: »Macht hoch die Tür, die Tor macht weit ...« Diese Botschaft gilt auch für das kreative Vorspiel der Ideenerzeugung. Der Fachmann für den kreativen Einsatz der deutschen Sprache, Friedrich Schiller, gab schon vor knapp 200 Jahren in einem Brief an seinen Freund und Gönner Christian Gottfried Körner die Empfehlung, dass der Verstand der Fantasie keinen Zwang auferlegen dürfe, und dies, lange bevor der Begriff Kreativität eingedeutscht wurde:

Ein wichtiger Hinweis von Friedrich Schiller

»Es scheint nicht gut und dem Schöpfungswerk der Seele nachteilig, wenn der Verstand die zuströmenden Ideen, gleichsam an den Toren schon, zu scharf mustert. Eine Idee kann, isoliert betrachtet, sehr unbeträchtlich und abenteuerlich sein, aber vielleicht wird sie durch eine, die nach ihr kommt, wichtig, vielleicht kann sie in einer gewissen Verbindung mit anderen, die vielleicht ebenso abgeschmackt erscheinen, ein sehr zweckmäßiges Bild abgeben [...] Bei einem schöpferischen Kopf hat der Verstand seine Wachen von den Toren zurückgezogen, die Ideen strömen hinein, und erst alsdann übersieht und mustert er den großen Haufen.«

Beim kreativen Querdenken ist die Bewegung wichtiger als das Ziel, zumal man zu Beginn des Denkprozesses noch gar nicht weiß, was am Ende herauskommt.

Ein logischer Denker will mit ja oder nein, richtig oder falsch beurteilen. Ein kreativer aber will bewegen.

Letzterer hat Recht, denn es ist besser, falsche Ideen zu haben als gar keine, da alle durch das Nein abgewürgt würden. Der Krea(k)tive braucht nicht bei jedem Schritt Recht zu haben. Wichtig ist, dass er am Ende »Recht« behält. Es könnte ja sein, dass zwei verrückte (falsche) Ideen eine sinnvolle neue ergeben. Im Denken beweglich zu sein ist genauso wichtig wie die logische Urteilsfähigkeit. Was nützt es, logisch scharfsinnig zu sein, wenn man kreativ schwachsinnig ist und deshalb seiner Logik gar kein »Beurteilungsfutter« liefern kann?

Ja zur Ideenschöpfung

Das uneingeschränkte Ja gilt für die Phase der Ideenschöpfung, so z. B. beim Nachdenken darüber, wie man sich der favorisierten Frau am besten nähert. Erst in der Phase des kritischen Abwägens, des Prüfens der Vor- und Nachteile sollten Sie Ihr kritisches Ich hinzuziehen und befragen.

Um das vorschnelle Nein zu verzögern, bietet sich eine Übung aus der Philosophenschule des Sokrates an. Bevor das Nein pfeilschnell abgeschossen wird, sollten sich die Gesprächspartner angewöhnen, zunächst einmal zuzuhören und die Idee des anderen mit eigenen Worten zu wiederholen. Vielleicht lassen sich so These und Antithese gemeinsam in einer Synthese auflösen. Denkbar wäre, dass Sie die Antithese selbst vorwegnehmen, indem Sie nach den Vor- *und* Nachteilen einer Idee fragen. Hierzu bietet sich eine Methode an, die wir einfach die PoNe-Methode nennen. Das ist ein Kunstwort, bestehend aus den Begriffen positiv und negativ. Nehmen wir ein Beispiel: Was halten Sie von der Idee, die Steuerreform in ganz einfacher Form durchzuführen? Jedes Produkt, jede Dienstleistung, jeder wird mit einer Gesamtsteuer von 25 Prozent belegt. Ansonsten gibt es keine weiteren Einkommensabzüge. Sie überlegen mindestens drei Minuten lang, was für die Idee spricht. Erst dann kommen die Gründe dagegen. Schließlich sollten Sie sich noch drei Minuten Gedanken darüber machen, was bemerkenswert an der Idee ist.

Die Positiv-negativ-Methode

1. Positive Aspekte der Idee:

....

....

2. Negative Aspekte der Idee:

....

....

5. Erstidee erkennen und »zügeln«

Wenn man sich auf Ideenjagd begibt, findet man schnell eine Beute und übersieht vor lauter Freude die fettere Beute, die sich daneben oder dahinter befindet. Wenn Sie eine Lösung haben, dann stellen Sie nicht das Denken ein, denn es könnte noch andere und vielleicht bessere geben. Anders ausgedrückt: Man freut sich über den Spatz in der Hand, ohne die Taube auf dem Dach zu sehen. Der Spatz wird zur dominierenden Idee. Eine solche Erstidee kann zur Sperridee werden, indem diese Ihr Denken ebenso dominiert wie eine starke Persönlichkeit eine Gruppe. Die Zufriedenheit mit einer Lösung hält Sie vom weiteren Denkvorgang ab. Sie sollten nicht zwischen zwei Varianten entschei-

Eine Erstidee kann zur Sperridee werden

den, sondern weitere suchen, um zwei oder mehr in die Auswahl zu nehmen.

Kreative Lösung eines physikalischen Problems

Hierzu ein schönes Beispiel: Ein kreativer Physikstudent trifft auf einen konventionell denkenden Professor. Dieser fragt den Studenten in der Prüfung: »Wie können Sie mit Hilfe eines Barometers die Höhe eines Hochhauses bestimmen?« Der Student antwortet: »Ich befestige das Barometer am Ende eines 50 m langen Seils, lasse es zu Boden herab, messe den verbleibenden Rest und ziehe diesen von den 50 m ab.« Der Professor wollte aber eine physikalisch fundierte Antwort haben. Nun antwortete der Student: »Ich nehme das Barometer zusammen mit einer Stoppuhr auf das Dach des Gebäudes und lasse es von oben fallen. Dabei messe ich die Zeit vom Loslassen bis zum Aufschlag und bestimme die Höhe des Gebäudes mit der Formel $s = 1/2 \times g \times t^2$.« Das war zwar nicht die gewünschte Antwort, aber immerhin eine physikalisch fundierte. Der Professor war zufrieden.

Gegenüber Freunden hatte dieser Student weitere Lösungen parat, z. B. diese: »Man stellt das Barometer in die Sonne und misst die Länge des Barometers und seines Schattens. Dann misst man das Gebäude und dessen Schattenlänge. Anschließend bestimmt man aus dem Verhältnis beider Maße die Höhe des Gebäudes. Der schnellste Weg führt über den Hausmeister: Man bietet ihm das Barometer dafür, dass er die Höhe des Gebäudes verrät.«

Was lernen Sie aus diesem Beispiel? Wichtig ist, dass Sie sich Ihrer Hauptidee bewusst werden, um sich von ihr nicht gefangen nehmen zu lassen. Wenn Hauptstraßen im Feierabendverkehr verstopft sind, kommt man auf den Nebenstraßen schneller vorwärts. Man muss diese Nebenstraßen einfach nur erkennen und bereit sein, den eingefahrenen Pfad zu verlassen.

Das Beispiel dieses Buches

Angenommen, Sie befinden dieses Buch für schlecht und wollen es unbrauchbar machen. Der erste Gedanke, der Ihnen kommt, lautet sinngemäß z-e-r-r-e-i-ß-e-n. Nun beschäftigt sich Ihr Denken damit, wie Sie es mechanisch in viele Teile zerstückeln. Sie denken an eine Schere, an einen Zerreißwolf oder an ein Beil, mit dem Sie es mehrfach spalten. Diese Hauptidee, basierend auf einer mechanischen Lösung, führt von anderen möglichen Lösungen weg. Wie könnte man dieses (schlechte) Buch noch vernichten, und zwar so, dass es nie wieder einen Leser langweilt? Es gäbe weiterhin den chemischen Weg, z. B. mit einer starken Lauge oder Säure. Sie könnten papierfressende Würmer auf dieses Buch ansetzen. Außer dieser biologischen Variante bietet sich noch die thermische an, indem Sie das Buch in ein Kaminfeuer werfen. Sie könnten es ebenfalls wieder verwenden, indem Ihre Kinder aus den Seiten Papierflugzeuge knicken. Selbst als Klopapier wäre es nutzbar. Aber passen Sie auf, dass Ihr Allerwertester nicht klüger wird als Ihr Kopf!

Bei dieser Aufgabe ist es leicht, andere Lösungen zu finden. Wie aber soll die Lösung für das Rentenproblem oder die Arbeitslosigkeit aussehen? Hier dominieren Weltanschauungen das Denken. Wer hat den Mut, diese zu benennen und zumindest im Denkprozess auszuschalten? Weltanschauungen und Mythen sind die starrste Form eines Denkmusters.

Eine Erstidee entwickelt sich schnell zum Denkmuster. Wichtig ist, dass Sie die Hauptidee(n) im Denkprozess erkennen und so lange an die Kette legen, bis sich weitere Einfälle entwickelt haben.

Die gute Lösung durch die bessere ersetzen

Wenn Sie kreativ querdenken wollen, dann müssen Sie Ihren Erstideen entrinnen und sich vor gedanklichen Schnellschlüssen hüten, indem Sie nach anderen Lösungen Ausschau halten. Sie wissen: Jedes Ding hat mehrere Seiten, wie das obige Beispiel mit dem Buch zeigte. Außerdem, wenn Sie heute eine Idee haben, dann kommt Ihnen morgen eine bessere, die übermorgen in eine noch bessere mündet. Aber die beste Idee wird Ihnen nie kommen, denn der Vorgang des Optimierens ist unendlich. Es kommt darauf an, die gute Lösung immer wieder durch die bessere zu ersetzen.

6. Umstrukturieren und umformulieren

Das Unbewusste bewusst nachvollziehen

Natürlich können Sie, wenn Sie ein Problem haben bzw. wenn »ein Problem Sie hat«, nicht still dasitzen, um auf die Inspiration bzw. Illumination zu warten. Sie können diesen Prozess aus eigenen Kräften bewusst unterstützen, indem Sie sich die »Mechanik« von Inkubation und Illumination (Bisoziation) zunutze machen. Zu diesem Zweck müssen Sie Denkmuster wechseln. Wenn dies nicht unbewusst durch eine zufällige Beobachtung oder einen Fehler geschieht, sollte es bewusst »synthetisch« durchgeführt werden. Das bedeutet, jene Prozesse *bewusst* zu vollziehen, die sich *unbewusst* vor allem in der Phase der Inkubation abspielen. Denkbar wäre also, einen Sachverhalt bewusst umzustrukturieren bzw. sich um Zufälle zu bemühen, damit Ihnen Anregungen kommen, die Sie mit anderen Ideen zusammenfügen können. Sie öffnen sich z. B. Einflüssen, nach denen Sie nicht direkt suchten. Das kann ein Bild, eine Begebenheit oder ein Zufallswort sein.

Umstrukturieren bedeutet, Informationen auf eine andere Weise zusammenzufügen.

Das Beispiel des Witzes

Genau das ist das Grundprinzip des Witzes. Hier werden Teilinformationen, die direkt nichts miteinander zu tun haben, so zusammengefügt, dass ein neuer Sachverhalt entsteht, der Humor bewirkt. Humor ist das Verlassen eines Musters und das Hinüberwechseln in ein anderes. Humor ist aber auch die Humanisierung des Alltags, wie Thomas Mann meinte. Bei einem Witz zwingt Sie die zweifache Bedeutung eines Wortes oder Satzes dazu, das Denkmuster zu wechseln.

Ändern Sie die Struktur der Zahl, indem Sie irgendwo zwei weitere Striche anbringen, und schon wandelt sich diese Zahl in ein Wort um. Es geht um ein Fahrzeug. (Lösung am Ende des Buches)

3001

Das Prinzip des Umstrukturierens ist das Grundprinzip kreativen Querdenkens. Auch bei den anderen hier aufgeführten Techniken, wie dem Umformulieren oder der assoziativen Stimulierung, werden Teilformationen umstrukturiert oder neu angeordnet.

Vom Nutzen des Gegenteils

Die einfachste Form der Umstrukturierung ist die Umkehrung bzw. Umformulierung eines Problems. Sie können einen Sachverhalt gedanklich einfach auf den Kopf stellen oder zwischen dem Anfang und dem Ende ständig wechseln, um so die Perspektive zwecks Ideenanregung zu ändern. Was halten Sie von der folgenden Definition? Ein Zoo ist ein Ort, an dem Tiere hervorragend das Verhalten von Menschen beobachten können. Vielleicht ist auch ein Huhn die Methode eines Eies, ein neues Ei zu erzeugen. Sie denken das Gegenteil von etwas, um so das Denken zu provozieren. Angenommen, Sie haben ein Problem, z. B. mit der Lautstärke eines neu entwickelten Gerätes. Sie könnten nun fragen: Wie bekommen wir das laute Geräusch weg? Denkbar wäre aber auch die provokante Frage: Wie erzeugen wir laute Geräusche an diesem Gerät? Vielleicht liegt genau hier des Rätsels Lösung.

Stellen Sie sich vor, Sie konstruieren Panzerschränke. Um diese besonders sicher zu machen, könnten Sie sich fragen: »Wie erhöhen wir die Sicherheit unserer Geldschränke?« Denkbar wäre aber auch die alternative Frage: »Wie könnte man unsere Panzerschränke knacken?« Die Struktur der Frage wird also geändert, indem der Frager einen anderen Standpunkt einnimmt. Dieser Positionswechsel führt eventuell zu einer anderen Sichtweise und so zu gedanklich neuen Möglichkeiten. So antwortete z.B. ein japanischer Politiker auf die Kritik am aggressiven japanischen Exportgebahren: »Das Problem ist nicht Japans Stärke, sondern die Schwäche seiner Partner.« Auch die folgende Abbildung bezeugt den innovativen Charakter kreativen Denkens. Je nach Standort sehen Sie andere Teilaspekte eines Problems.

Ein Positionswechsel führt zu einer anderen Sichtweise

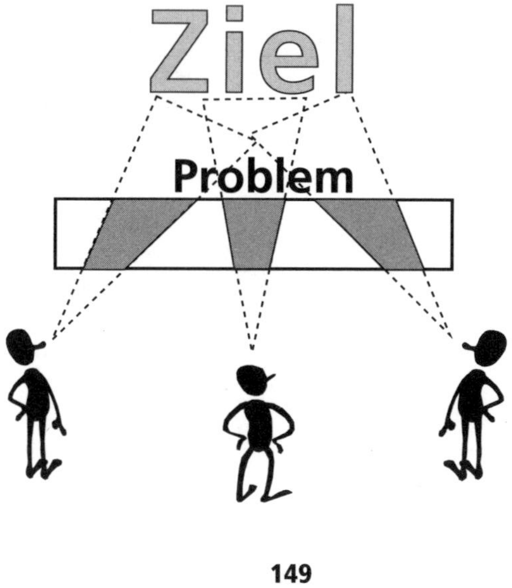

Die Idee des Versandhauses – ein Produkt des Umformulierens

Ein amerikanisches Kaufhaus hatte um die Jahrhundertwende das Problem, dass der Kundenzustrom nachließ. Die ursprüngliche Problemformulierung lautete: »Wie schaffen wir es, dass die Kunden wieder zu uns kommen?« Dann wurde das Problem so umformuliert: »Wie kommen wir besser zum Kunden?« Eine der Antworten lautete: »Wir gehen mit unserer Ware zum Kunden«. So soll das erste Versandhaus der Welt entstanden sein.

Ein lehrreicher Dialog

Ein bekanntes Beispiel der Umformulierung bzw. des Standortwechsels ist der folgende Dialog zwischen dem Mönch und seinem Abt. Der Mönch fragt: »Bruder Abt, darf man beim Beten rauchen?« »Nein, denn beim Beten sollst du dich ganz auf Gott konzentrieren«, antwortet der Abt. Beim nächsten Mal fragt der Mönch: »Bruder Abt, darf man beim Rauchen beten?« »Natürlich«, antwortet der Abt, »du sollst jede dir bietende Gelegenheit nutzen, um mit Gott zu sprechen.« Sie sehen, der Mönch hat den Standort gewechselt. Im ersten Fall fragte er, ob er während der Hauptsache eine Nebensache machen darf. Im zweiten Fall war die Nebensache der Aufhänger. Die Frage bekam einen ganz anderen Charakter. Er darf jetzt beim Rauchen beten.

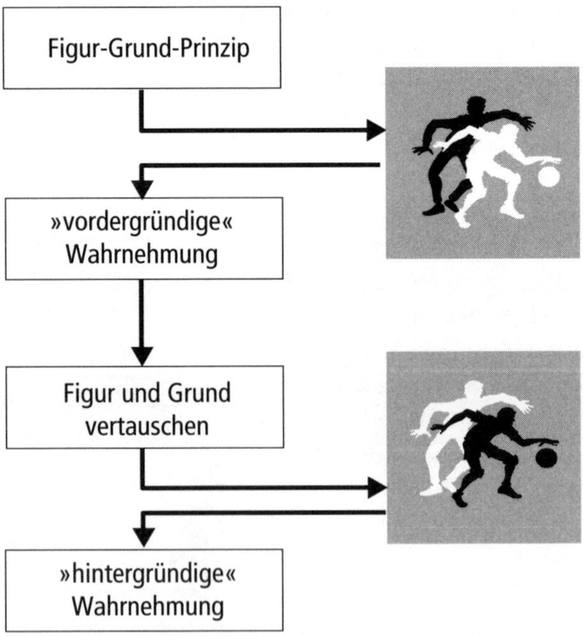

Umformulieren durch Reformulieren

In der Gesprächsführung wird die Umformulierung gezielt eingesetzt, um auf den Gesprächspartner einzuwirken. Hierzu ein Beispiel aus der Reformulierungstechnik: Jemand sagt zu Ihnen: »In diesem Unternehmen arbeiten nur Idioten.« Sie machen ihm die Wirkung seiner Aussage bewusst, indem Sie antworten: »Verstehe ich Sie richtig, Sie sind der einzige Vernünftige?« Hier wurden Vorder- und Hintergrund verschoben, so wie bei den berühmten Figur-Hintergrund-Darstellungen.

Das Beispiel der Bumerangtechnik

Ähnlich verhält es sich mit der so genannten Bumerangtechnik des guten Verkäufers. Dieser bietet einem potenziellen Käufer einen sprachgesteuerten Computer an. Der Angesprochene antwortet: »Ich habe gar keine Zeit, mich mit dieser komplizierten neuen Technik zu beschäftigen.« Der Verkäufer antwortet: »Gerade weil Sie keine Zeit haben, will ich Ihnen dieses Gerät vorführen, denn Sie sparen die Zeit, die Sie jetzt noch für das Schreiben benötigen.«

Negatives positiv ausdrücken

Ein anderes Beispiel des Umformulierens besteht darin, dass man einen negativ behafteten Begriff positiv verpackt. So wird aus einer Giftmüllkippe ein Recyclingpark, aus einem Altersheim eine Seniorenresidenz, aus einer Preiserhöhung eine Gebührenanpassung, aus einem Spion ein Kundschafter, aus einer Werkstatt ein Atelier und aus der Wiedervereinigungssteuer ein Solidaritätszuschlag. Besonders Politiker sind einfallsreich, wenn es darum geht, Negatives positiv auszudrücken.

Spontisprüche

Kreativ sind auch jene Umformulierungen, bei denen ein oder zwei Wörter eines vertrauten Textes ein wenig verändert werden, um so den Sinn völlig umzukehren. Das ist das Prinzip vieler Spontisprüche. Beispiele:

- Die Botschaft hör ich wohl, allein mir fehlt die Schraube.
- Was lange gärt, wird endlich Wut.
- Lieber arm dran als Arm ab.
- Es sind auch schon Meister vom Schimmel gefallen.

Dieses Prinzip wendet auch die Werbung an. So warb McDonald's anlässlich einer Fußballweltmeisterschaft vor einigen Jah-

Wie man sich als Inoffizieller einen offiziellen Anschein gibt

ren mit dem Slogan »Inoffizieller Ausrüster der deutschen Fußballfans«. Während andere Unternehmen Millionen ausgaben, um sich unter der Bezeichnung »Offizieller Ausrüster der deutschen Fußballnationalelf« als Hoflieferant auszuweisen, musste McDonald's wahrscheinlich nur die Werbeagentur für diese Idee bezahlen.

Verballhornen als eine Art der Umformulierung

Schon lange vor den Spontidichtern und McDonald's hatte ein Lübecker Drucker namens Ballhorn die Idee durch geringfügige Wortveränderungen einen neuen Wortsinn zu schaffen. Hier einige solcher Verballhornungen, allerdings in moderner Version:

- Hinternist = Facharzt für Analkrankheiten;
- Schadvokat = schlecht arbeitender Rechtsanwalt;
- Saldo mortale = schlechte Bilanz;
- attraptive Frau = alles an ihr ist Attrappe;
- Blankkaufmann = Unternehmer ohne Geld;
- Dr. Omedar = promovierter Zoologe;
- Graf Fito = adliger Mauermaler.

Ich lade Sie zu einer kleinen Übung ein, bei der es darum geht, Ihre Fähigkeit des Umformulierens zu testen. Die Lösung ist schnell gefunden, wenn Sie richtig fragen. Sie brauchen nicht zu rechnen.

Ein Veranstalter lädt 30 Fußballvereine zu einem Turnier ein. Es soll im K.o.-System gespielt werden. Wer verloren hat, scheidet aus. Wie viele Spiele müssen durchgeführt werden, um den Turniersieger zu ermitteln?
(Lösung am Ende des Buches)

Die Umkehrung muss nicht das logische Gegenteil sein

Es ist unerheblich, ob eine Umkehrung tatsächlich das logische Gegenteil ist. Wichtig ist, dass sich die Umkehrung eignet, eine Situation gedanklich zu verändern, um so den Ideenfluss in Gang zu bringen. Dies kann auch erreicht werden, indem Sie einen Sachverhalt übertreiben, entstellen oder in sein Gegenteil verkehren. Dazu können Sie sich folgender von Alex F. Osborn, dem Begründer des Brainstormings, entwickelter (An-)Spornfragen bedienen:

Die Technik der (An-)Spornfragen

Vergrößern: Was kann man hinzufügen, um etwas höher, länger, stärker oder schwerer, breiter oder dicker zu machen?

Verkleinern: Was kann man wegnehmen, um etwas niedriger, kürzer, schmaler oder dünner, schwächer oder leichter zu machen?

Umgruppieren: Wie kann man die Gestalt ändern, indem man Teile anders anordnet, die Reihenfolge ändert oder die Wirkung zur Ursache macht?

Kombination: Wie lassen sich Ideen und Pläne mischen oder kombinieren?

Umkehren: Rückwärts statt vorwärts; Inneres nach außen; Oberes nach unten; Anfang an das Ende?

Ersetzen: Andere Methoden, anderes Design, anderer Ort, anderes Material?

Adaptieren: Was ist so ähnlich? Was kann man kopieren? Welche Parallelen lassen sich ziehen?

Ein kluger Landstreicher

Ein kluger Landstreicher wandte das Prinzip des Umstrukturierens an, indem er sich scheinbar völlig gegen die menschliche Vernunft verhielt. Jemand bot ihm immer wieder wahlweise an, ihm 2 oder 5 Mark zu schenken. Er solle den Betrag selbst wählen. Vor diese Wahl gestellt, entschied sich der Landstreicher immer wieder für die 2 Mark, worüber der Spender jedes Mal lachte, denn wie kann jemand nur so dumm sein ...?

Als ein anderer Landstreicher seinen Kumpel deswegen ansprach, gab dieser ihm eine schlüssige Antwort für sein Verhalten. »Indem ich mich für nur 2 DM entschied, hatte der Geber jedes Mal seinen Spaß über meine ›Blödheit‹. So war der beständige Geldstrom gewährleistet. Hätte ich mich für 5 DM entschieden, hätte der Geber keinen Spaß mehr gehabt.«

Scheinbare Dummheit entpuppt sich als Klugheit

Ich selbst musste mich ähnlich verhalten, um ein Problem zu lösen. Meine beiden Jungen spielen im Verein Fußball, der eine in der ersten und der andere in der zweiten Mannschaft. Die Folge davon war, dass ich am Sonntag den einen zum Spiel in den Ort A und den anderen zum Ort B fahren musste. Zunächst überlegte ich, den Trainer zu bitten, den Jungen aus der zweiten Mannschaft in die erste zu »befördern«. Ich wäre mir aber wie ein Bittsteller vorgekommen. Darum bat ich den Trainer, den Jungen aus der ersten Mannschaft in die zweite zu »versetzen«. Ihn darum zu bitten, fiel mir leichter als das Umgekehrte. Der Trainer lehnte dies ab, da er den einen Sohn dringend als Stürmer in der ersten Mannschaft benötigte, und erklärte sich dann bereit, den anderen Sohn ebenfalls in die erste Mannschaft aufzunehmen.

Auch das Konventionelle kann kreativ sein

Wenn Sie nächstens nach einer guten Idee suchen, sollten Sie es ggf. einmal ganz konventionell versuchen, statt einer kreativen Idee nachzujagen. In einer Zeit, in der Kreativität als Primärtugend gilt, in der sich jeder originell hervorheben möchte, in der das Exotische als kreativ definiert wird, sollten Sie es auch einmal mit dem Konventionellen versuchen. Hierzu ein Beispiel aus meinem Wohnort Bad Nauheim.

Die Kreativität des Kontrastes

In dieser Stadt gab es 25 italienische, 1 türkisches, 1 thailändisches, 2 chinesische, 1 indisches, 3 griechische, 1 spanisches, 2 jugoslawische, 1 mexikanisches und 2 französische Restaurants, aber kein deutsches. Man hätte noch ein arabisches, vietnamesisches und mongolisches eröffnen können, um die Liste des gastronomisch Exotischen zu komplettieren. Stattdessen aber eröffnete ein ganz normales deutsches Restaurant, und das mit großem Erfolg. Diese Rückbesinnung auf das gastronomisch Konventionelle war deshalb erfolgreich, weil der Unterschied zum Exotischen sichtbar wurde. Als es nur ausländische Restaurants gab, fehlte der Kontrast zwischen den verschiedenen Lokalen. Als aber jemand das gastronomische Gegenteil zum Exotischen schuf, wurde der Unterschied deutlich. Sie können das nachvollziehen, indem Sie diese Frage beantworten: Welches der folgenden Zeichen sticht Ihnen am meisten ins Auge?

X X X O X X

Die Antwort ist klar. Überlegen Sie sich, was Sie tun müssen, um das O zu werden. Vielleicht erreichen Sie es, indem Sie etwas Konventionelles tun, um sich kreativ abzuheben. Ihr Umfeld will vor allem den Gegensatz zum Bisherigen sehen. Das wirklich Kreative benötigt den Kontrast zum Vorhandenen. Fehlt dieser Kontrast, dann verliert das Kreative an Inhalt.

7. Kombinieren

Der Kern vieler Ideen liegt im Übernehmen, Hinzufügen oder Verändern schon vorhandener Lösungen.

Vom Wert des Hinzufügens oder Veränderns

Die Frage, was hinzugefügt oder kombiniert werden kann, führt unausweichlich zu neuen Ideen. Viele Produktinnovationen beruhen auf der neuen Kombination vorhandener Elemente oder dem Hinzufügen neuer. Wer kennt sie nicht, die Wasserwaage mit Laserpointer, den Füllhalter mit Kugel = Kugelschreiber, Uhren mit Funkempfänger, Mikrofone mit Karaoke-Effekt, Billardtische, auf deren Rückseite man Tischtennis oder Tischfußball spielen kann und vieles Ähnliche mehr? Alte Dinge können auf viele neue Arten kombiniert werden. Darum ist auch die eindeutige Trennung in Invention und Innovation nicht immer möglich.

Wenn Sie neue Ideen entwickeln wollen, sollten Sie sich zunächst mit den schon vorhandenen vertraut machen. Vielleicht wirkt das wie ein Sprungbrett. Sie können Glück haben, indem Sie eine göttliche Idee befällt. Sie können diese aber auch planvoll herbeiführen, indem Sie Vorhandenes kombinieren.

Morphologische Analyse

Was ist Morphologie?

Wenn Sie nicht warten wollen, bis Ihnen Ihr Unterbewusstsein intuitiv eine Kombination vorschlägt, dann bietet sich der systematisch-analytische Kombinationsweg mittels der so genannten morphologischen Methode an. Morphologie ist einerseits die Lehre von den Gebilden bzw. Formen einer Sache und andererseits die Lehre vom geordneten Denken. Beide Definitionen sind richtig und stehen gleichberechtigt nebeneinander. Darum eignet sich der Begriff Morphologie auch, um die vom Schweizer Astrophysiker Fritz Zwicky entwickelte Kombinationsmethode als Morphologischen Kasten zu bezeichnen.

Ein konkretes Beispiel

Am besten erkläre ich diese Methode an einem Beispiel. Werfen Sie bitte einen Blick auf das von mir verwendete Beispiel »BWL-Studium«. In der linken Spalte finden Sie die von mir gewählten Grundelemente (Parameter), in den rechts daneben stehenden Spalten deren mögliche Ausprägungen. Statt einer Hochschule könnte auch eine Kaffeemaschine oder dieses Buch einer morphologischen Optimierungsanalyse unterzogen werden.

Morphologisches Anwendungsbeispiel »BWL-Studium«

Grundelemente	**Mögliche Formen / Ausprägungen**					
Einstiegs-voraussetzungen	Fachschule	Abitur	Herausragende Berufs-leistungen	Eingangs-prüfung	Praxis-erfahrung	Referenzen / Bürgen
Studenten	Deutsche	EG-Ausländer	Sonstige Länder	Senioren	Gaststudenten	Mitarbeiter aus Unternehmen
Studieninhalte	Unternehmens-gründung	Personalwesen	Finanzen	Informatik	Logistik, Vertrieb	Qualität
Studienaufbau	Orientierungs-studium	Grundstudium	Auslands-semester	Hauptstudium	postgraduelles Aufbaustudium	Praktikum, Exkursion
Lehrkräfte	Professoren	Lehrbeauf-tragte	Gastreferenten	Tutoren	Betriebsräte, Manager	Studenten mit Eigenbeiträgen
Prüfungen	studienbeglei-tende Noten-kumulation	schriftliche Hausarbeit mit anschl. Referat	Projektarbeit	hochschul-internes Assessment-Center	Klausuren	mündliche Prüfungen

Abschluß	MBA	Diplom	Promotion	Ausbilder-eignungs-prüfung	von der IHK anerkannte Prüfungen	Qualitätsauditor oder ähnliche Abschlüsse
Zusätzliche Angebote	Projekt-management	gutachterliche Tätigkeit	Unternehmens-beratung	Mitarbeiter-Training	Verlags-tätigkeit	Internet-Provider
Infrastruktur	Bibliothek	Mensa	Parkhaus	Seelsorge	Sprachlabor	EDV-Labor
Studiendauer	1 Jahr	2 Jahre	3 Jahre	4 Jahre	5 Jahre	keine Vorgabe
Organisation	staatlich	private GmbH	halbstaatlich	Stiftung	Verein	Genossen-schaft

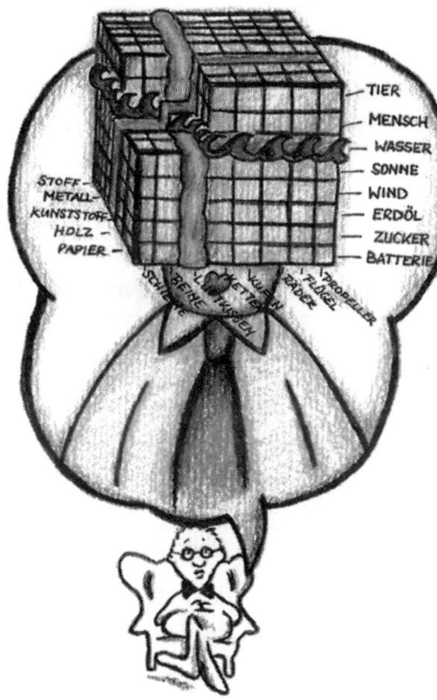

Angenommen, Sie wollen ein völlig neues Fahrzeug konstruieren und dabei Material, Energie und Bewegungsantrieb neu kombinieren. Der Morphologische Kasten zeigt Ihnen diverse Kombinationsmöglichkeiten. Denkbar wäre, dass Sie Plastik als Material, Wasser als Energiequelle und Luftkissen als Bewegungsantrieb nutzen.

Die dreidimensionale Form des Kastens schränkt die Anzahl der Grundelemente auf 3 und dementsprechend die möglichen Kombinationen ein, obwohl es trotzdem eine erhebliche Menge ist. Wenn Sie stattdessen eine Matrix nutzen, ergeben sich mehr Variationen. Eine morphologische Matrix mit nur 6 Parametern und jeweils 10 Ausprägungen enthält 1 Million denkbarer Lösungen!

1 Million denkbarer Lösungen!

Machen Sie gleich einen Versuch mit der morphologischen Methode. Nehmen Sie irgendeinen Gegenstand oder Sachverhalt, den Sie verbessern wollen. In die linke Spalte eines Blankoblattes tragen Sie die Grundelemente ein und in die Spalten daneben deren mögliche Formen. Anschließend nehmen Sie einen Stift und verbinden jene Formen miteinander, die, wenn man sie so kombinieren würde, einen Fortschritt bewirken würden.

Merkmalsliste

Wie Sie die Grundelemente neu variieren können

Die von *Robert P. Crawford (University of Nebraska)* entwickelte Merkmalsliste (Attribute Listing) hat gewisse Ähnlichkeiten mit der morphologischen Analyse. Mit ihr wird versucht, alle erkennbaren Lösungsansätze für eine Verbesserung aufzuzeigen. Das geschieht, indem Sie einen Gegenstand oder eine Dienstleistung in seine / ihre Grundelemente auflösen. Anschließend wird der Ist-Zustand beschrieben und dann nach Variationsmöglichkeiten gesucht. Auch hierzu ein Beispiel. Angenommen, es wäre möglich, den menschlichen Körper zu optimieren, um die Verletzungsgefahr beim Motorrad- und Autofahren zu mindern. Was würden Sie verändern?

Merkmal	**jetzige Lösung / Form**	**mögliche andere Gestaltung**
Kopf	oben auf dem Leib	
Augen	im Gesicht, 2 nach vorn nebeneinander stehend	
Nase	im Gesicht zwischen Augen und Mund mit 2 Öffnungen	
Mund	im Gesicht oberhalb des Kinns, unterhalb der Nase	
Arme	links und rechts neben dem Leib	
Hände	an den Armen mit jeweils 5 Fingern	
Beine	unterhalb des Leibes nebeneinander stehend	
Füße	am Ende der Beine	

8. Analogien bilden

Die Analogienbildung als Anschubtechnik

Ein Grundprinzip des schöpferischen Denkens besteht darin, überhaupt in Gang zu kommen. Das ist ähnlich einer Diskussionsveranstaltung, in der alle sehnsüchtig auf den ersten Diskussionsbeitrag warten, um dann auf den fahrenden Zug aufzuspringen. Die Analogienbildung ist eine solche Anschubtechnik. Sie ist der erste Gang, der eingelegt wird, um den Denkmotor auf Touren zu bringen. Darum wird die Analogienbildung auch als Erst- bzw. Einstiegsmethode betrachtet. Im täglichen Leben, wenn wir ein Problem haben, schauen wir uns ebenfalls nach Analogien um, nach schon vorhandenen Lösungen, die vielleicht auf unser Problem passen, denn man muss ja das Rad nicht jedes Mal neu erfinden. So ersparen wir uns Mühe und ggf. Kosten.

Bei der Analogienbildung übersetzt oder überträgt man sein Problem in eine Analogie und entwickelt diese weiter, um dann wieder auf das Ausgangsproblem zurückzukommen.

Das kann im Kleinen wie im Großen geschehen. Nehmen wir zunächst ein einfaches Beispiel. Sie suchen einen anderen Begriff für den Beruf des Steuerprüfers. Zu diesem Zweck werfen Sie einen Blick in die verschiedenen Systembereiche unserer Gesellschaft, z. B. in das Verkehrssystem, das Rechts- und Gesundheitswesen oder das Militär. Wir könnten diese Bereiche weiter unterteilen, so z. B. das Verkehrswesen in die Luft- und die Seeschifffahrt. Wie werden die Funktionsträger dort benannt? Steward, Pilot, Lotse, Navigator u. Ä. Wie wäre es also mit Steuerlotse? Bei der Unübersichtlichkeit unseres Steuerwesens kein abwegiger Gedanke. Außerdem könnte der Begriff Steuerlotse die Scheu vor der Steuerprüfung nehmen.

So funktioniert die Analogienbildung. Sie werfen einen Blick in andere Teilbereiche des Lebens, um eventuell dort vorhandene Lösungen auf Ihr Problem zu übertragen.

Anforderungen an eine Analogie

Sie können auch eine Analogie wählen, der ein Ablauf zugrunde liegt, z. B. ein Verkaufsgespräch führen, eine Flugreise antreten oder mit einem Herrn / einer Dame flirten. Dabei ist wichtig, dass die Analogie lebendig ist und eine Art Eigenleben hat. Dies sollte reich an Bildern und Geschehnissen sein, so dass Sie vor Ihrem geistigen Auge eine Art Prozess erleben. Verdeutlichen wir dies an einem Beispiel:

Wieder ein Anwendungsbeispiel

Ich bin als Wirtschaftstrainer gut ausgelastet. Neben meiner halben Professorenstelle an der Hochschule – ich mache mit einem Kollegen Jobsharing – berate und trainiere ich im Jahr etwa 80 Tage. Doch dieses Auftragsvolumen schwankt. Manchmal habe ich lange Pausen, und manchmal will der Kunde ein Just-in-time-Seminar, meistens dann, wenn ich ohnehin schon in Arbeit ertrinke. Um für dieses Problem Ideen zu finden, wähle ich eine Analogie, z. B. die Flugreise.

Eine Flugreise ...

Eine Flugreise enthält sehr viele interessante Aspekte. Wenn man rechtzeitig bucht, kann man bei vielen Gesellschaften einen Vorbucherrabatt aushandeln, da die Fluggesellschaft nun besser planen kann. Vielleicht wäre das ein Anreiz für Kunden, für einen Preisnachlass langfristiger zu planen. Wer bei einer Flugreise vorzeitig bucht, kann sich den Platz aussuchen. Ähnlich könnte ich den Kunden, die mich rechtzeitig bestellen, attraktive Termine anbieten, weit weg von Weihnachten, Ostern und Urlaub. Bei einer geschäftlichen Flugreise buche ich in der Regel gleich den Rückflug mit. Vielleicht sollte ich beim Kunden gleich den Nachfolgetermin mit ansprechen und reservieren, natürlich mit der Möglichkeit umzubuchen. Viele Gesellschaften bieten Vielfliegern Sondervergünstigungen, sog. Miles & More. Firmen, die viel mit mir zusammenarbeiten, erhalten ebenfalls solche Sondervergünstigungen, z. B. einen kostenlosen Beratungstag bei 10 Seminartagen, soweit diese vorab fest bestellt werden. Ist ein Flugzeug überbucht, dann setzt die Airline meist ein weiteres ein. Denkbar wäre, dass ich mit dem Hinweis auf meinen vollen Terminkalender einen anderen Trainer zu meinen Kunden schicke.

Auf das richtige Maß kommt es an

Diese Analogie bietet vielfältige Lösungsansätze für das Problem meiner Auftragsschwankungen. Das ist aber nur dann der Fall, wenn die Analogie nicht zu weit an den Haaren herbeigezogen wurde und auch nicht zu dicht am Problem liegt, so dass ein Weg eingeschlagen wird, auf den Sie sowieso gekommen wären.

Die Verwandtschaft zwischen Analogienbildung und Benchmarking

Die Technik der Analogienbildung hat eine gewisse Verwandtschaft mit der Methode des Benchmarking (Benchmark = trigonometrischer Punkt). Hierbei handelt es sich um eine Managementtechnik, mit deren Hilfe ein Unternehmen versucht, gezielt und systematisch Informationen über Mitbewerber und Marktgeschehnisse u. Ä. zu sammeln, um diese für das eigene Unternehmen nutzbar zu machen. Denkbar ist z. B., dass ein Hersteller einen ganz bestimmten Produktionsprozess in einem Industrieunternehmen einer anderen Branche studiert, um so Verbesserungspotenziale für das eigene Unternehmen aufzuspüren.

9. Stimulierung von außen

Das Leben ist voll von Ideenspendern

Sie denken über etwas nach, ohne eine Lösung zu finden. Dann helfen Sie sich, indem Sie sich das TV-Abendprogramm unter dem Gesichtspunkt anschauen: Welche Idee steckt für mein Problem darin? Mit dieser Fragestellung können Sie auch die Zeitung lesen oder durch ein Warenhaus schlendern. Das Leben ist voll von Ideenspendern. Nutzen Sie diese, indem Sie die Ideensuche nicht von anderen Tätigkeiten abkoppeln, sondern mit diesen verbinden. Es macht nichts, wenn sich eine Idee nicht sofort einstellt. Einflüsse werden gespeichert und warten auf weitere Einflüsse, aus denen dann unerwartet eine Idee entsteht, die plötzlich aus dem Unterbewusstsein an die bewusste Oberfläche tritt. Ihr Denken kann durch etwas beeinflusst werden, das in keinem Zusammenhang mit der zu bedenkenden Situation steht. Dieser Faktor kann einen Gedankensprung bewirken, der Ihnen eine Idee beschert. Die gute Idee, nach der Sie suchen, kennen Sie aber erst, wenn Sie diese gefunden haben.

Belangloses kann belangvoll werden

Wenn Sie sich auf Stimulierungssuche begeben, dann muss dies sehr bewusst geschehen, mit eingeschalteten und rotierenden Empfangsantennen. Eine solch offene Geisteshaltung und Empfänglichkeit für Einflüsse lag allen bedeutenden Wissenschaftssprüngen zugrunde. Sie ist eine Voraussetzung für Innovationen in Wirtschaft, Gesellschaft und Verwaltung. Dabei nehmen Sie sich bewusst vor, Dinge in Betracht zu ziehen, die belanglos erscheinen. Vorerst belanglose Einflüsse können sich später als relevant herausstellen. Eine kleine Ursache kann große Folgen haben.

Wenn Sie sich auf Stimulierungssuche begeben, dann lassen Sie Ihre Empfangsantennen rotieren, um Ideen auslösende Signale zu empfangen.

Stimulierung durch kommunikative Befruchtung

Die Stimulierung kann auch in Form kommunikativer Befruchtung erfolgen, so wie es im klassischen Brainstorming oder bei allen Varianten des Brainwritings der Fall ist. Da ich in meinem Beruf als Hochschullehrer und Trainer sehr viel reden muss, ist es mir manchmal ein Bedürfnis, anderen zuzuhören. Das entspannt nicht nur, sondern regt mein Denken an. Ich »missbrauche« viele Menschen um mich herum als Impulsgeber für meine Gedanken, ohne dass diese es merken. Im Gegenteil, diese Menschen freuen sich darüber, in mir einen Zuhörer gefunden zu haben.

Vom Nutzen der Schwatzhaftigkeit

Ich schalte vor allem dann auf Stimulierung um, wenn mich schwatzhafte Menschen zum Gespräch vergewaltigen, ohne dass ich dem entweichen kann. Vor einiger Zeit saß mir im Eisenbahnabteil ein penetrant-geschwätziger 08/15-Unternehmensberater gegenüber, der mir die »Geheimnisse« der Wirtschaftswelt erklärte. Ich habe ihn als Stichwortgeber für ein in meinem Inneren ablaufendes Brainstorming benutzt und mir von ihm Ideen liefern lassen, indem ich das Gespräch in die von mir gewünschte Richtung lenkte. In Kassel verließ ich den ICE und fuhr mit dem nächsten in der gleichen Richtung weiter.

Stimulierung durch Zufallswörter

Wenn Sie sehr schnell eine Idee brauchen, dann nutzen Sie die Technik des Zufallswortes. Es sorgt für Instant-Ideen, vorausgesetzt es gelingt Ihnen, einen begrifflichen Stimulus zu erzeugen.

Das Verfahren ist denkbar einfach: Sie nehmen einen Versandhauskatalog, ein Lexikon oder eine Illustrierte und legen fest, dass das erste Hauptwort auf Seite 50 links oben oder das dortige Bild als Stimulus dienen soll. Natürlich können Sie auch einen ganzen Satz nehmen und sich davon anregen lassen.

»Beziehungen« knüpfen

Das Zufallswort ist zunächst beziehungslos, aber es kann eine Beziehung herstellen und Ihnen so zu einer Lösung verhelfen. Infolge der Wechselwirkungen im Gehirn kann keine Anregung belanglos bleiben. Auch hier wirkt das im Kapitel 3 angedeutete Syntheseprinzip. Die Anregung wird mit dem Problem verknüpft und begründet so einen neuen Ansatzpunkt oder verhilft zu einer neuen Sichtweise. Möglich ist, dass das Zufallswort zu einem weiteren führt, das eher mit dem Problem verbunden werden kann.

Das Zufallswort beibehalten

Wenn Ihnen das Zufallswort nicht gefällt, verwerfen Sie es bitte nicht. Bleiben Sie dabei. Je weiter es von Ihrer Fragestellung weg ist, umso größer die Chance, dass Sie mit seiner Hilfe gedankliche Diskontinuität erzeugen und so neue Ideen entwickeln. Nutzen Sie auch nur *ein* Zufallswort.

Sollte sich das Zufallswort nach einer etwa zehnminütigen Anwendungsphase nicht eignen, Ihr Denken anzuregen, dann suchen Sie kein weiteres, sondern versuchen Sie es besser mit einer der anderen der hier beschriebenen Methoden des schöpferischen Denkens.

Das Zufallswort können Sie mit Bindegliedern versehen. Das sind Funktionen oder Eigenschaften, die sich aus dem Wort ergeben. Sie werden ebenfalls zur Stimulierung genutzt. Das Wort »Vater« impliziert u.a. folgende Begriffe: Kinder, Ehefrau, Erziehung, Fürsorge, Liebe, Strenge usw.

Ein Anwendungs-beispiel

Auch zu dieser Methode ein Beispiel: Als Trainer denke ich ständig darüber nach, wie ich den Seminarbeginn und -schluss attraktiver gestalten kann. In einem Seminar sind Start und Landung ebenso wichtig wie bei einer Flugreise. Während ich dieses Kapitel schreibe, sitze ich im ICE zwischen Freiburg und Karlsruhe. Ich beschließe, aus dem Fenster zu blicken und das erste Hauptwort der nächstbesten Werbefläche als Blitzstart-Stimulanz zu nutzen. Ich sehe eine großflächige Werbung eines weltbekannten Herstellers für Unterhaltungselektronik, der für ein neues Fernsehgerät wirbt. Mein Anreizwort lautet »Fernseher«. Jetzt geht mir eine Menge von Bildern durch den Kopf, die alle in irgendeiner Verbindung mit dem Fernsehen stehen, z. B. Tagesschau, MTV, Bildröhre, Mattscheibe, Video, Fernsehlotterie, Werbung, Sportschau, Kabelanschluss, Satellitenantenne, Wetterkarte, Erziehungsprobleme wegen TV-Überkonsums, Blitzeinschlag, Fernsehgebühren, »Wetten, dass ...«, Übertragungswagen, Tontechnik, Scheinwerfer. Das reicht, um daraus Ideen zu entwikkeln. Ich könnte z. B. vor Seminarbeginn zielgruppengerechte Musikvideos abspielen. Denkbar wäre auch, eine Zusammenfassung eines vorangegangenen Seminars, das ich auf Video aufgenommen habe, zur Erinnerung abzuspielen. Ich könnte den Seminarinhalt im Stile einer Wetterkarte vortragen. Denkbar wäre auch eine Pro-Kontra-Abfrage, ähnlich wie beim Fernsehgericht. Vielleicht sollte ich die Seminarerwartungen auf Video aufnehmen und am Ende abspielen. Könnte ich vielleicht sogar die Lachmuskeln reizen, indem ich mit einer versteckten Kamera im Seminar arbeite?

Linke und rechte Hirnhälfte müssen zusammenarbeiten

Sie sehen selbst, diese Methode unterscheidet sich elementar von den herkömmlichen analytischen Denkmethoden, die nach dem Wichtigen und dem Richtigen suchen. Das Zufallswort führt nur selten zu Sofortlösungen, bringt stattdessen aber neue Ideen hervor, die den weiteren Weg zu Lösungen weisen. Auch hier sind ggf. logisch-analytische Zwischenbearbeitungen notwendig, die mittels Stimulierung angereichert werden. Der Querdenker muss mit der linken Hirnhälfte genauso gut denken wie mit der rechten. Er muss geradeaus, rückwärts, quer, diagonal und im Kreis denken können.

Stimulierung durch kreatives Fragen

Der englische Schriftsteller und Literatur-Nobelpreisträger Rudyard Kipling (1865–1936) schrieb:

»Ich hatte sechs ehrliche Diener. Sie haben mich alles gelehrt, was ich wusste. Ihre Namen waren Wo und Was und Wann und Warum und Wie und Wer.«

Der Nutzen offener W-Fragen

Diesen Hinweis gab er, weil Fragen das Denken zu einer Antwort anregen. Das ist auch der Sinn der rhetorischen Frage. Der Referent fragt sein Publikum: »Warum interessiert Sie das Thema Kreativität?« Er erwartet keine offene Antwort eines einzelnen Zuhörers, sondern viele Antworten in den Köpfen aller Zuhörer. »Wer fragt, der führt«, so lautet eine alte Rhetorikweisheit. Nutzen Sie diese für Ihre Kreativität.

Befragen Sie sich selbst, wenn Sie Ideen und Lösungen suchen. Formulieren Sie offene W-Fragen wie *warum, wie, wodurch* und *was*. Versuchen Sie im Selbstgespräch eine Antwort zu geben. Diese muss nicht besonders geistreich sein. Sie soll anregen.

Die Warum-Technik

Die Warum-Technik ist ein konkretes Werkzeug, um viele Aspekte eines Problems sichtbar zu machen und Ideen zu entwickeln. Gehen Sie so vor:

1. Formulieren Sie Ihr Problem.
2. Stellen Sie die Frage *warum*?
3. Geben Sie darauf drei Antworten.
4. Aus jeder Antwort werden neue Problemformulierungen generiert.
5. Diese werden nochmals mit *warum*? hinterfragt.

Fragen öffnen Ihr Denken. Nutzen Sie diese Technik. Auch Ihre Kinder sind durch Fragen klüger geworden.

Das Selbstgespräch mit imaginären Personen

Dieses Selbstgespräch können Sie auch als inneren Dialog mit imaginären Personen führen. Fragen Sie einen bekannten Maler, einen erfolgreichen Unternehmer, einen beliebten Schauspieler, einen klugen Erfinder, einen ihnen sympathischen Schriftsteller oder historische Personen wie Goethe, Napoleon, Cäsar u.a.m. Gehen Sie aktiv in den inneren Dialog mit diesen Personen. Stellen Sie Ihre Fragen und versuchen Sie diese aus der Sicht Ihrer »Gesprächspartner« zu beantworten. Vielleicht bewirkt dies eine Rückkopplung, bei der die Antwort auf die Frage zurückwirkt und zu einer anderen Sichtweise des Problems und zu einer neuen Frage führt. Dieser Prozess der Rückkopplung ist eine der Quellen von Kreativität. Ja, sie ist sogar das Geheimnis aller Vorgänge in Natur und Gesellschaft.

10. Die Intuition beteiligen

Vom Wert der Entspannung für das Denken

Querdenken kann man nicht erzwingen. Aber man kann die Voraussetzungen dafür verbessern. Damit auch die Gefühle der Intelligenz, die Intuition, genutzt werden können, muss das angestrengte rationale Denken pausieren. Erst in einem Zustand der Ruhe und Entspannung kann das »unbeaufsichtigte« Gehirn neue Kombinationen ausprobieren. Im Halbschlaf oder beim Spazierengehen werden die strengen Denk-Schemata gelockert, so dass sich die abgespeicherten Informationen spielerisch zu neuen Ideen verbinden können.

Der Nutzen der schöpferischen Pause

Die Geschichte der Technik und Wissenschaft ist voll von Beispielen erfolgloser Denkprozesse, bis hin zum Zeitpunkt der schöpferischen Pause. Sie ist so notwendig wie das Halten an einer Tankstelle, um Treibstoff aufzufüllen. Sie kennen doch das berühmte Zitat: »In der Ruhe liegt die Kraft.«

Auch beim Schreiben dieses Buches habe ich Phasen voll kreativer Energie, denen sich Momente der Ratlosigkeit und Unlust anschließen. Zweimal habe ich die Arbeit für mehrere Wochen liegen lassen und sie fast vergessen. Das war notwendig, damit der tiefenpsychologische Sud im Unterbewusstsein gären konnte. Auf diesem Wege wurde mein Bewusstsein re-krea(k)tiviert.

Die schöpferische Pause ist eine Kreativitätstechnik, die man nicht zu lernen braucht. Man pausiert einfach. Aber es ist eine sehr ergebnisträchtige Technik. Doch gebe ich keine Garantie dafür, dass Sie nach jeder kreativen Pause eine schöpferische Neun werfen.

In der Ruhe liegt die Kraft. Ruhe und Entspannung ermöglichen einen gut fließenden Gedankenverkehr in Ihrem Kopf. Wie ein Blitz können dann von innen oder außen kommende Anregungen wirken und den kreativen Funken in Ihnen entzünden.

Dieses Glück widerfuhr dem Physik-Nobelpreisträger Gerd Binnig. Von ihm ist bekannt, dass er entspannt auf der Couch liegend plötzlich von der Idee des Raster-Tunnel-Mikroskops befallen wurde. Bis dahin war er weder in Sachen Mikroskoptechnik, noch auf dem Gebiet der atomaren Oberflächenstruktur Spezialist. Absichtslosigkeit ist für ihn der Schlüssel zu ungewöhnlichen Ideen.

Das Beispiel des Lasererfinders

Ähnlich erging es dem Amerikaner Gordon Gould, dem Erfinder des Lasers. Er berichtet, dass ihm 1957 die Lösung für das verzwickte Problem, die Mikrowellenbündelung auf das Licht anzuwenden, im Schlaf zugeblitzt wurde. Leider begab er sich am Morgen darauf zum falschen Patentberater. Darum musste er 30 Jahre kämpfen, um als geistiger Vater des Lasers 1987 endlich gerichtlich anerkannt zu werden.

Auf den richtigen Schmierstoff kommt es an

Wenn Sie sich entspannen, wird ihr Parasympathikus aktiviert. In diesem Zustand wird Ihre Adrenalinproduktion gedämpft und stattdessen das Ruhehormon Acethylcholin produziert. Hierbei handelt es sich um einen so genannten Neurotransmitter, eine Art Schmierstoff, der die neuronal-elektronische Gleitfähigkeit der Millionen von Verbindungssteckern im Gehirn, so genannte Synapsen, verbessert. Daraus folgt ein gut fließender Gedankenverkehr, der es isoliert positionierten Ideenelementen im Gehirn ermöglicht, sich mit anderen zu neuen Ideen zu verknüpfen.

So kommt das Neue in Ihr Unternehmen ... oder wie Sie vom Querdenken zum Vorwärtshandeln kommen

1. Innovationsmanagement ist Metamanagement

Kreativität und Innovation – zwei Seiten ein und derselben Medaille

Organisationen und Unternehmen brauchen den Tandemeffekt von Kreativität und Innovation. Kreativität bewirkt Innovationen, und diese wirken »kreaktivierend«. Kreative Mitarbeiter benötigen ein innovationsfreundliches Umfeld und dieses bedarf schöpferisch denkender Mitarbeiter. Diese wechselseitige Bedingtheit und Abhängigkeit ist ein Kraftquell, aus dem erfolgreiche Unternehmen schöpfen.

Die aus diesem Tandemeffekt resultierende Kraft kann nur dann genutzt werden, wenn sie durch ein wirkungsvolles Innovationsmanagement aktiviert und umgesetzt wird.

Innovationsmanagement als Metamanagement

Letztendlich gehört zu jedwedem unternehmerischen Handeln das Management von Innovationen. Jeder Fachmanager ist für Innovationen in seinem Bereich verantwortlich. Die ständige Innovation von Produkten und Prozessen ist eine Führungsaufgabe. Auch das klassische Projektmanagement ist Innovationsmanagement, denn sein Zweck besteht darin, technische oder organisatorische Neuerungen oder Verbesserungen herbeizuführen. Da Projekte in der Regel von Projektgruppen realisiert werden, ist das Teammanagement ebenfalls ein Teil des Innovationsmanagements. Das gilt ebenso für das Qualitätsmanagement, mit dem der betriebliche Wirkungsgrad z. B. mittels eines Vorschlagswesens gesteigert werden soll. Dies ist auch der Zweck von Qualitätszirkeln, einem Führungsinstrument, das Innovationen bewirkt. Dieses Ziel wird ebenso mit Visionen und Leitbildern verfolgt. Benchmarking wird praktiziert, um die Innovationen der Klassenbesten in das eigene Unternehmen zu importieren. Da es sich bei all diesen Instrumenten um Werkzeuge des strategischen Managements handelt, könnte man die Begriffe *Strategisches Management* und *Innovationsmanagement* fast synonym verwenden. Beide sind eine Art Metamanagement. Deshalb ist auch die *Energo-Kybernetische Strategielehre (EKS)* ein innovationsförderndes Managementkonzept.

Wer Innovationen will, muss Projektmanagement, Teammanagement, Qualitätsmanagement, eine strikte Kundenorientierung und ein konsequentes EDV-Anwendungsmanagement praktizieren.

Innovations- und Zeitmanagement – ein spannungsgeladenes Verhältnis

Dass Innovationsmanagement auch etwas mit Zeitmanagement zu tun hat, belegt eine Studie der *Akademie für Führungskräfte*, Bad Harzburg, aus dem Jahre 1998. Danach scheitern Innovationen hauptsächlich an der fehlenden Zeit. Dieser Punkt steht mit 83 Prozent an der Spitze der Faktoren, die für den Misserfolg von Innovationen ursächlich sind. Die im Rahmen der Studie befragten 246 Führungskräfte beklagten folgende Missstände:

1.	Zeitmangel	83 %
2.	Fehlende Verantwortlichkeit für Innovationen	81 %
3.	Zu lange Umsetzungsdauer	80 %
4.	Ressourcenknappheit	79 %
5.	Mangelnde Anwendung kreativer Techniken	77 %

Innovationsmanagement ist Systemmanagement

Die enge Beziehung zwischen dem Innovationsmanagement und anderen Managementbereichen führt zu dem Schluss, dass Innovationsmanagement zugleich Systemmanagement ist. Innovationen setzen konkrete Handlungen in vielen Teilsystemen des Unternehmens voraus. Daraus resultiert ein Systemzusammenhang, der systemisches Denken und Handeln, mithin also Systemmanagement, erfordert.

Das Problem der Definition des Begriffs Innovation

Infolge seines integrativen und übergeordneten Charakters ist es nicht ohne weiteres möglich, den Begriff Innovationsmanagement befriedigend zu definieren. Innovationen bedeutet »etwas Neues zu schaffen« oder bezogen auf eine Organisation »sich ständig zu verbessern«. Das kann sich auf Produkte, Dienstleistungen, Verfahren oder auf die Organisation selbst beziehen. Neuere Entwicklungskonzepte, so z. B. das EFQM-Modell, zielen von vornherein auf eine Art Innovationsmix, so wie man auch vom Marketingmix spricht. Wer dennoch den Versuch einer Definition des Wortes »Innovation« unternimmt, der sollte sich an den Begriffen »technische oder organisatorische Neuheit« orientieren. Diese Neuerung kann viele Stufen des Gesamtprozesses von der Idee über die Entwicklung, die Produktion bis hin zur Markteinführung und zum Service umfassen. Oft hört man den Einwand, dass Innovationen deutlich von kontinuierlichen Verbesserungen zu unterscheiden sind. Nach dieser Meinung setzten Innovationen neuartige signifikante Maßstäbe, die nicht sofort imitierbar sind. Mit einem echten »Knüller« will man sich so durch organisatorische oder technische Barrieren einen Zeitvorsprung gegenüber Mitbewerbern verschaffen.

Kleine oder große Schritte? Knüllerdenken oder solide Einzelerfolge?

Hier stellt sich wieder die Frage, die sich auch schon an anderer Stelle des Buches ergab, nämlich ob nicht auch kleine Schritte innovativen Charakter haben. Der Verbesserungsvorschlag eines Mitarbeiters ist für diesen eine wichtige Neuerung, für das Unternehmen aber vielleicht nur ein kleiner Schritt, um Kosten einzusparen. Wer darüber urteilt, was eine echte Innovation ist und was nicht, übersieht, dass große Innovationen oftmals aus vielen kleinen entstanden sind. Hier ist Quantität in Qualität umgeschlagen. Auch Kleinvieh macht Mist. Außerdem, das Zeitalter genialer Soloerfindungen ist passé. Es wurde durch die Ära der »leisen« und vernetzten Innovationen abgelöst. Mein Namensvetter *Prof. Hermann Simon* bestätigt dies:

»Die von der Literatur bevorzugte Behandlung von Durchbruchsinnovationen beinhaltet ein verzerrtes Abbild der wirtschaftlichen Realitäten. Häufig wird der Innovationsschritt durch neue Anwendungen realisiert, die eine Modifizierung eines bestehenden Produktes erfordern« (Simon, H., 1996, S. 131).

Aber viele Führungskräfte sind noch immer dem Knüllerdenken, der Hoffnung auf große Innovationserfolge, verhaftet. Doch Knüller werden immer seltener und sind wesentlich schwieriger herbeizuführen als kontinuierliche Teilschritte.

2. Kreativität + Aktion = Innovation

Ideen müssen in neue Angebote transformiert werden

Einfallsreiche Menschen benötigen ein Umfeld, in dem sie ihr Kreativitätspotenzial entfalten können. Aber Kreativität allein macht keine Firma innovativer. Die Kreativität ist nur das geistige Rohmaterial, aus dem Innovationen entstehen. Zwischen der Idee und der Innovation muss ein systematischer Prüfungs-, Förderungs- und Entwicklungsmechanismus bestehen, z. B. in Form eines betrieblichen Vorschlagswesens, dessen Aufgabe darin besteht, Ideen in neue Produkte, Verfahren oder sonstige Angebote umzuwandeln. Wenn Sie wissen wollen, wie ein solches Vorschlagswesen wirksam praktiziert werden kann, dann sollten Sie einmal einen Blick ins Internet werfen. Unter *http://www.quality.basf-ag/felixf/index.htm* gibt die BASF AG bereitwillig allen Interessierten Auskunft über Organisation und Ablauf ihres Systems.

Um ein Gramm Innovation zu bekommen, müssen viele Zentner Ideen gefördert werden

Innovationen gehen aus der Symbiose kreativer Mitarbeiter mit innovationsfreundlichen Unternehmen hervor. Es kommt auf die Wechselwirkung an. Ohne kreative Mitarbeiter und deren Ideen gibt es keine Innovationen, und ohne Innovationen geht ein Unternehmen langsam, aber sicher unter. Den Luxus ungenutzter Kreativität und nicht realisierter Verbesserungen können sich rohstoffarme Länder wie Deutschland, Österreich und die Schweiz nicht erlauben. Ein Unternehmen kann gar nicht genug Ideen bekommen. Um ein Gramm Gold zu gewinnen, müssen viele Zentner Erz gefördert, gewaschen und gesiebt werden. Das gilt auch für Ideen. Dabei kann es vorkommen, dass eine Idee für sich hervorragend ist, aber für das Unternehmen ohne Wirkung, weil sie nicht in den Kontext passt. So konnten in der BASF AG im Jahre 1997 nur 43 Prozent der eingereichten 20 233 Verbesserungsvorschläge angenommen werden. Ein 1995 eingereichter Verbesserungsvorschlag wurde zurückgewiesen, da er keinen

Nutzen stiftete. Drei Jahre später wurde genau dieser Vorschlag mit der höchsten Prämie in der Geschichte der BASF honoriert. Aufgrund anderer Marktbedingungen wurde diese »Niete« in einen Volltreffer umgewandelt. Die vier Einreicher erhielten 439 000 DM.

Dieses Beispiel zeigt, dass eine Idee dann die größte Wirkung hat, wenn sie konkreten Nutzen stiftet. Ob und inwieweit das möglich ist, hängt aber vom Umfeld ab.

Innovieren ist wie Gold gewinnen: ein Jahr Denken, ein Gramm Ausbeute. Man verbraucht für eine Innovation viele Zentner Nachdenken.

Kosteneinsparung allein führt nicht zum Erfolg

Wir leben nicht mehr im Zeitalter der Pioniere und Erfinder, sondern in der Epoche der Buchhalter. In fast allen Unternehmen laufen heute Kosteneinsparungs-, Produktivitätssteigerungs- und Prozessoptimierungs-Programme. Zur Sicherung des Industriestandortes Deutschland reicht es aber nicht, sich auf das Instrument Lean-Management und eine ideenlose Rotstiftpolitik zu verlassen, meint das »Clerverle«, der Vorstandsvorsitzende der Carl Zeiss-Jena AG Lothar Späth. Außerdem arbeiten wir nicht mehr in einem Klima des Aufbaus und der Risikobereitschaft, sondern unter der Vorgabe der Kosteneinsparungen. Das allein reicht aber nicht, um die Zukunft einer Organisation oder einer ganzen Volkswirtschaft zu sichern. Das Ziel eines Unternehmens sollte primär nicht darin bestehen, Geld zu sparen, sondern Geld zu erwirtschaften. Es kann auch nicht mehr darum gehen, nur Speck abzubauen, ohne Muskeln aufzubauen und den Blick zu schärfen. Wettbewerbsvorteile erlangt man nicht mehr mit billiger Arbeitskraft, sondern mit immer hochwertigeren Angeboten. Unternehmen müssen Vorteile schaffen, anstatt sich mit der Beseitigung von Nachteilen zu beschäftigen.

Innovationen sind der Lebenssaft der Wirtschaft

Wie schon im 1. Kapitel ausgeführt, muss eine moderne Volkswirtschaft ihr Augenmerk darum viel stärker auf Innovationsmaßnahmen lenken. Denn Innovationen sind schlechthin der Lebenssaft einer Wirtschaft. Die besten Investitionen sind Innovationen. Sie sind die Eintrittskarte in die Märkte von morgen.

Ein Manager kann ein Unternehmen trotz guter Jahresabschlüsse ruinieren, wenn er vergisst, zu innovieren und in die Zukunft zu investieren. Unternehmen, die nicht innovieren, verschwinden über kurz oder lang von der Wirtschaftsbühne. Innovationen sind für ein Unternehmen oder eine Volkswirtschaft so wichtig wie die tägliche Hygiene beim Menschen. Sie sind die Bausteine, aus denen Neues entsteht. Die Entwicklung der Menschheit ist letztendlich eine ständige Abfolge technischer, organisatorischer und sozialer Innovationen im Stoffwechsel des Menschen mit der ihn umgebenden Natur. Gäbe es keine Innovationen mehr, hätten wir einen Zustand tödlicher Stagnation. Innovationen haben dialektischen Charakter, denn einerseits setzen sie menschliche Arbeitskraft frei, während sie andererseits neue und zumeist hochwertigere Arbeit schaffen.

Der Unterschied zwischen der Invention und der Innovation

Was ist eine Innovation und worin besteht der Unterschied zur Kreativität? Im 3. Kapitel dieses Buches habe ich im Zusammenhang mit der Definition des Begriffs Kreativität darauf eine kurze Antwort gegeben. Diese basierte auf einer Idee des berühmten österreichischen Nationalökonomen *Alois Schumpeter*, der in seiner 1912 erschienenen »Theorie der wirtschaftlichen Entwicklung« zwischen einer *Invention* und der *Innovation* unterschied. Während Kreativität die Basis für den schöpferischen Vorgang ist, steht Innovation für den Prozess der praktischen Umsetzung solcher Ideen, um wirtschaftliche Ziele zu erreichen. Innovationen sind, so gesehen, eine Kombination aus Kreativität und Durchsetzungsvermögen. Eine besondere Rolle spielt für Schumpeter der energiegeladene Unternehmer, der einer Erfindung zum Durchbruch verhilft. Erfindungen gibt es viele, meint Schumpeter, aber das Unentbehrliche und Entscheidende ist der Wille und die Kraft zur Tat.

Konzepte oder Produkte?

Ich habe oft erlebt, dass eine Idee jahrelang ungenutzt im Unternehmen herumgeisterte. Dass man nichts aus ihr machte, lag nicht daran, dass man es nicht hätte machen können. Die Vorzüge waren zwar bekannt, aber es gab keinen Pionier, der diese Erkenntnis in die Tat umsetzte. Darum sind Menschen, die imstande sind, einer Idee zum Durchbruch zu verhelfen, die letztendlichen Nutzenstifter. Ideen im Kopf des Schöpfers sind gut, aber noch besser sind nützliche Produkte in den Händen des Anwenders. Derjenige, der einen Einfall umsetzt, ist nicht minder schöpferisch als der Ideenproduzent. Was nützt es, wenn Menschen sagen: »Man könnte...«, »Man sollte...«? Was nützen Papiere, Konzepte und Pläne, wenn daraus nichts Gegenständliches wird? Diese Fragen habe ich ausführlich in meinem Buch »Rede nicht, handle!« (Gabal-Verlag, Offenbach) beantwortet, das ich dem interessierten Leser als zusätzliche Lektüre zu diesem Kapitel empfehle.

»Rede nicht, handle!« Ideen allein sind nutzlos, wenn sie keine materielle Gestalt bekommen. Aus der kreativen Idee müssen Handlungen folgen, aus denen ein innovatives Produkt entsteht.

Die Dreifaltigkeit von Kreativität, Kommunikation und Realisation

In einem Unternehmen kann es kreative Mitarbeiter und ein hohes Maß an Innovationsbereitschaft geben, aber Innovationen kommen dennoch nicht zustande, weil Ideen nicht kommuniziert oder nicht realisiert werden. Innovationen setzen die harmonische Dreifaltigkeit von Kreativität, Kommunikation und Realisation voraus.

3. Innovationen benötigen eine innovationsfördernde Organisationskultur

Innovationsvoraussetzungen in der Unternehmenskultur

Um Innovationen erfolgreich durchzuführen, müssen personelle, institutionelle und prozedurale Voraussetzungen erfüllt sein. Es bedarf der Unterstützung von Mitarbeitern und Managern sowie der Zuarbeit anderer Abteilungen. Prototypen sind herzustellen, Marktstudien anzufertigen und Probeangebote zu starten. Zu diesen organisatorischen Mindestanforderungen kommen dann noch die verstärkenden Elemente der Unternehmenskultur. Dazu gehören

- der Zweck und die Zielsetzungen des Unternehmens,
- seine Normen und Werte, nebst speziellen
- Ritualen, Zeichen und Symbolen.

Diese stiften Sinn und sollen Mitarbeitern Verhaltenssicherheit und Orientierung geben. Sie sollten so beschaffen sein, dass sie Innovationen und den Wandel nicht nur nicht behindern, sondern ihn aktiv fördern.

Führungsarbeit = Gärtnerarbeit

Aber die Unternehmenskultur ist nie ein irgendwann einmal fertig gestelltes Gesamtsystem. Wie in einem Garten muss täglich an ihr gearbeitet werden, um zu verhindern, dass es zur Verkümmerung oder Verwilderung kommt.

Innovationen bewirken Motivation. Motivation bewirkt Innovationen

Nur auf einem Humusboden, der die vorstehenden organisatorischen und kulturellen Bedingungen erfüllt, kann Neues wachsen und gedeihen. Dabei ist es unerheblich, ob dieses Neue dazu dient, Prozesse zu optimieren, Produkte oder neue Technologien zu kreieren. Alles, was billiger, besser oder schneller gemacht werden kann, sollte Gegenstand von Innovationsbestrebungen sein, und das ist mehr als ein gutes F&E-Management. Eine innovationsfördernde Kultur stimuliert zugleich die Produktivität, fördert Kommunikation und Kooperation nebst Motivation und Identifikation. Das wiederum bewirkt Innovationen, so dass das eine auf das andere wirkt und dieses verstärkt.

Innovationsmanagement als Human Resources Management

In der Vergangenheit konzentrierten sich Unternehmen bei ihren strategischen Innovationsüberlegungen vorwiegend auf die Bereiche Produkt und Markt. Das Interesse galt eher dem fertigen Kuchen und weniger der »menschlichen Hefe«, die ihn treibt. Manager dachten darüber nach, wie sie den Wettbewerb gestalten, aber vergaßen dabei allzu oft das Training der eigenen Mannschaft hierfür. Hier ist die Schnittstelle zum Human Resources Management. Ein Unternehmen, das einen Markt bedienen und im Wettbewerb bestehen will, braucht Führungskräfte, die es verstehen, Human-Ressourcen zu aktivieren und zu stimulieren. Leider wird das vorhandene Leistungspotenzial häufig nicht als Leistungsreserve genutzt. Es gibt noch viel zu viel ungenutzte Human Resources-Energiereserven in Organisationen. *Prof. Hans-Jürgen Warnecke*, Präsident der *Fraunhofer-Gesellschaft*, schreibt, dass nach seinen Erfahrungen die Mitarbeiter bei herkömmlichen Organisationsstrukturen nur 10 bis 20 Prozent ihres Leistungspotenzials einbringen können. Mit traditionellen Hierarchiestrukturen lassen sich Unternehmen zwar steuern, aber nicht zur Höchstleistung entwickeln. Wer dies will, muss zuvor die Barrieren einreißen, die Kreativität verhindern. Dazu gehören z. B. einseitig-direktive Entscheidungsrechte, gepaart mit der tayloristischen Trennung von Denken und Handeln. Es wird oft nur so viel Kreativität homöopathisch dosiert zugelassen, wie notwendig ist, um die Organisation etwas wachzurütteln, aber ohne die Agonie im hierarchischen System infrage zu stellen. Viele Unternehmer sind immer noch Unterlasser gegenüber ihren eigenen Mitarbeitern. Sie reagieren zwar auf die Möglichkeiten des Marktes, aber übersehen die Möglichkeiten im eigenen Hause.

Die Veränderungsträgheit von Organisationen

Nach meinen Erfahrungen und Beobachtungen aus vielen Change-Management-Prozessen neigen viele Unternehmen eher zu inkrementalen als zu radikalen Änderungen. Sie sind von einer Veränderungsträgheit befallen, ähnlich wie die Darmträgheit bei Menschen. Es bedarf schon eines großen Leidens- und Problemdrucks, bevor Organisationen zu tief greifenden Änderungen willens und fähig sind. Man darf dabei nicht vergessen, dass unsere Organisationsvorstellungen seit dem Pyramidenbau vor 4000 Jahren hierarchisch sind, so wie die Form der Pyramiden selbst. Pharaonen und ihre feudalen Nachfolger sind vergangen, doch die pyramidenförmige Organisationsstruktur ist geblieben, ebenso wie das Kommando-Kontrollmodell, mit dem die Sklaven zum Bau der monumentalen Grabmäler angetrieben wurden, obwohl aus Sklaven im Laufe der Zeit Mitarbeiter wurden und Befehle heute als Bitten ausgesprochen werden. Das ändert aber nichts am Grundcharakter dieses pyramidenförmigen Führungsmodells, dem die Vorstellung zugrunde liegt, dass ein Individuum Anordnungen von oben auszuführen hat, und zwar deshalb, weil sich Intelligenz und Weisheit ausschließlich an der

Spitze der Organisation befänden. Das entspricht auch dem Aufbau des menschlichen Körpers: Das Gehirn sitzt ganz oben, die Arbeit wird mit den Fingern und Zehen verrichtet, und das Nervensystem übermittelt die Information.

Zur Innovationsfähigkeit der Deutschen. Eine amerikanische Meinung

Spätestens an dieser Stelle müssen wir als deutsche Führungskräfte nochmals in den Spiegel schauen und uns Feedback über unsere Innovationsfähigkeit geben lassen. Im 1. Kapitel habe ich hierzu einige prominente Zeugen zitiert und möchte einen weiteren prominenten Kenner der Welt-Managementszene zu Wort kommen lassen, nämlich den US-Strategiepapst *Prof. Michael Porter*:

»Wenn man bedenkt, welche Führungskulturen in einem Lande wie der Bundesrepublik Deutschland vorherrschen, so erweist sich die Vorstellung einer Übertragung von Verantwortlichkeit und Autorität von der Spitze der Hierarchie an die Basis als geradezu unvorstellbar. Die Deutschen sind Weltmeister in Sachen ›Generalstabskonzept‹, demzufolge Pläne von den besten Köpfen ausgearbeitet werden und die Ausführung dieser Pläne den ›Frontkämpfern‹ obliegt.« (Porter, 1997, S. 158).

Kreativitätstechniken sind gut, aber ein gutes Innovationsmanagement ist besser

Unternehmen müssen also durch die konsequente Weiterentwicklung ihrer Organisationskulturen das notwendige Klima für Innovationen schaffen. Die dazu erforderliche Kreativität lässt sich, da sie ein menschliches Wesensmerkmal ist, zwar durch Kreativitätstechniken aktivieren, jedoch erst im Kontext einer innovationsfreudigen Unternehmenskultur voll realisieren. Voraussetzung ist aber, dass Mitarbeiter in die betrieblichen Kommunikations- und Entscheidungsprozesse einbezogen werden, um so ihren aus der täglichen Arbeit resultierenden Sachverstand zu nutzen. Es reicht nicht und wäre ein Widerspruch, die Anzahl der Verbesserungsvorschläge erhöhen zu wollen, während kreative Mitarbeiter im normalen Arbeitsgeschehen bitte nicht stören mögen. Unternehmer und Manager, die kreative Mitarbeiter fordern, dürfen deren Kreativität nicht nur in Qualitätszirkeln bei Bedarf anzapfen, sondern müssen diese auch im Arbeitsalltag als unberechenbare, spontane Querdenker akzeptieren. Aber Querdenker sind keine Quertreiber.

Zum (kreativen) Umfeld gehören auch die Büroräume. Von der »Büropolizei« gestaltete und genormte Büroräume wirken kaum

Die Rolle des architektonischen Umfeldes

kreativitätsfördernd. Büros sind oft genauso langweilig, fad und öde wie Warteräume bei Behörden, Klassenzimmer und Hörsäle. Wie man sich bettet, so liegt und arbeitet man. Verkaufsräume werden zu Erlebnisstätten umgestaltet, um die Kauflust des Kunden zu stimulieren. Warum wird der Büroraum nicht zu einem Erlebnisraum, um so die Arbeitslust zu steigern? Der deutsche Physik-Nobelpreisträger *Gerd Binnig* bestätigt diesen Gedanken am eigenen Beispiel:

»Hätten wir das Tunnelmikroskop [...] in einer weniger anregenden und hilfreichen Umgebung zu entwickeln versucht [er meint das IBM-Forschungslabor in Rüschlikon bei Zürich], wären wir möglicherweise nie am Ziel angekommen.« (Binnig, 1997, S. 93).

Führungskräfte als Innovationshemmer oder Innovationshämmer?

Auch die so genannten Leistungsträger, womit in der Regel Führungskräfte gemeint sind, gehören zum kreativen Umfeld. Wer Kreativität in den Köpfen seiner Mitarbeiter aktivieren will, muss vorab jene Führungskräfte »entsorgen«, die mit ihren konventionellen Altlasten im Kopf das Unternehmensklima belasten. Es wirkt wenig glaubwürdig, wenn sie vom Chefpodest herab, in der schwarzen Nadelstreifenuniform, steif und förmlich, so wie immer, mehr Kreativität sowie Mut zum Risiko und innovativen Handeln von ihren Mitarbeitern fordern. Es sind die Gleichen, die kreative Ideen mit einem kurzen kritischen Blick töten. Solche Entscheidungsträger sind Innovationshemmer statt Innovationshämmer.

Innovationsmanagement am Beispiel der Stadt Florenz in der Renaissance

Interesse fördert Innovation

Wie wichtig die Unterstützung des Umfeldes für die Kreativität ist, zeigt der amerikanische Kreativitätsforscher *Csikszentmihalyi* am Beispiel der Stadt Florenz während der Blütezeit der Renaissance. Die florentinischen Bankiers, der Klerus und die Kaufmannsgilden überschütteten die Künstler nicht einfach mit Geld. Sie zeigten Interesse an der Planung und den Künstlern. Sie engagierten sich bei der Auswahl der Werke. Sie drängten die Architekten und Künstler sogar zu neuen Formen, Techniken und Wegen.

»Weil die führenden Bürger der Stadt ebenso wie das einfache Volk ein echtes Interesse an den Ergebnissen zeigten, fühlten sich die Künstler dazu angespornt, ihre bisherigen Leistungsgrenzen zu überschreiten und über sich selbst hinauszuwachsen« (Csikszentmihalyi, 1997, S. 56).

Die Rolle einflussreicher Personen

Csikszentmihalyi meint, dass es ist leichter sei, Kreativität durch eine Veränderung äußerer Bedingungen zu fördern als durch den Versuch, das Individuum zu kreativerem Denken anzuregen. Das haben Sie auch schon im 3. Kapitel lesen können. Dort wurde darauf aufmerksam gemacht, dass letztendlich das Umfeld mit darüber entscheidet, wer und was als kreativ gilt. Eine besondere Rolle spielen dabei einflussreiche Menschen, denn

»... wer nicht von relevanten Personen gekannt und gewürdigt wird, kann nur mit großer Mühe eine Leistung erbringen, die als kreativ betrachtet wird« (Csikszentmihalyi, 1997, S. 84).

Der »Lateraldenker« *de Bono* bestätigt dies. Er schreibt, dass ein Wandel in der Unternehmenskultur die Kreativität merklich zu fördern vermag. Wenn sich Kreativität der Billigung und Wertschätzung der allerhöchsten Führungsebene erfreut, schöpfen die Mitarbeiter ihre Kreativität in der Regel sorgloser und umfassender aus (de Bono, 1996, S. 49).

Wege zu mehr Innovation: der projektorientierte Ansatz

Einem Unternehmen, das sich zu einem aktiven Innovationsmanagement bekennt, stehen mehrere Wege zur Verfügung, dieses Bekenntnis einzulösen. Es kann sich einem rein institutionellen (oder projektorientierten) Ansatz verschreiben. Hierbei werden innovationsgenerierende Projekte gestartet, so z. B. ein betriebliches Vorschlagswesen, Qualitätszirkel und ein wenig Management by objectives. Im Mittelpunkt der diesbezüglichen Innovationsbemühungen stehen Produkt- und Prozessverbesserungen, ohne die Organisation selbst zu verändern.

Der radikale Ansatz

Bei dieser eher linear ausgerichteten Vorgehensweise trifft die Kugel diesen oder jenen Kegel, aber nur selten alle neune. Wer Volltreffer will, der muss radikaler vorgehen, sozusagen von der Wurzel her, ganz im Sinne der lateinischen Wortbedeutung (Radix = die Wurzel).

Vom Total Quality Management zum Total Innovations Management

Die radikale Innovationsstrategie will nicht nur Teilsysteme, sondern die Gesamtorganisation erneuern. Alle Kreativitätsbremsen gehören auf den Prüfstand der Innovation. Dazu können z. B. Abläufe, Denk- und Verhaltensweisen, Werte und Normen, Strukturen, Traditionen gehören. Es reicht nicht, nur die Mittel für Forschung und Entwicklung aufzustocken und ein halbes Dutzend task forces groups neben einigen Qualitätszirkeln einzuführen. Ein Unternehmen und ggf. die ganze Branche muss »neu erfunden« werden, so die Meinung der Strategiepäpste Gary Hamel und C. K. Prahalad. Das vielerorts praktizierte *Total Quality Management* sollte in ein *Total Innovations Management* überführt werden.

Die Risiken und die Notwendigkeit des radikalen Ansatzes

Natürlich ist dieser Ansatz nicht ganz unproblematisch, vor allem deswegen nicht, weil der Bruch von Traditionen und Gewohnheiten unkontrollierbare und ggf. nicht beherrschbare Wirkungen nach sich ziehen könnte, z. B. in Form einer gewissen Orientierungslosigkeit der Mitarbeiter. Aber die Umstände zwingen Unternehmen dazu, sich wie eine Schlange zu häuten, um sich so den im Formel-1-Tempo ständig ändernden Umfeldbedingungen anzupassen. Die Wissensrevolution unserer Tage wird eine gigantische Welle des wirtschaftlichen, technischen und organisatorischen Wandels auslösen und auf diese Weise die Unternehmen zu einer radikalen, ständigen Veränderungen ausgesetzten Aufbau- und Ablauforganisation zwingen. Alle bisherigen Führungs- und Organisationskonzepte der Wirtschaftsgeschichte, insbesondere der zweiten industriellen Revolution, werden auf den Kopf gestellt.

Innovativ sein bedeutet insofern, sich auf das Wechselspiel von Erneuerung und Zerstörung einzulassen und das Neue immer wieder durch das Bessere zu ersetzen. Darum ist ein innovatives Unternehmen nie ein fertiges Unternehmen. Der Weg ist das Ziel eines innovativen Unternehmens.

4. Die Konsequenzen des kreativen Chaos für die Unternehmensführung

Früher waren die herrschende Lehre und Generationen von Strategieplanern der Meinung, dass der Unternehmenserfolg davon abhängt, die Zukunft bestmöglich zu prognostizieren. Entsprechend wurden Organisationen auf der Basis von Planung, Voraussagbarkeit, Lenkung und Kontrolle gestaltet und strukturiert.

Die Übertragbarkeit der Chaostheorie auf die Unternehmensführung

Es stellt sich die Frage, ob sich diese Grundbegriffe des Managements eignen, die Hauptaufgaben der Unternehmensführung in einer turbodynamischen Wirtschaftswelt zu beschreiben. Sind wir nicht eher gezwungen, mit dem Strom zu schwimmen und gekonnt zu surfen, je nachdem, wie der Wind am günstigsten steht? Ist es nicht vielleicht ratsam, sich an der aus der Physik und Mathematik stammenden Chaostheorie, wie im 3. Kapitel vorgestellt, zu orientieren und diese ansatzweise auf gesellschaftliche Sachverhalte und somit auf die Unternehmensführung zu übertragen? Diese Frage beantworte ich mit einem eindeutigen Ja, da es viele Ähnlichkeiten zwischen sozialen und physikalischen Vorgängen gibt, insbesondere was fraktale Strukturen betrifft. Unter bestimmten Bedingungen bilden sich gesellschaftliche Gruppierungen ebenso spontan wie fraktalförmige Eiskristalle auf der Fensterscheibe, wenn Väterchen Frost Kälte ausschüttet. Gerüchte und Moden schaukeln sich durch Wirkung und Gegenwirkung auf. Auch in der Gesellschaft gibt es ein fraktales Ineinander. Das Kleine steckt im Großen. Das Große ähnelt dem Kleinen. In Sozialsystemen ist vieles unberechenbar, weil sich durch gesellschaftliches Handeln die Ausgangsbedingungen ständig verändern. Darum treffen wir hier das Prinzip der Selbstorganisation ebenso an wie in der Natur.

Die Selbstorganisation als Eigenschaft des Fraktals

Diese *Selbstorganisation* ist gepaart mit der Selbstähnlichkeit, einer weiteren wesentlichen Eigenschaft des Fraktals. *Selbstorganisation* ist ein anderer Ausdruck für das, was man die lernende Organisation nennt. Selbstorganisation bedeutet, dass eine Organisation oder Abteilung Störungen im Umfeld und bei sich selbst schnellstmöglich erkennt und darauf reagiert, vorausgesetzt, das Management fördert diese permanenten Reorganisationen. In der High-Speed-Gesellschaft des 21. Jahrhunderts ist das ständige und schnelle Umorganisieren ein notwendiges Rezept gegen die Verkalkung des Unternehmens. War Krisenmanagement früher nur ein Durchgangsstadium hin zu stabileren Verhältnissen, so ist es heute der normale Dauerzustand. In einem solchen turbodynamischen Umfeld sind egalitäre und dezentrale Strukturen eher geeignet, sich den täglich verändernden Bedingungen anzupassen.

»Strategy follows structure« statt »Structure follows strategy«

Unternehmen brauchen kreatives Chaos, wenn sie am Spieltisch des Marktes mitmischen wollen. Neue Strategien haben in alten Strukturen keine Chance mehr. Während in den Sechziger- und Siebzigerjahren noch das Prinzip *structure follows strategy* galt, lautet die Parole heute *strategy follows structure*. Dahinter steht die Erkenntnis, dass man in einer Blitzschach-Wirtschaft, eingebettet in globale Wettbewerbsstrukturen, kaum noch über Jahre hinweg strategisch planen kann. Der »Flügelschlag« eines neuen Bill Gates an irgendeiner Ecke der Welt kann zu einem ökonomischen Taifun führen, der die Strategie anderer EDV-Unternehmen über Nacht obsolet macht.

Die Notwendigkeit spontaner Ordnung im Unternehmen

In einer Zeit häufig auftretender ökonomischer Hurrikans, rasanter Technologiesprünge, aggressiver Tiger aus Nah- und Fernost und ständiger Informations-Inflation müssen sich Unternehmen auf Chaos einstellen und es positiv nutzen. Sie brauchen chaosgerechte Organisationen. Die alten, hierarchiegeprägten Strukturen und die auf statischen Märkten entwickelten Planungs- und Führungsinstrumente greifen nicht mehr. Der Manager als Mechaniker, der die Organisationsmaschine von außen steuert, ist out. Organigramme und Netzpläne, die die Vorstellung von Logik und Beherrschbarkeit suggerieren, greifen daneben. Unternehmen müssen spontane Ordnung zulassen, wenn sie überleben wollen. Sie brauchen Auslese und Mutation, Zellteilung und Zellverschmelzung. Zellteilung bedeutet, dass mit der Teilung alle wesentlichen Funktionen mit übernommen werden, so wie es bei den integrativen Konzepten des Lean-Managements der Fall ist. So übernehmen teilautonome Arbeitsgruppen die vor- und nachgelagerten Tätigkeiten der Arbeitsvorbereitung, Instandhaltung und Qualitätssicherung sowie einen Teil jener Aufgaben, die bisher vom Management erledigt wurden. Zu

Zeiten der industriellen Massenproduktion waren Unternehmen in der Regel linear auf der Basis von Ursache und Wirkung organisiert. Um Wirkungen auszulösen, bedurfte es der Hierarchie und der von oben kommenden Zielvorgabe, nebst zentraler Planung, Entscheidung und Kontrolle. Solche autokratisch-zentralistischen Strukturen mögen in einem statischen Umfeld effektiv sein, aber sie versagen in einem dynamischen und komplexen System. Darum sollte die Lenkungsfunktion nicht allein an der Spitze konzentriert, sondern möglichst dezentral über das ganze System verteilt werden. Ich möchte hier ausnahmsweise einmal keinen Ökonomen als wissenschaftlichen Zeugen zitieren, sondern den schon erwähnten Nobelpreisträger Binnig, der die Segnungen eines extrem innovationsfördernden und hierarchiearmen Umfeldes im IBM-Forschungslabor Rüschlikon genoss. Er schreibt: *»Jedes zentralistische Management ist Unsinn.«* (Binnig, 1997, S. 233).

Dezentral statt zentralistisch

Management muss auf alle verteilt sein, und jeder muss für die Sache Verantwortung übernehmen, die er versteht.

Hier stellt sich allerdings die Frage, ob eine Gruppe von Mitarbeitern mit unterschiedlichen Aufgaben und Fähigkeiten ohne eine institutionalisierte hierarchische Führung auskommen kann. Ich glaube, sie kann es mit einem absoluten Mini-Minimum, wenn sie lernt, sich ihr gemeinsames Anliegen immer als Aufgabe bewusst zu halten. Ich stimme Peter Senge zu, dass eine Hierarchie insoweit gerechtfertigt ist, als sie einen Überblick über die Tragweite von Entscheidungen ermöglicht, die für die mit dem eigentlichen Prozess befassten Mitarbeiter nicht zu erkennen ist (Senge, 1997, S. 215).

Mit dem Wandel des Umfeldes verändert sich auch die Rolle der Führungskraft. Wirtschafts-Nobelpreisträger Hayek rät dem Management, sich als »Kultivator einer spontanen Ordnung« zu begreifen, denn sich selbst organisierende Systeme sind in der Summe viel intelligenter und aufnahmefähiger als eine Person allein. Der renommierte St. Galler »Führungsphilosoph« Knut Bleicher ergänzt diesen Gedanken, indem er der Führungskraft empfiehlt, sich zukünftig vor allem auf die Gestaltung der Rah-

Das Management als Gestalter spontaner Ordnung

menbedingungen zu konzentrieren, innerhalb derer sich die Unternehmensevolution vollzieht.

»*Qualifizierte Mitarbeiter werden sich, wenn das Management die Rahmenbedingungen richtig eingestellt hat, in Situationen, deren Entwicklung nicht absehbar ist, selbst geeignete Strukturen suchen und schließlich Systeme bauen, die sie für situationsadäquat halten und in denen sie leben wollen*« (Manager magazin 8/1991, S. 150, Mit dem Chaos leben).

Der Vorgesetzte alter Prägung wird zum Team-Coach oder *Netzwerk-Server,* so wie in der EDV. Die Zunahme an Selbstorganisation verhält sich reziprok proportional zur Abnahme an Führungsmacht.

Selbstführung statt Fremdsteuerung

Falls Sie Führungskraft sind, sollten Sie sich häufiger zurücknehmen, um Selbststeuerung und Selbstorganisation zuzulassen. Damit fördern Sie zugleich die Motivation ihrer Mitarbeiter. Alle arbeitspsychologischen Forschungsergebnisse im Bereich des Themas Motivation weisen darauf hin, dass ein tendenziell wachsender Teil der Arbeitnehmer nach mehr Verantwortung strebt. Außerdem sind diese Mitarbeiter signifikant zufriedener, wenn ihr Handlungsspielraum während der Arbeit wächst. Leistungsbereiten und leistungsfähigen Mitarbeitern müssen Sie *Leistungsmöglichkeiten* bieten. Die Frage lautet heute nicht mehr, wie man eine Arbeitsgruppe führt, sondern wie sich diese selbst führt.

Sich als Manager überflüssig machen

Der Autor des Buches »Mythos Motivation«, *Reinhard K. Sprenger*, resümiert, die beste Motivation bestehe darin, seine Mitarbeiter nicht mehr zu demotivieren. Er empfiehlt, Wissen im ganzen Unternehmen zu verbreiten, damit sich viele Köpfe mit Problemlösungen befassen können. Sein Rat an Deutschlands Macher-Manager lautet: Lassen statt Machen. »*Ein guter Manager macht sich überflüssig*« (Sprenger, 1993, S. 194).

Oticon – ein reales Chaosunternehmen

Ist das, was ich hier schreibe, »graue Theorie« oder akademische Gedankenspielerei? Schauen wir uns ein reales »Chaosunternehmen« an. Sie erinnern sich an den Namen Oticon, auf den Sie schon mehrmals in diesem Buch stießen. Vorstandsvorsitzender Lars Kolind, dänischer »Mann des Jahres 1995«, charakterisiert sein Unternehmen als eine Spagetti-Organisation, die den *»chaotischen Wissensfluss«* fördert.

»Um wieder wettbewerbsfähig zu werden, mussten wir sehr kreativ werden [...] Bei uns hat niemand einen festen Arbeitsplatz, es gibt keine Hierarchie, keine festen Arbeitszeiten. Bei uns herrscht das kreative Chaos« (Handelsblatt, 14./15.9.1996).

5. Strategische Innovations-»Rezepte«

Wichtige Strategiearchitekten

Viele unternehmerische Strategien zielen auf Verbesserungen bzw. Innovationen, da sonst dem Unternehmen Nachteile, wenn nicht gar der Untergang, droht. Daraus erklärt sich das große Interesse nach den Erfolgsdeterminanten unternehmerischen Handelns, dem mit Buchveröffentlichungen und Seminarangeboten schon fast inflationär entsprochen wird. Viele Strategierezepte zielen aber nur auf einen Teilbereich des unternehmerischen Gesamtgeschehens, z. B. Qualität, Kommunikation oder Prozesse. Es gibt aber auch solche, die integrativ bzw. systemisch angelegt sind. Dazu zählen die von mir ausgesuchten und auf den nächsten Seiten vorgestellten Innovationskonzepte. Diese stammen aus den »Werkstätten« renommierter »Strategiearchitekten« wie Tom Peters und Robert Waterman, Hermann Simon, Rolf Berth und Cusumano / Selby, die die Microsoft-Strategie untersuchten.

Das 7-S-Modell von McKinsey

Einer der ersten Innovations-Baupläne war das 7-S-Modell von McKinsey in den Siebzigerjahren. Die sieben S stehen für: Struktur, Strategie, Systeme, Selbstverständnis, Stil, Stammpersonal, Spezialkenntnisse. Die Hauptthese dieses Konzepts lautet, dass sich unternehmerischer Erfolg aus der Wechselwirkung dieser sieben Faktoren ergibt. Aber nicht alle S-Elemente sind gleich bedeutend. Die drei harten S (Struktur, Strategie und Systeme) sind zwar wichtig, aber für eine innovative Unternehmenskultur und die Idee des »Productivity through people« spielen die weichen S (Stammpersonal, Stil, Spezialkenntnisse und Selbstverständnis) eine wichtigere Rolle.

Tom Peters und Robert Watermans Suche nach Spitzenleistungen

Acht Grundtugenden für den Unternehmenserfolg

Das 7-S-Modell wurde von *Tom Peters* und *Robert Waterman*, den damaligen Statthaltern von McKinsey in San Francisco, Anfang der Achtzigerjahre fortgeschrieben. In ihrem empirisch fundierten Weltbestseller »Auf der Suche nach Spitzenleistungen« ermittelten sie folgende acht Grundtugenden für ein innovationsaktives und damit erfolgreiches Unternehmen:

1. Primat des Handelns
2. Nähe zum Kunden
3. Freiraum für Unternehmertum
4. Produktivität durch Menschen
5. Sichtbar gelebtes Wertesystem
6. Bindung an das angestammte Geschäft
7. Einfache Organisation
8. Straff-lockere Führung.

Lieber chaotische Produktivität als geordnete Untätigkeit

Dieses Buch ist immer noch eine wahre Schatzgrube für das Thema Innovationsmanagement. Besonders im Kapitel »Primat des Handelns« erfährt der Leser, wie wichtig es ist, »dabei zu sein«, »es wenigstens zu versuchen« oder gegebenenfalls auch »erst zu schießen und dann zu zielen«. Die Autoren polemisieren gegen wirklichkeits- und marktferne Stabsleute, die tonnenweise Papiere und Konzepte produzieren, aber nur selten neue Produkte (S. 150). Ihre Polemik mündet in dem schon von dem Managementtheoretiker Karl Weick geäußerten Gedanken, dass chaotische Produktivität geordneter Untätigkeit vorzuziehen ist. Ein wichtiges Wort im Vokabular erfolgreicher Organisationen lautet daher »Test«.

Der Kunde als Innovationsquelle

Im Abschnitt »Nähe zum Kunden« wird sichtbar, wir gut es innovationsaktive Unternehmen verstehen, neue Produkte in enger Partnerschaft mit ihren Kunden zu entwickeln. Der Kunde ist die beste Quelle und der geeignete Prüfstein für Ideen (S. 233), was Hermann Simon am Beispiel der »heimlichen Gewinner« in Deutschland bestätigt (Simon, S. 148). Das aber setzt voraus, seinen Kunden zuzuhören, sie zu verstehen und ihnen zu dienen.

Einige Seiten weiter, im Kapitel »Freiraum für Unternehmertum« erfreuen sich *Peters* und *Waterman* an solchen Unternehmen, die bewusst den hier beschriebenen Kompromiss eingehen:

Ein innovationsfördernder Kompromiss

»*Sie setzen auf geradezu radikale Dezentralisierung und Autonomie mit ihren unvermeidlichen Folgen – Überschneidungen, unsauberen Abgrenzungen, Koordinationsmängeln, internem Wettbewerb und einem Anflug von Chaos [...] Sie hatten einem gewissen Maß an Ordnung entsagt, um dafür ständige Innovationen zu gewinnen*« (Peters / Waterman, 1986, S. 236).

Die Rolle der Pioniere bzw. Champions

Hier findet sich auch der erste Hinweis auf das, was später unter der Bezeichnung *Entrepreneurship* in die Managementdiskussion einfloss. Die Autoren fanden einen Innovationsträger, den »Champion«. Voraussetzung Nr. 1 für Innovationen ist das Vorhandensein eines überzeugten, freiwillig handelnden Champions (S. 239). Als eine Art Pionier ist er lebensnotwendig für ein Unternehmen, aber Pioniere leben gefährlich, da auf sie geschossen wird.

Selbst das Kapitel »Einfache Organisation« ist eine Fundgruppe für das Innovationsmanagement. Die Autoren zeigen, wie wichtig Organisationsinnovationen für den Unternehmenserfolg sind. Wer sich mit dem Thema Innovationsmanagement beschäftigt, findet im Buch »Auf der Suche nach Spitzenleistungen« nach wie vor einen reichen Quell an Ideen und Konzepten.

Die Berth-Studie

Die Beziehung zwischen Führungsphilosophie und Geschäftsergebnis

In der zweiten Hälfte der Achtzigerjahre begann *Rolf Berth*, damals Dozent einer renommierten Schweizer Business-Schule, heute Leiter der Berth-Kienbaum-Akademie, zusammen mit einem Team von Unternehmenspraktikern aus ganz Europa, den Unternehmenserfolg empirisch in einer neuen Form nachzuweisen. Zu diesem Zweck brachte er zwei Dinge zueinander in Beziehung:

1. die Führungsphilosophie bzw. das beobachtbare Verhalten von ca. 500 Führungskräften und
2. deren geschäftlichen Erfolg oder auch Misserfolg.

Fünf Königswege zum Erfolg

Sein Fazit lautet: Ein Unternehmen kann Erfolg haben, wenn es folgende »Fünf Königswege des Erfolges« beachtet:

		Unternehmen, die dies beachten, sind x % besser als andere
1.	Ergänzendes Aufeinanderzugehen	347
2.	Vertrauensorganisation mit wenig Kontrolle	286
3.	Einmaligkeit	236
4.	Visionäre Orientierung	222
5.	Feindbild	209

Zu den Einzelheiten der berthschen Erkenntnisse, von hinten beginnend:

1. Feindbild

Für den Erfolg eines Unternehmens sind Feindbilder notwendig. Das ist ein Ergebnis aus der erwähnten Studie. Doch nur 16 Prozent der Unternehmen pflegen eine aggressive Marktgegnerschaft.

Sportliche Gegnerschaft statt militanter Auseinandersetzung

Das Wort »Feindbild« sollten Sie jedoch *nicht kriegerisch* missverstehen. Es geht nicht darum, einen Brandsatz in die EDV der Mitbewerber zu werfen. Eher bietet sich der Vergleich zwischen Sportlern an, denen die Gegnerschaft zusätzliche Energien verschafft. Als Beispiel seien hier die Lokalrivalitäten zwischen Schalke und Dortmund oder das Verhältnis der Tennisspieler Becker / Stich genannt. Aus der Wirtschaft kennen wir den Kampf der Giganten Pepsi Cola gegen Coca-Cola oder die Hassliebe zwischen den Autovermietern Sixt und Avis *(we try harder)*. BMW hat 20 Jahre lang gegen die »Arroganz« in Untertürkheim gekämpft – und den erfolgsverwöhnten Daimler-Konzern bei den Zulassungszahlen besiegt.

Erfolgszahlen

Auch anderen Unternehmen, die mit Feindbildern arbeiten, hat die mentale Gegnerschaft gut getan. Sie sind zweimal besser als solche ohne. Die Innovationsquote liegt im Vergleich sogar viermal so hoch. 70 Prozent aller japanischen Unternehmen arbeiten mit einem klar definierten Feindbild nach dem Motto: »Den wollen wir schlagen.«

Man kann also feststellen: Die Fokussierung aller Kräfte auf ein Ziel wird mit einem Feindbild weit besser erreicht als mit langatmigen strategischen Konzepten und Dokumenten.

2. Visionäre Orientierung

Das Denken von heute ist die Realität von morgen

Das Denken von heute ist die Realität von morgen. Ein Unternehmen, das weiterhin erfolgreich arbeiten will, braucht anschauliche Zukunftsbilder. Das Bildliche ist dabei wichtig, denn der Mensch ist ein Augentier. »Ein Bild sagt mehr als 1000 Worte« lautet ein altes Sprichwort. Mit der Vision, der bildlichen Vorstellung, den besten Oberklasse-PKW zu bauen, kann man einen BMW-Werker eher begeistern als mit der Vision, den Kurs der BMW-Aktie in den nächsten drei Jahren zu verdoppeln.

Begeisterung für eine Idee

Visionen bewegen Menschen im positiven wie im negativen Sinne. Sie sind eine Art menschliche Energie, die es zu nutzen gilt. Sie sind zugleich eine Art Kompass, der dafür sorgt, dass Management und Mitarbeiter im Unternehmen die richtige Richtung finden. Eine Idee bekommt Kraft, sobald sich andere Menschen für sie begeistern.

Vision statt Revision

Visionäres Denken vollzieht sich außerhalb der Norm und ohne Schere im Kopf. Im Gegensatz dazu prüft die Revision, ob Vorschriften und Normen eingehalten werden. Visionen sind das Ergebnis kreativer Höchstleistungen. Für die deutsche Management-Vordenkerin Gertrud Höhler sind sie innere Bilder einer künftigen Wirklichkeit, zwar realisierbar, heute aber noch nicht Realität. Sie sind auch die notwendige Antithese zur Revision. Vielleicht täten manche Unternehmen gut daran, ihre Revision zugunsten einer neu zu schaffenden Abteilung Vision zu verkleinern.

Eindeutige Erfolge

Unternehmen mit Visionen erzielen einen höheren Umsatz, erwirtschaften höhere Renditen und schreiben bei Innovationen schneller schwarze Zahlen als visionslose Unternehmen. Wichtig ist dabei, dass die Vision schriftlich formuliert und unternehmensintern publiziert wird. Zwischen denjenigen (Firmen), die keine Visionen haben, und denjenigen, die nur eine mündliche besitzen, zeigen die Messzahlen *keine* merklichen Differenzen.

Ergo: In der schriftlichen Fixierung liegt offenbar der besondere Wert.

3. Einmaligkeit

ALDI, IKEA und Swatch

Tragen Sie eine Swatch? Die Idee einer Plastik-Wegwerfuhr ist einmalig. Wer war noch nicht bei IKEA, einem von tausend Möbelgeschäften in Deutschland, aber in seiner Art ein einmaliges? Es wurde oft kopiert, aber nie erreicht. Das gilt auch für ALDI, wo man gute Qualität aus dem Pappkarton kauft. In der Einmaligkeit zeigen sich krea(k)tive Höchstleistungen, in der Wirtschaftswelt genauso wie in den Medien, oder vielleicht auch schon gleich nebenan in der Nachbarschaft oder im Kreise der eigenen Mitarbeiter.

Einmaligkeit ist mehr als nur ein marginaler Konkurrenzvorteil oder die notwendige Differenzierung am Markt. Es ist zwar gut, sich im Markt zu differenzieren, aber diese Differenzierung kann schnell eingeholt werden.

Die Einmaligkeit des Warenangebotes allein reicht nicht mehr aus. Sie müssen sich von der Konkurrenz durch einmalige Verhaltens- und Vorgehensweisen abheben.

Der normale Konkurrenzvorteil verschafft zwar Respekt, aber erst die Einmaligkeit ruft bei den Marktteilnehmern Bewunderung hervor. Darum ist die Einmaligkeit schwer imitierbar, denn sie beinhaltet etwas Seltenes bzw. eine neue Dimension. Einmaligkeit ist auch mehr als das Lieblingswort so mancher Berater, wenn diese von *unique selling proposition,* also vom einzigartigen Vorteil sprechen, den man oft vergeblich bei den Leuten sucht, die ihn für andere fordern. In vielen Unternehmen gibt es einzigartige Vorteile, aber es fehlt an der Einmaligkeit in der Außenwirkung. Sie ist notwendig, um sich im Zeitalter der Reiz- und Informationsüberflutung überhaupt Gehör zu verschaffen.

Erfolgszahlen

Nur 8 Prozent der Manager fühlen sich dem Credo der Einmaligkeit verpflichtet. Vielleicht ist das so, weil manche Berater ihren Auftraggebern noch immer das Wort »Qualität« soufflieren. Qualität war das Thema der Achtziger- und Neunzigerjahre. Aber

Qualität allein reicht nicht mehr, sie muss einmalig sein. Auch Service allein reicht nicht mehr, er muss einmalig sein. Werbung allein macht es nicht, sie muss einmalig sein. Einmaligkeit gehört in den Strategiekatalog eines Unternehmens. Unternehmen sollten sich ganz genau ihre Corporate Identity, ihr Corporate Design, ihre Produkte und Dienstleistungen, ihre Organisation, ihre Gebäude, ihre Strategie, ihr Verhalten gegenüber Kunden, ja auch ihre Formulare und ihre Visitenkarten ansehen: Wenn irgendetwas davon nicht einmalig ist, handeln sie nachlässig und verpassen Chancen.

4. Vertrauensorganisation mit wenig Kontrolle

Das Prinzip leninistischer Unternehmensführung lautete: »Vertrauen ist gut, Kontrolle ist besser.«
Das Prinzip postkapitalistischer Unternehmensführung muss lauten:
»Kontrolle ist gut, Vertrauen ist besser.«

Je enger Unternehmen das Korsett von Kontrolle, Regelungen und Vorschriften, Managementguides und -policies schnüren, desto schneller geht Mitarbeitern und Managern buchstäblich die Luft aus. Je stärker das Leistungsverhalten kontrolliert und reglementiert wird, desto ausgeprägter ist die Tendenz, die Qualität und Quantität der Leistungen an das Niveau der Mindestanforderungen anzupassen. Richtlinien bewirken Ordnung, aber nur selten Sinnhaftigkeit und Zusammenhang. Nicht zufällig heißen Richtwerte »Richt«-Werte.

Montagsbeschlüsse statt Sonntagsreden

Der Abbau so mancher Richtlinie fördert die Durchlässigkeit. Unternehmen brauchen keine Mitarbeiter, die ihren Vorgesetzten oder irgendwelchen Vorschriften im Gehorsam vorauseilen, sondern solche, die ihren Arbeitsplatz mit Intelligenz, Kritik und Risikobereitschaft ausfüllen. Dieses Argument gegen Richtlinien heißt nicht, alle Richtlinien abzuschaffen, sondern sie permanent auf ihre Sinnhaftigkeit hin zu überprüfen. Führungskräfte sollten statt Sonntagsreden über den Mitarbeiter – als »unser wichtigstes Kapital« – Montagsbeschlüsse über erweiterte Handlungsspielräume fassen, so ein Gedanke des schon erwähnten Reinhard K. Sprenger. Nicht zuletzt sind es Führungskräfte selber, die vom Freiraum ihrer Mitarbeiter profitieren, denn wer anderen eine lange Leine lässt, ist selber frei.

Dezentralisation bewirkt Innovation

Eine der unternehmenspolitischen Konsequenzen aus diesen Erkenntnissen lautet *Dezentralisation*. Sie ist das Kernelement aller Lean-Konzepte, mit denen westliche Unternehmen versuchen, Organisationsfett abzubauen.

Dezentrale Grundstrukturen erhöhen die organisatorische Flexibilität. Die Manager bekommen auf diese Weise mehr Kontakt zur Basis, lernen wieder ihre Mitarbeiter und das Kerngeschäft kennen. Nur was klein ist, bleibt lebendig. Das Kleine ist überschaubar und schafft Engagement. Darum arbeiten Spitzenunternehmen nach dem Motto »small is beautiful«.

5. Ergänzendes Aufeinanderzugehen

Zu-ständiges Ab-teilen

Das Ganze ist mehr ist als die Summe seiner Teile. Anders ausgedrückt könnte man sagen: Das Unternehmensergebnis ist mehr als die Addition der Einzelleistungen, vorausgesetzt, alle verhalten sich team- bzw. synergiefördernd. Das ist aber leider nicht so. In vielen Unternehmen wird der Begriff Abteilung im Sinne von *ab-teilen* und der Begriff Zuständigkeit im Sinne von *ständig zu* missverstanden.

Eine schwere Hypothek

Auf unseren Unternehmen lastet eine schwere Hypothek, nämlich der Individualismus und teilweise auch der Abteilungsegoismus. Es gibt Abteilungen, die ihre Kooperation subtil verweigern, um so ihre Identität gegenüber anderen Abteilungen symbolisch aufrechtzuerhalten. Man trifft Mitarbeiter, die sich den marktnahen Abteilungen gegenüber unkooperativ verhalten, weil sie sich vor der Profanisierung ihrer Arbeit fürchten, ja sogar vor der Verschmutzung durch die Forderungen des Marktes.

Hierarchien und Bürokratien als Bremsklotz

Auch zwischen oben und unten, zwischen Chef und Mitarbeiter brauchen Unternehmen das ergänzende Aufeinanderzugehen. Hierarchien mit ihrem Zwang zur Über- und Unterordnung dürfen nicht länger Bremsklotz für den notwendigen Übergang in eine neue Organisationsqualität sein. Hierarchie und Bürokratie sind notwendig für das tägliche Routinegeschäft, dürfen aber Heterarchie und Ad-hockratie dort nicht behindern, wo das ganz schnelle Reagieren über Abteilungsgrenzen hinweg und am Positionsgefälle vorbei notwendig ist.

Management via Complement

Das ist einer der Grundgedanken des *Management via Complement*, wie *Rolf Berth* das ergänzende Aufeinanderzugehen auch nennt. Dabei handelt es sich um keine neue Managementtechnik. Alle anderen Management-by-Modelle können unbeschadet im Raum stehen bleiben. Das auch deshalb, weil es sich beim Management via Complement um eine menschliche Selbstverständlichkeit handelt, die für jeden Arbeitsplatz gelten sollte.

Führung als Dienstleistung am Mitarbeiter

Ergänzendes Aufeinanderzugehen – bezogen auf die Mitarbeiterführung – bedeutet, Führung als Dienstleistung am Mitarbeiter zu begreifen. Wer Leistungsbereitschaft fordert, muss Leistungsmöglichkeit und Luststress bieten. Führungskräfte brauchen eigentlich nicht mehr darüber nachzudenken, wie sie ihre Mitarbeiter motivieren, denn sie motivieren am besten, wenn sie ihre Mitarbeiter nicht mehr demotivieren, so der zentrale Gedanke von Reinhard K. Sprenger.

Den Unternehmens-IQ mobilisieren

Unternehmen, Behörden, Verbände, Schulen, Universitäten, Krankenhäuser und andere Organisationen unserer Gesellschaft brauchen das ergänzende Aufeinanderzugehen horizontal wie vertikal. Nur so können sie den Ideenhaushalt in der Organisation voll ausschöpfen und nutzbar machen. Vorgesetzte müssen Wissen besser verteilen, damit sich viele Köpfe mit Lösungen befassen, auch solche, denen man Lösungen bisher nicht zutraute. Um den Unternehmens-IQ voll zu mobilisieren, brauchen sie auch den Mut zu cross-funktionalen Abläufen und Informationsprozessen. Ergänzendes Aufeinanderzugehen fördert und trainiert das vernetzte Denken und steigert damit wiederum den Unternehmens-IQ. Unternehmen mit hoher Organisations-Intelligenz gehören zu den bestnotierten an den Weltbörsen, wie sich an Microsoft und SAP zeigt.

Beeindruckende Daten

Was bringt das Management via Complement? Die Anhänger des ergänzenden Aufeinanderzugehens sind viermal so gut wie diejenigen, denen diese Idee gleichgültig ist. Leider pflegen nur 3,6

Prozent der untersuchten Unternehmen das Management via Complement. Wer aber die Standortsicherung ernst nimmt, sollte mehr auf andere, auf Vorgesetzte, Mitarbeiter und Kollegen, zugehen, ihnen zuhören und Synergien mobilisieren.

Die Innovationskraft aus den berthschen Erfolgsfaktoren

Erfolgsverhalten	Anzahl der Monate, bis bei neuen Angeboten schwarze Zahlen geschrieben werden		Anzahl neuer Angebote im Sortiment		Anzahl der Flops an neuen Angeboten		Unternehmen, die diese Prinzipien anwenden, sind besser um:
	Unternehmen, die dieses Prinzip anwenden	Unternehmen, die dieses Prinzip **nicht** anwenden	Unternehmen, die dieses Prinzip anwenden	Unternehmen, die dieses Prinzip **nicht** anwenden	Unternehmen, die dieses Prinzip anwenden	Unternehmen, die dieses Prinzip **nicht** anwenden	
Feindbild	31	58	60 %	13 %	28 %	50 %	209 %
Visionäre Orientierung	37	66	59 %	11 %	21 %	47 %	222%
Einmaligkeit	36	67	64 %	14 %	16 %	51 %	236 %
Vertrauensorganisationen mit wenig Kontrolle	32	58	65 %	13 %	21 %	63 %	286 %
Ergänzendes Aufeinanderzugehen	21	63	73 %	12 %	12 %	53 %	347 %
						gewichteter Durchschnittswert	260 %

Die Erkenntnisse von Hermann Simon

Zu den Fachleuten, die sich fundiert zum Thema Innovation äußern, gehört *Prof. Hermann Simon*. Sein Buch »Die heimlichen Gewinner« ist ein reicher Fundus an Ergebnissen, Erkenntnissen und Vorschlägen für das strategische Innovationsmanagement.

Darin werden die Erfolgsprinzipien von 500 deutschen Mittelunternehmen analysiert, die fast im Verborgenen agieren und ihren eigenen – erfolgreichen – Weg gehen, statt sich an den ganz großen Unternehmen zu orientieren. Der besondere Wert dieses Buches besteht weniger in der »Extrahierung« von Erfolgsprinzipien, die kaum neu sind, als in der empirischen Fundierung am Beispiel deutscher Unternehmen. Trotzdem lohnt es sich, einen Blick auf die »Rezepte« der deutschen Spitzenreiter zu werfen. Sie verfügen über keine Wunderwaffen oder Geheimrezepte, sondern handeln nach diesen 10 Grundsätzen:

Die Erfolgsprinzipien der 500 heimlichen Gewinner

10 Erfolgsgrundsätze

1. Sie streben Marktführerschaft an. Ihr erklärtes Ziel ist es, auf ihrem speziellen Teilmarkt die Nr. 1 zu sein oder zu werden.
2. Den Markt nehmen sie nicht als gegeben hin, sondern gestalten ihn durch ihr Handeln. *»Für viele ›Hidden Champions‹ bedeutete Innovation die Schaffung eines neuen Marktes«* (Simon, H., 1996, S. 132). Dabei konzentrieren sie sich auf ihre Kernkompetenzen und vermeiden Ablenkungen und Verzettelungen.
3. Sie sind global orientiert und in ihren Zielmärkten präsent. Produktinnovationen werden mit Blick auf den Weltmarkt entwickelt, um so ihr Potential voll ausschöpfen zu können.
4. Da die Kunden ein wichtiger Ideenlieferant für Innovationen sind, erfreuen sie sich intensiver Kundenpflege. Darum ist es den heimlichen Gewinnern möglich, nicht primär über den Preis, sondern über den Wert zu verkaufen.
5. Dank ständiger Innovationen bei Prozessen und Produkten, bei denen es sich oftmals sogar um Durchbruchneuerungen handelt, bleiben sie an der Spitze. Diese Dauerinnovationen sind das Fundament ihres Erfolges.
6. Sie halten die Balance zwischen Markt und Technik und nutzen beides als Antriebskraft. So gelingt es ihnen, interne Kompetenzen und externe Marktchancen produktiv zu vereinigen (s. Abbildung).

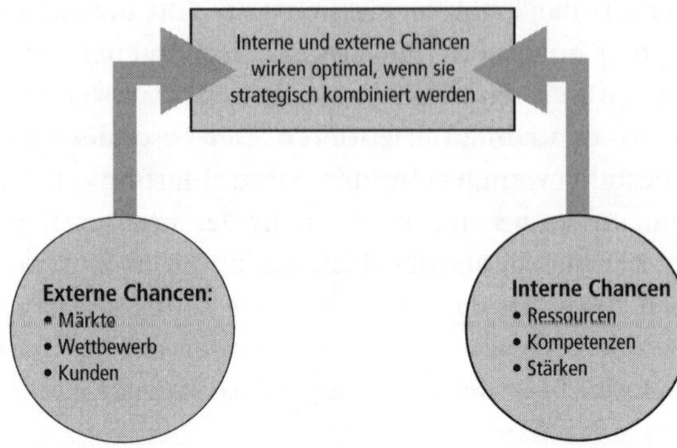

7. In puncto Produktqualität und Service haben sie die Nase vorn.
8. Sie vertrauen auf ihre eigenen Kräfte. Darum gehen sie nur ungern Kooperationen und strategische Allianzen ein.
9. Sie achten darauf, dass sie mehr Arbeit als (Wasser-) Köpfe haben. Die gut ausgesuchten »Köpfe« zeichnen sich durch hohe Motivation und Identifikation aus.

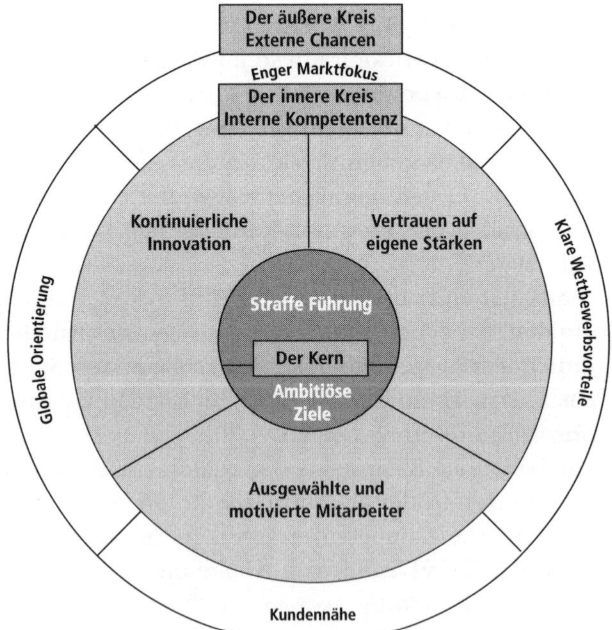

Quelle:
Hermann Simon:
Die heimlichen
Gewinner, S. 300

10. Ihre Führungskräfte sind autoritär, wenn es darum geht, Grundwerte zu wahren, aber partizipativ im Detail. Die Notwendigkeit zur Innovation ist in den Unternehmensgrundsätzen klar beschrieben und drückt sich in der Unternehmenskultur aus. Diese spielt zusammen mit dem Commitment und der Mitarbeiterqualifikation eine größere Rolle für den Unternehmenserfolg als die Organisation und der finanzielle Mitteleinsatz.

Heimliche Gewinner gibt es überall

Hermann Simon betont, dass es überall auf der Welt »heimliche Gewinner« gibt. Man findet sie auch unter den ganz kleinen und mittleren Unternehmen, auf allen Märkten, selbst auf lokalen. Egal, ob groß oder klein, ihre Strategien weisen bemerkenswerte Ähnlichkeiten auf. Die 10 Grundsätze gelten in der Regel für alle Märkte, Branchen und Unternehmensgrößen.

»Was sie tun, entspricht im Grunde dem gesunden Menschenverstand: den Kunden ein gutes Preis-Leistungs-Verhältnis bieten, verlässlich sein, langfristige Beziehungen aufbauen, gute Qualität und guten Service bieten« (Simon, 1996, S. 296).

Ein einfaches Erfolgsrezept: kleine Dinge besser erledigen

Sie achten darauf, dass sie *viele kleine Dinge ein wenig besser erledigen, anstatt einige wenige Sachen »superrichtig« zu machen.* Damit praktizieren sie Kaizen, also die Idee, das Gute immer wieder durch das Bessere zu ersetzen.

»Innovation ist in diesen Unternehmen, in denen jede neue Auflage eines Produkts irgendwie verbessert ist, [...] eine kontinuierliche Aktivität« (Simon, H., 1996, S. 130).

Fokussierung statt Diversifikation

Dabei hilft ihnen ihre Philosophie der *Fokussierung*. Als zielstrebige Spezialisten schlagen sie so manchen Generalisten. Sie praktizieren die Energo-kybernetische Strategielehre (EKS), also die Konzentration auf Kernkompetenzen und enge Zielgruppen – wahrscheinlich, vielleicht sogar, ohne diese Strategielehre zu kennen.

Das Prinzip der Kräftekonzentration ist nicht ganz neu. Schon Tom Peters und Robert Waterman empfahlen: »Schuster bleib bei deinen Leisten« und warnten vor ungezielter Diversifikation.

Auch die klassischen Strategiekonzepte lehren, dass es besser ist, mit einem Produkt in einer Marktnische Marktführer zu werden, anstatt mit einem bunt sortierten Bauchladen über den Markt zu laufen.

Der Nutzen von Einfachheit

»Einfachheit ist das Resultat von Reife«, sagte schon Schiller vor fast 200 Jahren. In dieser Hinsicht kann man den »heimlichen Gewinnern« Reife bescheinigen. Sie haben *Einfachheit* bereits praktiziert, bevor sie das Lean Management auf die organisationstheoretische Tagesordnung setzte. Dies ist einer der Gründe dafür, warum sie auf ein ausgewogenes Verhältnis von Arbeit und Köpfen achten, um so unnötige, bürokratische Aktenschieberei im Sinne des parkinsonschen Gesetzes zu vermeiden. Auch in dieser Hinsicht bestätigt Simon die Empfehlung von Tom Peters und Robert Waterman, sich möglichst einfach zu organisieren. Ich meine, man sollte noch weiter gehen. Je komplexer unsere Welt wird, desto einfacher müssen unsere Organisationen und Produktionsprogramme sein.

»Sowohl – als auch« statt »Entweder – oder«

Das Krönungswerk der klassischen deutschen Philosophie, die Dialektik, wird durch die moderne Unternehmensforschung eindrucksvoll bestätigt. Der erste »Dialektikökonom«, Karl Marx, wäre erfreut zu wissen, dass auch andere das Prinzip der dialektischen Einheit der Gegensätze erkannt haben. Jedenfalls wissen die »heimlichen Gewinner«, wie man mit Gegensätzen gekonnt umgeht und sie im Sinne von *Sowohl – als auch* produktiv nutzt. Damit vermeiden sie extreme Lösungen und dogmatische Einseitigkeit nach dem Motto *Entweder – oder.*

Von außen nach innen oder ...

Letzteres betrifft insbesondere das Verhältnis von Markt und Technik. Soll sich ein Unternehmen technik- oder kundenorientiert ausrichten? Diese Frage berührt strategische Grundsatzfragen, die von den zwei Denkschulen des strategischen Managements unterschiedlich beantwortet werden. *Michael Porter,* Vordenker der *Lehre von den Wettbewerbskräften,* stellt externe Markt- und Wettbewerbschancen in den Vordergrund seiner Überlegungen. Er sieht in den externen Wettbewerbskräften die Hauptbestimmungsfaktoren des Unternehmenserfolges. Darum sollte die Strategiefindung von außen, vom Markt, dem Wettbewerb und den Kunden her erfolgen und interne Fähigkeiten sollten mit Blick auf diese Faktoren entwickelt werden. Diese *Von-außen-nach-innen-Strategie* basiert auf diesen drei Aspekten:

1. gegebene Branchenstruktur
2. entsprechender Prozess im Unternehmen
3. Leistung.

... von innen nach außen?

Im Gegensatz dazu steht die *ressourcenbasierte Strategie,* deren Hauptvertreter *Gary Hamel* und *C. K. Prahalad* sind. Hier sind die vorhandenen Unternehmensressourcen, also die Kompetenzen und Potenziale, der Ausgangspunkt für das Nachdenken über die »richtige« Wettbewerbsstrategie. Diese *Von-innen-nach-außen-Strategie* basiert auf diesen drei Aspekten:

1. interne Ressourcen
2. entsprechender Prozess im Unternehmen
3. Leistung.

Markt und Technik als zwei Seiten ein und derselben Medaille

Vielen Unternehmen fällt es schwer, beide Aspekte unter einen Hut zu bringen. Besonders Großunternehmen haben Probleme, diese Pole auszubalancieren. Das aber verschafft »heimlichen Gewinnern« einen Vorsprung. Sie sind in der Lage, den Gegensatz von Technik und Markt dialektisch aufzulösen. Weil sie extrem innovativ sind, müssen sie kundenorientiert sein, wenn sie ihre Kunden binden wollen. Aber auch der extrem kundenorientierte Anbieter muss innovativ sein, um seinen Kunden hochwertige Produkte anbieten zu können. Markt und Technik sind also zwei Seiten ein und derselben Medaille.

Die »Sowohl-als-auch-Philosophie«

ASPEKT	sowohl ...	... als auch
Markt	eng (Produkt, Technologie)	breit (Welt, Religion)
Antriebskraft/Innovation	marktorientiert	technologieorientiert
Strategie	externe Chancen	interne Ressourcen / Kompetenzen
Innovation	Produkt	Prozess
Zeithorizont	kurzfristig (Effizienz)	langfristig (Effektivität)

Wettbewerbsvorteile	Produktqualität	Service-Kundenbeziehung
Ort der Wertschöpfung	Insourcing (Kernaktivitäten)	Outsourcing (Nicht-Kernaktivitäten)
Fluktuation	hoch (in anfänglicher Selektionsphase)	niedrig (Stammpersonal)
Führungsstil	autoritär (Grundwerte, Ziele)	partizipativ (Details, Prozess)

(nach Hermann Simon)

Die zentralen Grundsätze und Strategien von Microsoft

Am Beispiel von Microsoft möchte ich die Erfolgsprinzipien eines einzelnen Unternehmens kurz beleuchten, das sich im Eiltempo in die Business-Weltliga katapultierte. Es scheint so, als könnte nicht einmal Microsoft selbst seinen Erfolg verhindern. Weltweit arbeiten annähernd 200 Millionen Computer mit den Betriebssystemen und Anwendungsprogrammen des Softwaregiganten. Mit jährlichen Wachstumsraten von bis zu 663 Prozent diktieren Bill Gates & Partner dem Markt ihre Bedingungen. Microsoft ist der Modellfall eines megaerfolgreichen Unternehmens. Der Konzern stellt längst nicht mehr nur Software her, sondern entwickelt sich zum Netzbetreiber, Content Provider und verfügt mit dem Tochterunternehmen MSN bereits über einen eigenen Online-Dienst. Mit NBC betreiben die Redmonder einen eigenen Nachrichtendienst. Auch Hardware nehmen sie sukzessive in ihr Angebot auf.

Aufgrund dieser Erfolge liegt es nahe, dass Wirtschaftswissenschaftler und Publizisten immer wieder versuchen, dem Microsoft-Rezept auf die Spur zu kommen. Zwei Autoren, *Prof. Michael A. Cusumano* von dem als Denkfabrik *bekannten Massachusetts Institute of Technology* und *Prof. Richard W. Selby* von der *University of California,* war es möglich, mit Unterstützung von Microsoft jene sieben Prinzipien zu ermitteln, die man als die Microsoft-Methode bezeichnen könnte.

1. Geschäftlicher Erfolg wird erst durch hervorragende Mitarbeiter möglich, die auf den richtigen Positionen die bestmöglichen Entscheidungen treffen.

Die besten Führungskräfte mit Gespür für marktfähige Produkte sind gerade gut genug. Microsoft rühmt sich damit, nur die besten Mitarbeiter und cleversten Manager einzustellen. Diese werden aus einer Menge von Bewerbern in aufwendigen Auswahlverfahren regelrecht herausgefiltert. Natürlich wird deren Knowhow gleich miterworben. So stehen inzwischen die Schöpfer von Turbo-Pascal, Mach und VMS auf der Redmonder Gehaltsliste.

2. Spezialisten arbeiten in kleinen multifunktionalen Teams zusammen.

So will Microsoft Fachkompetenz entwickeln und Kreativität fördern. Die einzelnen Teams arbeiten relativ selbständig und unabhängig von zentralen Weisungen, betreiben »vor Ort« ihre Weiterbildung und stellen bei Bedarf neue Mitarbeiter ein. Größere Softwareprojekte sind leichter zu planen und besser zu bewältigen, wenn sie von Arbeitsgruppen mit klaren Aufgaben und Zuständigkeiten ausgeführt werden, auch präzisen Regeln und Kontrollen unterliegen.

Diese Teams, deren Kerngruppe aus 3 bis 8 Mitgliedern besteht, arbeiten als Teil größerer Arbeitsgruppen und stimmen sich mit diesen ständig ab. Trotz unterschiedlicher Aufgaben und entsprechender Arbeitsteilung werden Abteilungsgrenzen bei Microsoft im Interesse des Ganzen übersprungen.

»Was sich bei Microsoft abspielt, ist noch immer nicht besonders weit entfernt von der locker organisierten Welt der Hacker. Innerbetriebliche Grabenkämpfe verabscheuen die Leute ebenso wie bürokratische Vorschriften und Abläufe, überflüssige Dokumente oder allzu formale Kommunikation« (Cusumano, 1998).

3. Mit den richtigen Produkten werden Industriestandards gesetzt und Massenmärkte erobert.

Microsoft hat es verstanden, sich entwickelnde Massenmärkte rechtzeitig zu erkennen und mit eigenen Produkten zu besetzen, die zu »Industriestandards« erklärt wurden. Dabei war Microsoft nicht unbedingt der Innovationsführer. Softwaregattungen wie

Tabellenkalkulationen oder die grafische Benutzeroberfläche haben andere erdacht. Auch der Internet Explorer ist ein Nachzügler, der im Kielwasser des Netscape Navigators schwimmt. Als innovativ könnte man die Pionierleistung bezeichnen, komplexe Softwaresysteme aus vorhandener Technik zusammenzubasteln. Der verzögerte Markteintritt hatte jedoch den Vorteil, dass viele Fehler der Mitbewerber vermieden wurden und das Produkt mit neuen Features ausgestattet wurde.

Das »Zusammenstricken« gehört zum Handlungsrepertoire der Redmonder. So werden immer wieder Pakete aus etablierten, aber auch aus weniger erfolgreichen Produkten geschaffen, so z. B. MS-Office. Das Datenbankpaket Access hätte als Einzelprodukt wohl kaum eine Chance gegen dBase gehabt. Erst in der Kombination mit anderen MS-Produkten setzte es sich durch.

Auf seiner Windows-Plattform ist Microsoft heute so mächtig, dass Gates sogar Hardware-Standards vorgibt, während früher die Software der Hardware folgte. Diese Plattformkompetenz nutzt er aus. Viele Anwendungsprogramme sind in weiten Teilen vom Betriebssystem abhängig.

4. Neue Produkte werden möglichst kreativ, aber auch Zeit und Kosten sparend entworfen.

Kreativität spielt in der Firmenpolitik von Microsoft eine wichtige Rolle, aber man achtet darauf, diese in die richtigen Bahnen zu lenken, um Spielwiesen zu vermeiden. Um das zu erreichen, werden Entwicklungsziele *(Vision Statement)* mit Personal-, Finanz- und Zeitvorgaben formuliert, die für die Produktentwicklung verbindlich sind. Die Teammitglieder dürfen ihre Zeitpläne zwar selber aufstellen, müssen sich dafür aber verpflichten, diese einzuhalten. Dadurch werden sie gedrängt, bei allzu großen Verzögerungen ggf. Funktionen wegzulassen. Man will Schnelligkeit zum Zwecke eines frühen Markteintritts. Microsoft hält seine Mitarbeiter an, Produkte bis zur Marktreife zu entwickeln, statt Komponenten »auf Vorrat« zu produzieren. Um Zeit zu sparen, wird auch auf Dokumentationen verzichtet.

Doch trotz dieser Ressourcenbegrenzung bleibt den Teams genügend Raum für eigene Ideen und Handlungen, die sich während der Arbeit als sinnvoll herausstellen.

5. Projekte werden parallel bearbeitet, wobei häufige Synchronisierungen erfolgen.

Auf diesem Wege soll die sehr lockere Arbeitsorganisation bei Microsoft besonders bei Großprojekten strukturiert werden. Die Arbeit vieler Menschen und Teams an einem Produkt muss zusammengeführt werden. Veränderungen an einer Komponente haben Auswirkungen auf andere Systemteile. Um den Arbeitsfortschritt planen und steuern zu können, wurden einige Regeln erlassen und eine besondere Form der Teamorganisation eingeführt: Kleine Teams arbeiten relativ selbständig parallel an einzelnen Aufgaben, sind jedoch fähig, sich zu einem großen Team zusammenzuschließen, wenn umfangreiche Produkte schnell und kostengünstig entwickelt werden müssen (Synch-and-Stabilize-Methode, d. h. wiederholtes Synchronisieren und regelmäßiges Standardisieren). Täglich um 14 Uhr müssen die Entwickler ihre fertigen Codeabschnitte einchecken und festgestellte Fehler sofort beheben. Die täglichen Zwischenversionen dürfen nicht abstürzen.

6. Selbstkritik und Kundenfeedback sichern den Fortschritt.

Erfolg kann selbstgefällig wirken und zur Überheblichkeit führen. Um dies zu vermeiden, hat Microsoft TQM-Mechanismen entwickelt, um rechtzeitig aus Fehlern zu lernen, die Meinung der Kunden zu hören und darauf zu reagieren. So müssen z. B. die Entwickler schon während des Entwicklungsprozesses Funktionen mit den Kunden testen und vervollkommnen. Microsoft pflegt sein externes Developer-Network, um so den Sachverstand vieler Softwaremonteure für sich nutzbar machen.

7. Den Blick in die Zukunft richten.

Trotz vergangener Erfolge geht die Gates-Kompanie energisch Herausforderungen an, kümmert sich um Probleme und reagiert auf Marktchancen. Die Microsoft-Biografen Cusumano und Selby schreiben:

»Was man auch immer von Microsoft halten mag, Gates und seine Truppe verdienen Bewunderung dafür, dass sie nicht einfach abwarten, was die Zukunft bringt. Sie versuchen, sie zu gestalten – auf ihre Art und Weise« (Cusumano / Selby, 1996, S. 19).

Die Kernbotschaften moderner Managementkonzepte

Erfolg ist die Folge konsequenten Handelns

Es macht wenig Sinn, Vor- und Nachteile der hier vorgestellten Strategiekonzepte zu diskutieren. Ob eine Maßnahme zweckmäßig ist oder nicht, hängt im Einzelfall von vielen Umfeld- und Kontextfaktoren ab. Wichtig ist auch, wie konsequent eine Methode angewendet wird. So erklären sich die früheren japanischen Wirtschaftserfolge aus der konsequenten, ständigen und nachhaltigen Anwendung relativ einfacher Führungs- und Kooperationsprinzipien. Erfolge stellten sich einfach nur als die Folge von Handlungen heraus, die beileibe nicht so geheimnisvoll sind, wie sie oft hingestellt werden.

Kernbotschaften modernen Managements

Die Kernbotschaften aller modernen Strategiekonzepte lauten:

- Kundenorientierung
- Mitarbeiterorientierung
- Wettbewerbsorientierung
- Prozessorientierung
- Qualitätsorientierung
- Innovationsorientierung.

Für diese »Orientierungsbotschaften« gibt es entsprechende Rezepturen, wie z. B. Total Quality Management, Business Reengineering, Change Management, Benchmarking u.a. Summa summarum zielen alle diese Konzepte darauf, die Innovationskraft und damit die Wettbewerbsposition eines Unternehmens zu verbessern.

In der nachfolgenden Übersicht finden Sie die wichtigsten Kernbotschaften modernen Managements und die dazugehörigen Hauptaussagen der hier vorgestellten Strategiearchitekten.

	Kunden-orientierung	Mitarbeiter- und Team-orientierung	Wettbewerbs-orientierung	Prozess-orientierung	Qualitäts-orientierung	Innovations-orientierung
Peters/ Waterman	Nähe zum Kunden	Produktivität durch Menschen Straff-lockere Führung Freiraum für Unternehmertum	Bindung an das angestammte Geschäft	Einfache Organisation		Primat des Handelns
Rolf Berth		Vertrauens-organisation mit wenig Kontrolle Ergänzendes Auf-einanderzugehen	Einmaligkeit Feindbild			Visionäre Orientierung
Cusumano/ Selby	Fortschritt durch Selbstkritik und Kundenfeedback	Geschäftlicher Erfolg durch geeignete Mit-arbeiter, die auf den richtigen Positionen die bestmöglichen Entscheidungen treffen Spezialisten arbei-ten in kleinen multifunktionalen Teams zusammen	Mit den rich-tigen Produkten Industrie-standards setzen und Massen-märkte erobern	Parallele Projekt-bearbeitung bei häufigen Syn-chronisierungen	Fortschritt durch Selbstkritik und Kundenfeedback	Den Blick in die Zukunft richten Neue Produkte möglichst kreativ, aber auch Zeit und Kosten sparend entwerfen
Hermann Simon	Intensive Kundenpflege Hohe Produktqualität und bester Service	Hohe Motivation und Identifikation der Mitarbeiter	Streben nach Marktführerschaft Globale Orientierung Ausbalancierung von Markt und Technik Wenig Koopera-tionen und strate-gische Allianzen mit anderen Unter-nehmen	Wenig Wasserköpfe		Konzentration auf Kernkompetenzen Dauerinnovationen

6. Innovationsmanagement ist Team- und Projektmanagement

Zur Notwendigkeit von Teamwork

Die traditionelle Arbeitsweise und die herkömmlichen, durch Spezialisierung und Fragmentierung geprägten Organisationsformen sind oft nicht mehr geeignet, die aus dem Technologie- und Produktivitätsfortschritt resultierenden Probleme und Anforderungen in den Griff zu bekommen. Spezialisierung und Fragmentierung waren wirtschaftsgeschichtlich notwendig, um die Industrialisierung voranzutreiben. Doch der Wettbewerbsvorteil von gestern kann sich zum Wettbewerbsnachteil von heute wandeln. Andere Marktverhältnisse und der Zwang zum schnellen Reagieren, ein anderes Wertebewusstsein und die neue Rolle der Information als Produktionsfaktor zwingen uns, die bisherige arbeitsteilige Vorgehensweise zu überdenken, da viele Aufgaben wegen der vielen Schnittstellen nur noch interdisziplinär lösbar sind. Schon kleinste Planungsfehler verursachen schlimme Folgen und hohe Kosten. Ein Mehr an Arbeitsteilung verursacht eine Zunahme der Schnittstellen und damit einen Anstieg möglicher Fehlerquellen. Diese Situation macht Teamwork zu einem objektiven Erfordernis moderner Personal- und Unternehmensführung.

Kooperation ohne Instanzenweg

Immer mehr setzt sich die Erkenntnis durch, dass Mitarbeiter effizienter arbeiten könnten, wenn sie über mehr Kompetenzen verfügten und einen direkteren und schnelleren Zugang zu wichtigen Informationen hätten. Das bedeutet konkret, ihnen die direkte und unmittelbare Kooperation mit anderen Fachleuten in der Organisation zu gestatten, ohne den Vorgesetzten als Briefträger und Ideenzensor einschalten zu müssen. Hier ist Teamwork in Form von Projektgruppen, Arbeitskreisen, Qualitätszirkeln oder in der Urform als Gruppenarbeit gefragt.

Betroffene zu Beteiligten machen

Wenn ein Unternehmen den Sachverstand seiner Mitarbeiter intensiver nutzen will, wenn Mitarbeiter als Mitunternehmer gewonnen werden sollen, wenn man aus Betroffenen von Veränderungen Prozessbeteiligte machen will, dann ist Teamwork das dazu notwendige Führungsmittel.

Diese Erkenntnisse kann man in vielen auf Hochglanzpapier gedruckten Führungsgrundsätzen von Unternehmen nachlesen, ohne dass diese den Mut hatten, ernsthaft über ihre im Stab-Linien-System niedergelegte Hühnerhof-Hackordnung nachzudenken. Während Produktinnovationen mit Lichtgeschwindigkeit eingeführt werden, vollziehen sich Veränderungen der hierarchischen Linienorganisation im Schneckentempo.

Taten statt Hochglanzbroschüren

Auch die Erfolge des fernöstlichen Systems der Gruppenarbeit aktivierten den Denkprozess über das Verhältnis von Individualität und Kollektivität in der modernen Arbeitswelt. Die entscheidenden Impulse kamen aus dem japanischen Toyotismus-System, das unter der Firmierung »Lean Management« zum industriellen Universalmodell generierte und dank der MIT-Studie »Die zweite industrielle Revolution« Weltruhm erlangte. Schlankes Management beinhaltet u. a. einen Abbau von Hierarchieebenen, um so die Informations-, Reaktions- und Entscheidungsgeschwindigkeit zu erhöhen. Dieser Prozess wird begleitet und verstärkt durch die Verlagerung von Befugnissen, die bisher den Spezialisten in den Fachabteilungen vorbehalten waren, in die Wertschöpfungskette hinein. In dem Maße, in dem auch klassische Führungsaufgaben wie Organisation und Koordination, wie Entscheidung und Kontrolle auf Arbeitsgruppen übertragen werden, setzt das ein Mehr an Information, Kommunikation und Kooperation an der Basis, also Teamwork, voraus. Teamarbeit ist nicht mehr die Übungswiese zum Testen moderner Managementmethoden, sondern die notwendige Arbeitsform, um die Produktivkräfte Information und Kooperation wertschöpfend zu nutzen.

Die Geschichte der vier Leute namens Jeder, Einer, Irgendeiner und Niemand

Es war eine wichtige Sache zu erledigen
und jeder war sicher, dass einer es tut.

Irgendeiner hätte es tun können,
aber niemand tat es.

Einer wurde ärgerlich,
weil es die Sache von jedem war.

Jeder dachte, irgendeiner könnte es tun,
aber niemand merkte,
dass es nicht jeder tun würde.

Es endete damit, dass jeder einem die Schuld gab,
als niemand tat, was irgendeiner hätte tun können.

(Quelle unbekannt)

Die Zukunft wird es mit sich bringen, dass Mitarbeiter den Hauptteil ihrer Arbeit innerhalb ihrer Arbeitsgruppe verbringen und in zeitweilig gebildeten Projektgruppen mitarbeiten. Das erklärt auch den Unterschied zwischen einem Team und einer

Der Unterschied zwischen einem Team und einer Arbeitsgruppe

Arbeitsgruppe. Während Gruppenarbeit von einer bestehenden Arbeitsgruppe täglich an einem gemeinsamen Ort erbracht wird, ist das bei Teamarbeit nicht unbedingt erforderlich. Teamarbeit kann auch darin bestehen, dass die Teammitglieder Einzelarbeit einbringen.

Die Arbeitsweise einer teilautonomen Arbeitsgruppe

Ein durchgängiges Merkmal schlanker Produktion ist die Installation ständig zusammenarbeitender Gruppen mit einem hohen Maß an innerbetrieblicher Selbständigkeit und Verantwortung. Das bedeutet, dass die Gruppe selbständig die Gestaltung der Arbeitsabläufe, die Verteilung der anfallenden Arbeiten, die Mengen und Qualitätskontrollen sowie die Lösung von Konflikten regelt. Die Gruppe leistet also nicht nur die Arbeit, sondern organisiert sich innerhalb vorgegebener Rahmenbedingungen selbst. Sie ist für die Erledigung eines überschaubaren Arbeitskomplexes voll verantwortlich. Das Ergebnis ist ein ganzheitliches Produkt bzw. eine einheitliche Dienstleistung, die an einen internen oder externen Abnehmer geliefert wird. Im Einzelnen bedeutet dies:

- Die planenden, steuernden und kontrollierenden Funktionen werden in die ausführenden (re)integriert.
- »Zerstückelte« Tätigkeiten werden zu sinnvollen und überschaubaren Arbeitsgebieten zusammengefasst.
- Die Gruppenmitglieder verrichten nicht nur gleichartige bzw. ähnliche Arbeitsgänge, sondern auch vertiefende, z. B. die Qualitätskontrolle und Instandhaltung.

Mit dieser Eigenverantwortung der Teams hört die Besserwisserei des Managements auf. Damit können auch Kosten gespart werden, denn Investitionsentscheidungen von oben verursachen unten Kosten, und zwar immer dann, wenn Mitarbeiter nicht in den Entscheidungsprozess einbezogen wurden.

Was ist ein Team?

Das Problem der Definition

Den Begriff »Team« zu definieren ist ein genauso hilfloses Unterfangen wie die Definition des Wortes »Demokratie«, denn der Komplex Kooperation hat viele Aspekte. Will man der Gesamterscheinung gerecht werden, muss unterschieden werden zwischen der Kooperation als einer Form der Interaktion zwischen mehreren Individuen, als Einzelverhalten und als Führungsstil. So zeichnet sich *kooperatives Verhalten* durch Hilfsbereitschaft und Gemeinsamkeit im Hinblick auf die zu bewältigende Aufgabe aus. Beim *Teamwork* handelt es sich um eine Sonderform der Zusammenarbeit in Gruppen, bei der alle Mitglieder gleiche Rechte und Pflichten haben und die Führung untereinander regeln.

Das Team als Gebilde »auf Zeit«

Während die klassische Arbeitsgruppe eine dauerhafte Einrichtung ist, handelt es sich bei Teams in ihrer konkreten Form als Qualitätszirkel, Arbeitskreis oder Projektgruppe um Gebilde »auf Zeit«, die an ausgewählten Einzelproblemen arbeiten. Die Mitglieder kommen meist aus verschiedenen Abteilungen.

Der richtige Teammix

Die richtigen Leute zur richtigen Zeit am richtigen Ort zusammenbringen

Wenn Sie etwas innovieren wollen, dann müssen Sie die richtigen Leute am richtigen Ort zur richtigen Zeit zusammenbringen. Wer aber sind die richtigen Leute? Das hängt einerseits natürlich von der Art der Aufgabe ab. Angenommen, es soll eine technische Vorrichtung verbessert werden, dann brauchen Sie Fachleute im Team. Aber unter den Experten gibt es solche mit starkem und andere mit schwachem Temperament, gibt es Visionäre und Kontrolleure, Macher und Bremser, Logiker und Träumer. Angenommen, Ihr Team bestände nur aus Machertypen, dann hätten Sie viel Aktionismus im Team, aber keinen Zustrom an neuen Ideen. Setzt sich Ihr Team nur aus Visionären zusammen, dann hätten Sie viele Ideen, aber kaum neue Produkte oder Angebote. Es kommt auf den richtigen Mix an. Sie brauchen den Visionär, um Ideen zu generieren. Der Kontrolleur rechnet und prüft diese auf ihre Machbarkeit. Der Innovator gibt dem daraus entstandenen Produkt den nötigen Schwung, und der Macher bringt es auf volle Touren. Es bedarf dann noch eines Teammitgliedes, das die verschiedenen Charaktere koordinierend und moderierend unter einen Hut bringt.

Den folgenden Team-Innovationstypen-Indicator-Test habe ich entwickelt, um Ihnen und Ihren Kollegen zu helfen, sich hinsichtlich Ihres Profils zuzuordnen. Jeder Mensch hat seine spezielle typologische Heimat, jeder seine Stärken und Schwächen. Im Innovationsprozess einer Organisation brauchen wir diese verschiedenartigen Charaktere als synergetische Gesamtheit.

7. Team- und Innovationstypen-Indicator-Test

nach Prof. Dr. Walter Simon

Bitte beantworten Sie folgende Fragen durch Ankreuzen. In jedem Block darf aber jeder Buchstabe von A bis D bzw. jeder Zahlenwert nur ***einmal*** angekreuzt werden. Sie entscheiden sich also für eine Reihenfolge von A bis D. Bitte treffen Sie Ihre Wahl ohne langes Grübeln über Sinn oder Unsinn der Fragen.

A trifft *stark* zu
B trifft *etwas* zu
C trifft *weniger* zu
D trifft *am wenigsten* zu

	Fragen	**A** 4	**B** 3	**C** 2	**D** 1		Pkt.
01	Ich durchdenke etwas gründlich, bevor ich handle.					**R**	
	Ich kann gut Alternativen entwickeln.					**K**	
	Ich bin kein beständiger und ausdauernder Mensch.					**E**	
	Ich neige zu einer genauen Abschätzung der Folgen.					**T**	
02	Ich denke häufig nach, was nun getan werden muss.					**K**	
	Ich bevorzuge Ordnung in meinem Umfeld.					**R**	
	Ich probiere lieber im Kleinen, vor dem großen Wurf.					**T**	
	Ich mag es, beachtet zu werden.					**E**	
03	Ich bin kein Mensch, der Traditionen aufrechterhält.					**E**	
	Ich bin eher vorsichtig gegenüber dem Neuen.					**T**	
	Beim Problemlösen habe ich bestimmte Methoden.					**R**	
	Ich bemühe mich, an Geschehnissen beteiligt zu sein.					**K**	

		A 4	B 3	C 2	D 1		Pkt.
04	Ich bevorzuge es, der Reihe nach zu arbeiten.					**R**	
	Zu viel Ordnung macht mich unruhig.					**E**	
	Ich spreche gern mit anderen über neue Konzepte.					**K**	
	Ich bin bemüht, mich anderen Menschen anzupassen.					**T**	
05	Ich arbeite gern an neuen Theorien und Methoden.					**K**	
	Ich nutze gern Ideen, die andere entwickelten.					**T**	
	Ich bevorzuge Ordnung und Gleichgewicht.					**R**	
	Es gibt Momente, in denen ich ungeduldig werde.					**E**	
06	Methodisch vorgehen zu können empfinde ich als gut.					**R**	
	Ich habe Präferenzen, von denen ich mich leiten lasse.					**E**	
	Ich begreife den Kern einer Sache leicht und schnell.					**K**	
	Ich überlasse gern anderen die Führung.					**T**	
07	Mein Denken bezieht sich gern auch auf Zukünftiges.					**K**	
	Ich freue mich, wenn alles gut zusammenpasst.					**T**	
	Beweise überzeugen mich mehr als spontane Ideen.					**R**	
	Ich neige manchmal zu emotionalen Handlungsweisen.					**E**	
08	Ich kann Dinge und Sachverhalte gut analysieren.					**K**	
	Ich treffe Entscheidungen gern aus dem Bauch heraus.					**E**	
	Ich begegne dem Neuen vorsichtig und reserviert.					**T**	
	Ich bin ein Mensch, der Schritt für Schritt vorgeht.					**R**	

		A 4	B 3	C 2	D 1		Pkt.
09	Ich denke oft über das nach, was die Zukunft bringt.					**K**	
	Ich möchte anerkannt und respektiert werden.					**E**	
	Ich bevorzuge Bewährtes statt unbekanntes Neues.					**T**	
	Ich mag es gern, Ordnung und Übersicht zu schaffen.					**R**	

10	Ich liebe es, andere für meine Ideen zu gewinnen.					**E**	
	Ich halte mich an Regeln und Vorschriften.					**T**	
	Ich kann mich selbst und Abläufe gut organisieren.					**R**	
	Ich diskutiere gern, wie man Dinge/Projekte umsetzt.					**K**	

11	Ich erdenke gern neue Ideen und Konzepte.					**K**	
	Ich lasse mich stark von meinen Gefühlen leiten.					**E**	
	Ich belasse eine Situation gern so, wie sie ist.					**T**	
	Ich arbeite mich gern in Details ein.					**R**	

12	Ich erkenne leicht und schnell Alternativen.					**K**	
	Ich springe oft von einer Sache zur anderen.					**E**	
	Ich habe ein ungutes Gefühl bei Veränderungen.					**T**	
	Ich konzentriere mich gern auf beweisbare Ideen.					**R**	

13	Ich kann anderen das Wichtigste gut erklären.					**K**	
	Ich beschäftige mich mit vielen Dingen gleichzeitig.					**E**	
	Ich orientiere mich gern an bewährten Methoden.					**T**	
	Man sagt von mir, dass ich schrittweise vorgehe.					**R**	

Auswertung

Bitte schreiben Sie in die ganz rechte Spalte, wie viele Punkte Sie entsprechend Ihren Kreuzen haben. Anschließend addieren und notieren Sie die Anzahl Ihrer jeweiligen Buchstaben (K, E, T und R). Alle Punktwerte der Buchstaben müssen zusammen immer 130 Punkte ergeben:

K = ...
\+ E = ...
\+ T = ...
\+ R = ...

= 130 Pkt. gesamt

Dann übertragen Sie die entsprechenden Werte an den mit K, E, T und R gekennzeichneten Stellen in die beiden Diagonalachsen und verbinden die gekennzeichneten Stellen mit vier geraden Linien zu einem viereckigen Gebilde.

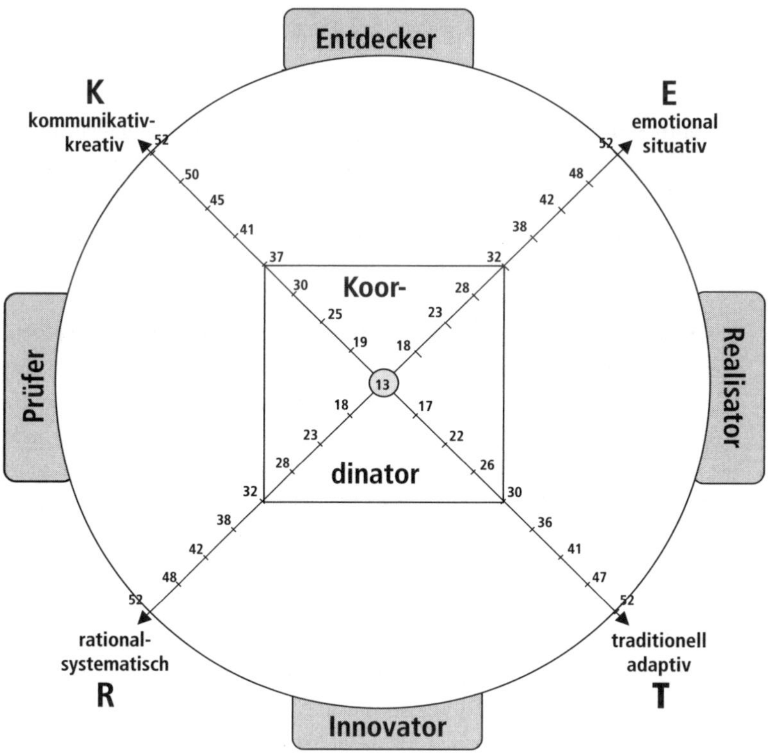

Ergebnisse

Die Buchstaben stehen für:

K für eine *kommunikativ-kreative* Verhaltensausprägung.
E für eine *emotional-situative* Verhaltensausprägung.
T für eine *traditionell-adaptive* Verhaltensausprägung.
R für eine *rational-systematische* Verhaltensausprägung.

Bei diesen Verhaltensausprägungen handelt es sich um so genannte Idealtypen an den Achsenpolen. In der Wirklichkeit ist niemand nur nach der einen oder anderen Richtung hin geprägt, sondern die Ausprägungen sind vielleicht in der einen Richtung etwas stärker und in der anderen etwas schwächer. Das ergibt eine Mischung, die in dem Quadrat sichtbar wird. Zum besseren Verständnis wollen wir aber zunächst die Idealtypen vorstellen.

Der **kommunikativ-kreative** Idealtyp stellt Bestehendes infrage, ist fortschrittsgläubig, experimentierfreudig und entwickelt neue Ideen sowie Konzepte. Zu seinen Stärken gehört das Erkennen von Möglichkeiten und Alternativen, die er anderen gut »verkaufen« kann. Er hat einen Blick für das Ganze und eine Vorstellung von der Zukunft.

Der **emotional-situative** Idealtyp ist spontan, sprunghaft und ungeduldig. Er bringt Dinge aber selten zu Ende, da er sich mit mehreren Dingen gleichzeitig beschäftigt. Seine Entscheidungen und Handlungen sind zumeist gefühlsgeleitet. Um das Gefühl zu befriedigen, benötigt er Anerkennung. Zwänge jedweder Art bremsen seinen Ideenfluss.

Der **traditionell-adaptive** Idealtyp bewahrt als vergangenheitsorientierter Mensch gern das Vorhandene. In seine Entscheidungen und Handlungen fließen frühere Erfahrungen stark ein. Außerdem macht er sich Gedanken über mögliche Folgen. Er lässt sich von Normen und Regeln sowie von den Erwartungen anderer Menschen leiten, denen er gern auch die Führung überlässt, da er selbst wenig führungstauglich ist. Mit anderen Menschen bzw. seinen Kollegen kommt er in der Regel gut zurecht, da er sich u. a. um Stabilität im Team bemüht.

Der **rational-systematische** Idealtyp liebt Logik und Ordnung in seinen Handlungsweisen. Er geht linear, systematisch und der Reihe nach vor. Dabei beachtet er auch Details, zieht Schlussfolgerungen und erkennt Zusammenhänge zu anderen Aspekten und Problemen. Im Verhältnis zu anderen Menschen wirkt er eher kühl, u. a. wegen seiner pedantischen Liebe zu Zahlen.

Ihr persönliches Profil

a) Die Grundtypen

Je nachdem, in welche Richtung Ihr viereckiges Gebilde am stärksten ausschlägt, beschreiben die hier gemachten Aussagen, welchem Idealtypus Sie tendenziell entsprechen. Das ist Ihre typologische Heimat.

Als nächsten Schritt markieren Sie bitte diejenige Fläche, die von allen vier Feldern am meisten Raum einnimmt. Stellen Sie dann fest, welche der folgenden Beschreibungen am meisten auf Sie zutrifft:

– Entdecker

Dieser Innovationstyp ist offen für das Neue. Er arbeitet selbständig, ist flexibel und unkonventionell in seinen Denk- und Verhaltensweisen. Als Querdenker eckt er schnell an, da er sich nicht gut in bürokratische und hierarchische Strukturen einpasst, denn Ordnung, Regeln und Grenzen blockieren seine Kreativität. Da er weiter denken kann, als sein Blick reicht, verfügt er über einen guten Überblick über das Ganze und erkennt systemische Zusammenhänge.

– Innovator

Dieser Idealtyp sponsert neue Ideen so lange, bis diese genug Schwung haben, um ein neues Produkt oder eine neue Dienstleistung zu werden. Er geht planvoll an die Dinge, bemüht sich um Effizienz und wacht über Abläufe und Budgets. Der Innovator hat einen gewissen Hang zum Vertrauten und bezieht darum gern seine Erfahrungen in den Innovationsprozess ein. Im Team nimmt er die Rolle einer Lokomotive ein, denn seine Stärke liegt im Durchhaltevermögen.

– Prüfer

Dieser Innovationstyp hinterfragt neue Ideen kritisch. Als Realist würdigt er zwar das Kreative, fragt aber danach, ob es der Markt auch aufnimmt. In seinem Urteil stützt er sich auf fundierte Analysen. Das entspricht seinem Wesen als ordnungsliebender und methodisch arbeitender Mensch. Diese Charaktereigenschaft qualifiziert ihn, Ideen zu beurteilen und ggf. zu variieren, um sie in geänderter Form umzusetzen. Es fällt ihm relativ leicht, lange und gründlich an einer Sache zu arbeiten.

– Realisator

Dieser Innovationstyp begeistert sich für die Aufgabe und fühlt sich ihr verpflichtet. Er hat das Ziel fest im Visier und bewegt sich planmäßig darauf zu. Dabei werden auch Details, z. B. die Qualität der Ausführung, beachtet. Seine Stärke liegt im Durchhaltevermögen und der Zuverlässigkeit. Da sein Interesse der Sache gilt, überlässt er gern anderen die Führung.

– Koordinator

Dieser Idealtyp hat die klassische Überwachungs-, Informations- und Steuerungsfunktion, ohne die ein Projekt bzw. Team nicht auskommt. Hier laufen die Fäden des Gesamtprozesses bzw. des Teams zusammen und werden neu geknüpft. Ein großer Anteil der Aufgabe besteht in der Kohäsion, in der Beibehaltung der Aufgabe bzw. im Zusammenhalt des Teams.

b) Mischtypen

Wenn der größere Flächenanteil Ihres Vierecks signifikant in ein Feld hineinreicht, dann gilt für Sie die Beschreibung des jeweiligen Grundtyps. Möglich ist aber auch, dass die Auswertungsfläche zwei Felder mit relativ großen Anteilen gleichzeitig bedeckt. In diesem Fall vermischen sich die Grundtypen, so dass von einem »Mischtyp« gesprochen werden kann:

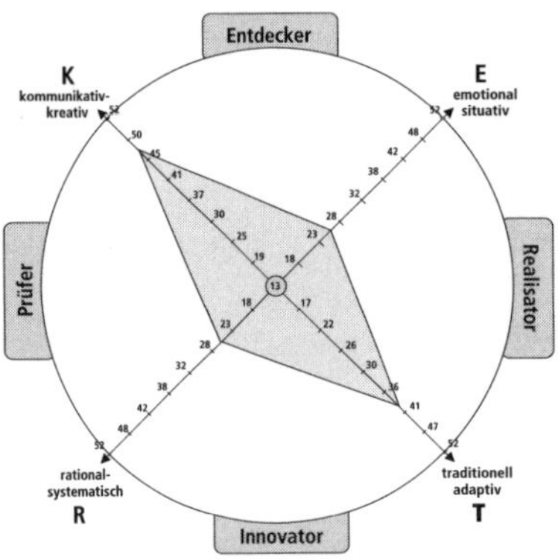

– Der KT-Achsentyp

Dieser Typ ist zwar kommunikativ und kreativ, aber er springt nicht gleich bis zum Hals ins Wasser. Er liebt neue Ideen genauso wie eine exakte Planung. Dabei berücksichtigt er in der Regel seine bisherigen Erfahrungen. Diese sind die Grundlage seines guten Gespürs für das Machbare im Team bzw. einer Organisation. Hinzu kommt seine Fähigkeit, Dinge umfassend zu sehen und Handlungsalternativen zu erkennen. Der Elan, zu neuen Ufern aufzubrechen, fehlt ihm aber. Er bewegt sich lieber auf der sicheren Seite des Lebens.

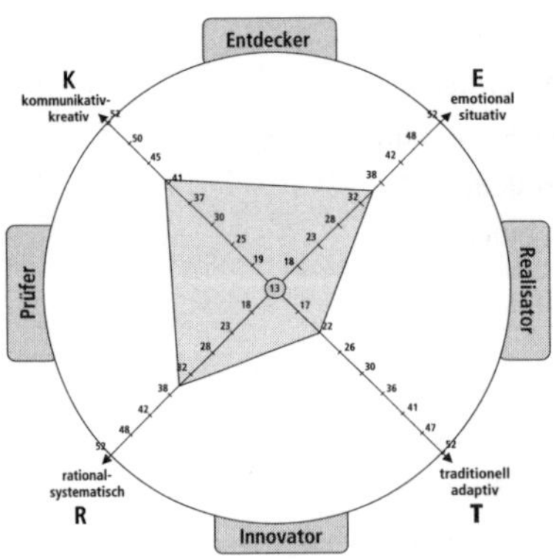

– Der PE-Achsentyp

Eine PE-Persönlichkeit verfügt meist über ein gutes Maß an Intelligenz. Diese Person ist kreativ und kritisch, spontan und methodisch zugleich. Ihre Ideen sind von guter Qualität. Eine schnell geborene Idee wird schnell verworfen, wenn sie sich als nicht machbar erweist. Die PE-Persönlichkeit zeichnet sich aber durch eine gewisse Ungeduld gegen sich selbst aus. Als Tüftler sucht sie lange nach Lösungen, da auch der Weg für sie das Ziel sein kann. Aber es bleibt nur bei der Lösung ohne die sich eigentlich anschließende Umsetzung.

– Der ER-Typ

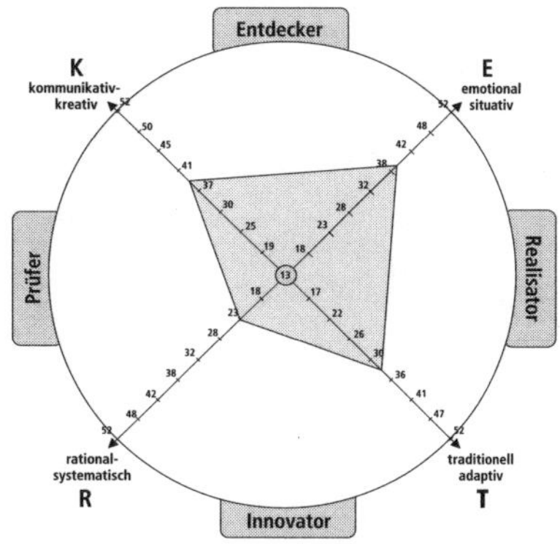

Charakteristisch für diesen Typ ist, dass er nicht nur am laufenden Band Ideen entwickelt, sondern aktiv dazu beiträgt, diese auch umzusetzen. Er ist alles andere als ein Pedant. Produktives Chaos ist sein bevorzugtes Arbeitsklima. Aktiv sein ist sein Daseinszweck. Dabei stützt er sich gern auf Konzepte, die ihn aber nur in groben Umrissen interessieren. Die klein gedruckten Details überliest er gern, weil es wertvolle Zeit kostet, die ihm bei der praktischen Umsetzungsarbeit fehlt. Wenn es nicht so richtig vorangeht, verliert dieser Mensch leicht den Mut und ist schnell frustriert. Darum ist er für Motivation in Form von Anerkennung und der Übertragung von Verantwortung sehr empfänglich. Auch liebt er es, in ein Team integriert zu werden.

– Der RE-Achsentyp

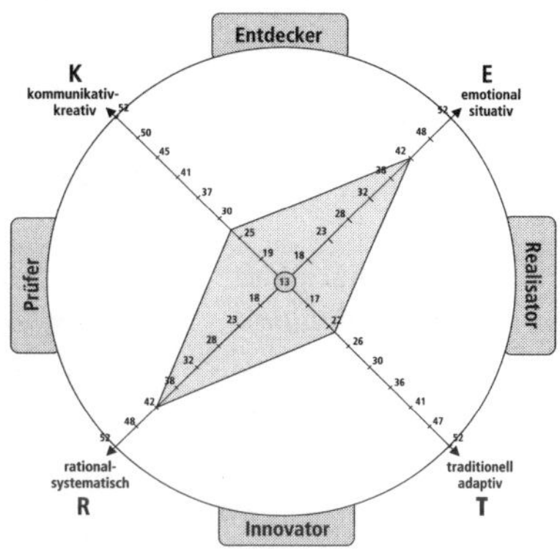

Dieser Teamkollege ist von seinem Arbeitsverhalten her vielseitig einsetzbar. Er ist dynamisch, kreativ und auch ein wenig sprunghaft. Hinzu kommt seine Fähigkeit, konzeptionell vorzugehen, wenn die Umstände es erfordern. Da er Resultate sehen will, treibt er sein Umfeld an, Pläne und Beschlüsse umzusetzen – vor allem dann, wenn diese auf seinen Ideen und Entscheidungen beruhen. Läuft aber alles nach Plan bis hin zum Erfolg, dann genießt er ausgiebig die damit verbundene Anerkennung. Der RE-Typ vereinigt produktive Widersprüche in sich, indem er einerseits ein Gefühls- und andererseits ein Kopfmensch ist. Für sich selbst beansprucht er Freiheit, übt aber gern Einfluss über andere Menschen aus.

– Der RI-Typ

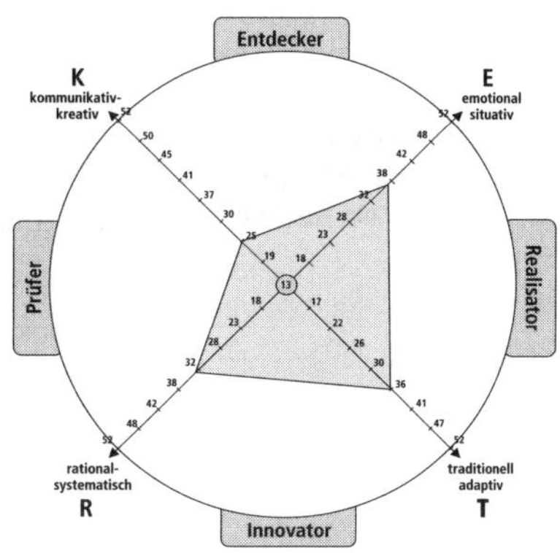

Dieser hat zwei Herzen in seiner Brust, die des Realisators und die des Innovators. Er arbeitet schnell und mit Druck, um Ziele zu erreichen. Um schneller voranzukommen, setzt er auf bereits bekannte Ideen und versucht, den Prozess zu rationalisieren. Damit nichts schief läuft, möchte er mögliche Hindernisse vorab gründlich diskutieren und mittels guter Planung vermeiden. Sein Wert für das Team besteht darin, dass er Ideen und Pläne vorantreibt, indem er Abläufe organisiert und Aufgaben definiert. Er kann aber auch hemmend, vor allem auf kreative Menschen, wirken, da er angedachte Dinge erst zu Ende bringen will, bevor neue Ideen kreiert werden.

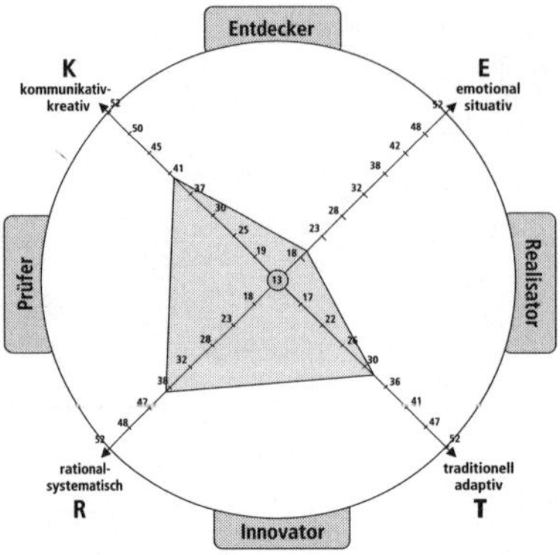

– PI-Typ

Dieser Typ denkt zukunftsorientiert. Darum entwickelt er Pläne, Konzepte oder Alternativen zu schon Bestehendem. Seine Stärke liegt im Verbessern von Ideen. Er berücksichtigt das schon Vorhandene und versucht, dies in seine Ideen und Konzepte einzufügen. Dabei geht er planvoll und gut durchdacht an sein Werk, dessen Einzelelemente möglichst gut zusammenpassen sollen. Seine besondere Stärke liegt im Verbessern von Ideen. Dabei hilft ihm sein Gespür für potenzielle Probleme, für die er sich systematisch Lösungen bis ins Detail ausdenkt. Am Schreibtisch bzw. am Computer ist er besser aufgehoben als auf dem »Schlachtfeld«. Hier hat er aufgrund seiner Ordnungs- und Planungsliebe eher einen bremsenden Einfluss auf andere Menschen und innovative Ideen.

8. Rede nicht, handle!

Die Schwierigkeit des Anfangens

Am Anfang war eine Idee, dann das Wort. Dem sollte eine Handlung folgen, die in ein Ergebnis mündet. Es reicht nicht, sich die Zukunft vorzustellen, man muss sie auch aufbauen. Nur reale Ergebnisse bewirken Entwicklung. Das aber setzt das Wagnis des Anfangens voraus. Doch der Anfang und die Aktion sind die schwächsten Glieder im kreativen Prozess. In Innovationsprojekten schaffen einige Gutes, andere Ärger, aber die meisten produzieren Ausreden. Wenn nur 1 Prozent der guten Ideen auf dieser Welt Wirklichkeit würden, dann stiege der Fortschritt um das Hundertfache.

Gelegenheiten erkennen und Chancen nutzen

Wenn Sie etwas Neues schaffen oder Bestehendes verbessern wollen, dann sollten Sie sich nicht mit dem beschäftigen, was getan werden könnte, müsste und sollte, sondern mit dem, was getan werden muss. Es hat keinen Zweck darauf zu warten, dass das Schicksal nachhilft, sondern *Sie* müssen dem Schicksal nachhelfen. Wenn Sie Innovationen herbeiführen und Erfolg haben wollen, dann müssen Sie Gelegenheiten erkennen, Chancen ergreifen, Probleme lösen und Herausforderungen annehmen. Warten Sie nicht auf die beste Gelegenheit, sondern schaffen Sie

sie selbst. Wenn Sie sich entschlossen haben, etwas zu verändern, dann machen Sie es alsbald, am besten sofort. Haben Sie den Mut zum Unvollkommenen! Das bringt Sie weiter als ein Perfektionismus, der Sie vom Handeln abhält. Beherzigen Sie die Weisheit »Sich regen bringt Segen«. Nur wenn Sie sich bewegen, bietet sich Ihnen die Chance, über etwas zu stolpern, was Sie auf neue Ideen bringt. Wenn Sie aber im Sitzen vorwärts kommen wollen, dann können Sie über nichts stolpern. Wichtig ist, es zumindest zu probieren. *Do it, try it, fix it!*

Testen, durchhalten und rechtzeitig beenden

Test ist ein wichtiges Wort im Vokabular erfolgreicher Menschen und Unternehmen. Ein Operations-Research oder eine Marktforschungsstudie sind kein Garant für den Innovationserfolg. Es ist auf jeden Fall besser, sich auf greifbare Ergebnisse zu konzentrieren als auf papierene Programme und Konzepte. Steven P. Jobs und Steve Wozniak haben allen Bedenken zum Trotz einfach einen Personalcomputer gebaut, diesen APPLE genannt und so erneut eine Geschichte »vom Tellerwäscher bis zum Millionär« geschrieben. Wie so oft, half das Glück dem Tüchtigen. Erfolg stellt sich nur dort ein, wo tatsächlich etwas e-r-f-o-l-g-t-e. Wichtig hierbei ist nicht nur das Beginnen, sondern das Durchhalten oder möglicherweise auch das rechtzeitige und bewusst gewollte Beenden, wenn sich der beschrittene Weg als Sackgasse erweist. Wie beim Pokerspiel muss man wissen, wann man die Karten niederlegen sollte.

Beispiel betriebliches Vorschlagswesen

Die Aufforderung »Rede nicht, handle!« gilt auch für jene Unternehmen, die ein betriebliches Vorschlagswesen praktizieren, bei denen die Verbesserungsvorschläge im Schneckentempo bearbeitet werden und nur selten in Verbesserungen münden. Immer wieder höre ich Klagen von Mitarbeitern, dass ihre Vorschläge über Wochen und Monate hinweg wie Behördenakten lagern und liegen, bis sie endlich etwas über den Verbleib ihrer Ideen erfahren. Vielleicht gibt es dann sogar eine Prämie, aber ohne dass die Idee innovativ umgesetzt wurde. So habe ich es bei einem großen deutschen Bauunternehmen erlebt, in dem etwa 100 000 DM Prämien für 50 Verbesserungsvorschläge ausgeschüttet wurden, von denen nicht ein einziger in die Praxis umgesetzt wurde.

Aktives oder reaktives Vorschlagswesen?

Ein gutes Vorschlagswesen muss aktiv ausgerichtet sein und nicht reaktiv. In der Praxis europäischer Unternehmen ist es so, dass Mitarbeiter Verbesserungsvorschläge machen *dürfen*. Das ist ein reaktives Konzept. Wer Innovationen will, der sollte aktiv auf seine Mitarbeiter zugehen und Vorschläge täglich immer wieder neu erfragen. Mitarbeiter *sollen* Verbesserungsvorschläge machen. Es gibt noch immer viel zu viele Vorgesetzte, die Angst vor Verbesserungsvorschlägen ihrer Mitarbeiter haben, weil sie meinen, das Ideenprivileg gepachtet zu haben und Vorschläge als Majestätsbeleidigung betrachten.

Innovationsmanagement ist eine Art unternehmerische Zukunftsversicherung, für die Prämien in Form kreativen Denkens und aktiven Tuns entrichtet werden müssen.

»Wenn nach der Devise ›anfassen, probieren, riechen‹ verfahren wird, kommt es zumeist zu außerordentlichen Ergebnissen« (Peters / Waterman, 1984, 171).

Je mehr Versuche, umso mehr Treffer

Die Methode hierzu heißt experimentieren. Innovationen sind oft eine Folge intensiven Experimentierens, wofür der Erfinder Thomas A. Edison als bestes Beispiel steht. Es gibt Unternehmen, die ihren Managern vorschreiben, 20 Prozent ihrer Zeit mit dem Experimentieren an neuen Technologien zu verbringen. In solchen Spielzimmern entstehen Innovationen. Mit der Zahl der Versuche steigt auch die Zahl der Treffer.

Stellen Sie sich etwas vor, was Sie in Ihrem Unternehmen für gut oder notwendig erachten, Ihnen aber von der Durchführung her völlig unmöglich erscheint. Was wäre, wenn es doch ginge oder Sie es zumindest versuchen würden?

Der Mensch als der entscheidende Innovationsfaktor

Auf Pioniere wird geschossen

Der entscheidende Innovationsfaktor ist und bleibt der Mensch. Eine gute Innovationskultur basiert auf Persönlichkeitskultur. Ideen entstehen im Kopf von Menschen und hier wird auch entschieden, ob sie bekannt gemacht und innovativ umgesetzt werden. Respekt gebührt jenen Mitarbeitern, die das Richtige tun, selbst wenn Vorgesetzte das Falsche von ihnen fordern. Solche

Pioniere sind für ein Unternehmen (überlebens)wichtig. Aber anstatt den kreativen Funken am Glimmen zu halten, wird auf Pioniere geschossen, auch seitens des Managements. Allzu oft stehen unsere Pioniere im Kugelhagel, ohne dass ihnen unternehmensseitig Schutz gewährt wird. Dieser Mitarbeitertyp, in der Managementliteratur als »Entrepreneur« bezeichnet, ist einer der wenigen Unternehmer in den zu Behörden verkommenden Firmen. Er setzt seinen Träumen Termine, so dass daraus Ziele entstehen, und handelt entsprechend. Im Gegensatz zum »Unternehmensbeamten«, der nach Macht, Beförderung und Belohnung strebt, motiviert sich der Entrepreneur durch Ziele, Sachinteresse und Zwischenerfolge. Wo andere noch über die Dunkelheit schimpfen, zündet der Pionier bereits die Kerze an. Erkennt er Freiräume, dann erobert er sie sich.

Fortschritt und Anpassung

Der Schriftsteller Bernhard Shaw (1856–1950) wusste zu seiner Zeit zwar noch nichts vom Entrepreneur, aber schon er meinte, dass der Fortschritt von unvernünftigen Menschen herbeigeführt wird, weil der vernünftige Mensch sich seiner Umgebung anpasst, während der Unvernünftige versucht, sich seine Umgebung anzupassen. Ich glaube, das gilt insbesondere für Mitarbeiter, die die Zukunft erschaffen. Sie sind Pioniere und Rebellen zugleich, verhalten sich subversiv und verstehen es, Regeln zu umgehen.

Wenn Sie als Führungskraft ein Innovations-Abonnement wünschen, sollten Sie die vorhandenen Pioniere gewähren lassen und ihnen ggf. einen Offiziersrang verleihen. Auch anderen Querdenkern sollten Sie erlauben, im Untergrund zu arbeiten, da eine zu frühe Publizität das Immunsystem der Firma aktiviert. Außerdem sollten Sie die Entschuldigung für fehlgeschlagene Aktionen akzeptieren, da der entsprechende »Handlungsantrag« nie genehmigt, ja nicht einmal beantwortet worden wäre. Sie sollten darum Ihren Mitarbeitern eine lange Leine lassen. Dann sind Sie selber frei.

Richtig erkannt und gut beschrieben ...

»Es gibt kein schwierigeres Wagnis,
keinen zweifelhafteren Erfolg
und keinen gefährlicheren Versuch,
als eine neue Ordnung einzuführen;
denn jeder Neuerer hat alle zu Feinden,
die von der alten Ordnung Vorteile haben,
und findet zögernde Befürworter in jenen,
die sich von der neuen Ordnung Vorteile erhoffen.

Das Zögern resultiert teilweise aus der Furcht vor den Gegnern, die das Gesetz auf ihrer Seite haben, und teilweise aus der Fantasielosigkeit der Menschen, die erst dann von Neuerungen überzeugt sind, wenn sie konkrete Erfahrungen damit gesammelt haben.

Daher kommt es, dass die Gegner die neue Ordnung bei jeder Gelegenheit mit aller Leidenschaft angreifen, und die Befürworter diese zu schwach verteidigen. Deshalb gerät der Neuerer zusammen mit den Befürwortern in Gefahr.«

(Niccolo Machiavelli, Der Fürst, Kap. 6)

Von der 3M-Kompanie, einem Vorreiter in Sac hen Innovationsmanagement, ist zu erfahren, dass man dort von seinen »Champions«, ein anderes Wort für den »Entrepreneur«, ein gewisses Maß an Unvernunft erwartet. Der Champion ist

»... ein unangenehmer Zeitgenosse, ungeduldig, egozentrisch und vielleicht aus der Sicht des Unternehmens auch nicht ganz richtig im Kopf« (Peters / Waterman, 1986, S. 242).

Vom Nutzen der Unvernunft

Das Vorhandensein eines von einem Projekt überzeugten Champions ist Voraussetzung für den Innovationserfolg. Im Gegensatz dazu zeichnen sich erfolglose Innovationen dadurch aus, dass jemand zu einem Projekt überredet worden ist. Das ist überzeugend in vielen Managementstudien nachgewiesen worden und deckt sich mit der allgemeinen Lebenserfahrung.

Innovation durch Störenfriede

Solche innovativen »Störenfriede« werden in manchen Unternehmen bewusst in das System eingebaut. So genannte »Fellows« dürfen dort schalten und walten, wie sie wollen; sie sollen Unruhe in das Unternehmen bringen, vorausgesetzt, diese Unruhe wirkt positiv.

Wenn sich etwas ändern soll, legen Mitarbeiter diese Verhaltensweisen an den Tag

Innovieren ist risiko- und fehlerbehaftet, aber notwendig

Fehler als Knotenpunkte wichtiger Entwicklungen

Wer eine Sechs würfeln will, muss viele Würfe machen. Darunter sind auch einige Nieten. Der Innovationsprozess gehorcht ebenso dem Gesetz der großen Zahl und muss ein gewisses Maß an Ausschuss einplanen. Wenn Sie neue Wege beschreiten wollen, dann unterlaufen Ihnen Fehler. Ein Fehler ist weder gut noch schlecht. Er ist notwendig, wenn Sie innovieren wollen. Einen größeren Fehler begehen Sie, wenn Sie sich vor neuen. Wegen scheuen. Fehler gehören zum Leben wie das Salz zur Suppe. Auch Innovationen erweisen sich als fehlerhaft, aber es ist niemals ein Fehler, es zumindest zu versuchen. Die Geschichte des Innovationsmanagements zeigt, dass sich viele Fehler im Nachhinein als Knotenpunkte wichtiger Entwicklungen herausstellen, so, wie es beim 3M-Post-it der Fall war. Ein untauglicher Kleber erwies sich im Zusammenhang mit einem Blatt Papier als profitable Innovation. Aber auch viele andere Erfolge waren das Ergebnis eines falschen Schritts in die richtige Richtung.

Fehler sind eine Frage der Sichtweise

Was ein Fehler ist, ist oft eine Frage der Sichtweise bzw. der Perspektive. Die CDU weist der SPD ständig deren »Fehler« nach, während die SPD die »falsche« Politik der CDU brandmarkt. Die SPD erklärt ihre Politik für die einzig richtige, ebenso wie die CDU die ihrige. Der Wettstreit der Ideen gehört zur Politik, aber auch das Zuhören und die geistige Auseinandersetzung mit den Argumenten des Gegners. Der Schulmediziner wettert gegen die Behandlungsmethoden der Naturheilkundler, während dieser die Schulmedizin anprangert. Ein wirklicher Fehler aber ist es, in den Denk- und Handlungsweisen anderer immer gleich Fehler zu entdecken.

Ein Fehler ist es, Fehler zu vertuschen

Fehler sollten nicht gleich bestraft werden. Erst beim Doppelfehler kann, wie beim Tennis, gepunktet werden. Wenn Sie Fehler mit der Lupe suchen, um sie zu vergrößern und um »Schuldige« zu entlarven, dürfen Sie sich nicht wundern, wenn Fehler vertuscht werden. Wer einen Fehler macht, hat *einen* Fehler gemacht, wer ihn aber vertuscht, macht einen unverzeihlichen Doppelfehler. Jeder hat das Recht, einen Fehler zu machen, aber auch die Pflicht, daraus zu lernen. Insofern sind Fehler eine Quelle für Einsichten.

Die Fehler von heute sind die Erkenntnisse von morgen. Jeder Fehler ist ein Stück Erfahrung oder auch ein Feedback, dass man seinem Ziel näher gekommen ist.

Der ehemalige deutschstämmige IBM-Manager *John Hormann* berichtet im »Handelsblatt« von seinen Erfahrungen mit Fehlern und der daraus resultierenden Angst.

»Wenn zu meiner Zeit bei der IBM einem hochrangigen Manager ein Fehler unterlief, wurde er später bewusst wieder mit einer vergleichbaren Aufgabe betraut, aus der sicheren Überzeugung, dass jemand denselben Fehler kaum zweimal begeht« (Handelsblatt, 15.5.97).

Fehler und Ängste bedingen einander. Aus Angst vor Fehlern unterbleiben Handlungen. Als »Innovationshemmnis allerersten Ranges« geißelt Hormann die weit verbreitete Angst im Berufsleben.

»Männer haben eine riesige Angst, Fehler zu begehen, und sie schlagen viel zu schnell mit den Flügeln, um sich selbst oder anderen irgendetwas zu beweisen« (Handelsblatt, 15.5.97).

Die positiven Folgen eines teuren Fehlers

Das hatte unser Nobelpreisträger Binnig nicht nötig. Es hat mich sehr beeindruckt, wie mutig er sich zu einem seiner größten Fehler bekannte. Bei seinem Arbeitgeber, dem IBM-Forschungslabor in Rüschlikon, gab er eine Konstruktion in Auftrag, an der die institutseigene Werkstatt fast ein Jahr arbeitete und Kosten in Höhe von 100 000 Schweizer Franken verursachte. Alsbald stellten Binnig und sein Kollege Rohrer fest, dass dieses Gerät nutzlos ist. Sie waren mutig genug, es zuzugeben, trotz der damit verbundenen Peinlichkeiten im Kollegenkreis und gegenüber der Institutsleitung. Das aber war notwendig für den weiteren Forschungsfortschritt, der schließlich zum Nobelpreis führte.

Der Fehler, etwas nicht zu machen

Es gibt Fehler, bei denen der Fehler darin besteht, dass etwas falsch gemacht wurde. Es gibt aber auch Fehler, deren Merkmal es ist, dass eine Innovation unterlassen wurde, die ein großer Erfolg hätte werden können. Leider werden aber nur die Fehler der ersten Gruppe abgestraft.

Wenn Sie neue Wege beschreiten wollen, dann nehmen Sie damit ein gewisses Risiko auf sich. Aber dieses Risiko ist die Bugwelle des Erfolges. So ist z. B. ein aufgeblasener Heißluftballon leicht zu beschädigen, aber die vom Gas erhitzte Luft ist die einzige Möglichkeit, ihn zum Fliegen zu bringen. Dieses Beispiel zeigt, dass es keine risikolosen Risiken gibt.

Risiko ist die Bugwelle des Erfolges

Risiken einzugehen bedeutet aber nicht, dass Sie sich in waghalsige Abenteuer stürzen. Es ist vernünftig, sich um Risikominimierung zu bemühen, aber wenn Sie kein Risiko eingehen, dann gehen Sie das größte Risiko ein. Man kann vom Pferd fallen, aber entscheidend ist, wie schnell man wieder im Sattel sitzt.

Risiken ja, Leichtsinn nein

Wo steht Ihr Unternehmen? Das Qualitäts- und Innovationsbarometer

Wie innovationsfähig ist Ihr Unternehmen? Wie gehen Sie mit dem Thema Qualität um? Was tun Sie und wie tun Sie es, um dem Neuen zum Durchbruch zu verhelfen?

Ein Messinstrument für Innovationen

Um diese Fragen zu beantworten bzw. das Innovationsvermögen Ihres Unternehmens oder Ihrer Abteilung zu ermitteln, benötigen Sie ein Messinstrument, das Ihnen Fortschritte in der Entwicklung Ihres Unternehmens anzeigt. Dieses Instrument steht Ihnen auf den folgenden Seiten zur Verfügung. Es handelt sich um das Qualitäts- und Innovationsbarometer, das ich auf der Basis des Qualitätsmodells der *Europäischen Föderation für Qualitätsmanagement (EFQM)* entwickelt habe. Es ist wesentlich umfassender als das Qualitätsmanagementsystem nach DIN ISO 9000 und so »konstruiert«, dass ein Leistungsvergleich Ihrer Organisation / Ihres Unternehmens mit anderen möglich ist.

Input und Output

Der Grundgedanke ist, dass ein guter Output einen guten Input voraussetzt und die jeweiligen Aspekte in einer aktiven und sich bedingenden Beziehung stehen. Damit wird der Forderung nach einer ganzheitlichen bzw. systemischen Betrachtung des Organisationsalltags entsprochen.

Die folgenden In- und Outputfaktoren werden mit den in Klammern stehenden Prozentpunkten bewertet:

Bewirkungskriterien	(Input/50%)	Ergebniskriterien	(Output/50%)
1. Führung	(10%)	6. Kundenzufriedenheit	(20%)
2. Politik und Strategie	(8%)	7. Mitarbeiterzufriedenheit	(9%)
3. Mitarbeiterorientierung	(9%)	8. Gesellschaftliche Wirkung	(6%)
4. Ressourcen	(9%)	9. Geschäftsergebnisse	(15%)
5. Prozessmanagement	(14%)		

Bitte beachten Sie, dass dieses Modell auf einer Selbsteinschätzung beruht. Diese Selbsteinschätzung können Sie einzeln oder als Gruppe vornehmen. Auf ihrer Basis sollten Sie dann Ziele in Richtung Total Quality Management, Change- und/oder Innovationsmanagement formulieren und Maßnahmen einleiten.

Ziel: Diskussion und Aktion

Der Fragebogen besteht aus 73 Fragen. Er erhebt nicht den Anspruch, die Organisation 1:1 abzubilden. Aber er eignet sich sehr gut als Diskussionsplattform und Aktionsprogramm zum Zwecke von Bewertungen und organisatorischen Verbesserungen.

1. Das Ausfüllen des Fragebogens

1. Klären Sie vorab, *wer* als Bewerter/Beurteiler den Fragebogen *(warum)* ausfüllen soll, *welche* Einzelperson oder *welche* Gruppe.

2. Legen Sie fest, *was Sie genau bewerten wollen*, z.B. das Gesamtunternehmen, einen größeren Betriebsteil oder Ihre Abteilung. Sollten Sie sich für einen Betriebsteil oder eine Abteilung entscheiden, so sollten Sie aber das Gesamtunternehmen im Auge behalten. Es könnte sein, dass in Ihrer Abteilung bestimmte Maßnahmen unterbleiben, die jedoch auf Unternehmensebene stellvertretend ergriffen werden (z.B. Mitarbeiterbefragungen).

3. Wenn es nicht möglich ist, eine oder mehrere Fragen zu beantworten, so *lassen Sie diese einfach aus*. Bei der Bewertung wird das später berücksichtigt, indem Sie den zu dividierenden Wert herabsetzen.

4. Viele Fragen zielen nicht auf eindeutige Fakten ab. Stattdessen müssen Sie Einschätzungen vornehmen und diese mit einer Note zwischen 1 und 5 je nach Ausprägung oder Intensität ausdrücken.

5. Gehen Sie *der Reihe nach* vor, beginnend mit dem Abschnitt 1 und der Frage a.

6. Übertragen Sie Ihre Werte in das Bewertungsformular.

7. Formulieren Sie für die Punkte mit hoher Priorität Ziele und Maßnahmen. Welche Stärken und Schwächen wurden festgestellt? Was soll bearbeitet werden? Stellen Sie einen Verbesserungsplan auf.

Jede Ihrer Antworten geht in die Gesamtbewertung mit gleicher Gewichtung ein. Zum Zwecke der besseren Übersichtlichkeit und Praktikabilität gibt es die fünf Bewertungsfelder 1, 2, 3, 4 und 5, ähnlich wie bei Schulnoten. Wenn mehrere Mitarbeiter einer Organisation diesen Fragebogen gemeinsam ausfüllen, dann sollten diese vorab Einzelbewertungen vornehmen, die später verglichen und abgeglichen werden.

Was sich hinter der Einstufung verbirgt, zeigt Ihnen die folgende Übersicht.

Die Bewertungsfelder und ihre Bedeutung

5	Keinerlei diesbezügliche Aktivitäten bzw. Maßnahmen. **(Bewertung 0 %)**	In unserer/m Organisation/Unternehmen/Bereich wird zwar über diesen Punkt nachgedacht, aber es gibt keinerlei Bewegung hierzu.
4	Es gibt einige Anzeichen diesbezüglicher Aktivitäten bzw. Maßnahmen. Erste Schritte wurden gemacht. **(Bewertung 25 %)**	In unserer/m Organisation/Unternehmen/Bereich gibt es einige erste Entwicklungsschritte hierzu. Die erreichten Verbesserungen bzw. Leistungssteigerungen werden gelegentlich überprüft oder gemessen. In einigen Abteilungen gibt es sogar gute Ergebnisse hierzu.
3	Diesbezügliche Aktivitäten wurden eingeleitet und Maßnahmen ergriffen. **(Bewertung mit 50 %)**	Wir können die Umsetzung glaubwürdig nachweisen. Die Aktivitäten und Maßnahmen werden bei uns regelmäßig nach neuesten Erkenntnissen überprüft und ggf. korrigiert. Aber nach wie vor gibt es noch gewisse Schwachpunkte infolge mangelnder Verbreitung und Anwendung.
2	Diesbezügliche Aktivitäten und Maßnahmen sind ein Bestandteil unserer täglichen Arbeit bzw. unserer Unternehmenskultur. **(Bewertung mit 75 %)**	In unserer/m Organisation/Unternehmen/Bereich ist dieser Punkt eine Selbstverständlichkeit. Die meisten unserer Mitarbeiter wissen dies und berücksichtigen es bei der Arbeit. Natürlich denken wir auch über Verbesserungen dieses Punktes nach und nehmen sie zumeist auch vor.
1	Diesbezügliche Maßnahmen sind bei uns vollständig erreicht und werden vorbildlich praktiziert. **(Bewertung mit 100 %)**	Man kann sagen, dass unser/e Organisation/Unternehmen/Bereich in diesem Punkt hervorragend vorgeht und exzellente Ergebnisse erzielt. Da wir diesen Punkt vorbildlich anwenden, sind Verbesserungen kaum noch vorstellbar.

1. Führungsverhalten

		1 100 %	2 75 %	3 50 %	4 25 %	5 0 %
a)	Beteiligen sich die an der Spitze Ihrer/s Organisation/Bereiches/Unternehmens stehenden Führungskräfte persönlich und sichtbar, wenn es darum geht, strategische Aussagen zur Geschäftspolitik und Unternehmenskultur, zu Qualitätszielen und Grundwerten zu formulieren und zu vermitteln?					
b)	Verhält sich die Geschäftsführung Ihres Unternehmens auch im Tagesgeschäft vorbildlich, sozusagen als Initiator und Promotor, wenn es darum geht, die Grundwerte und Qualitätsprinzipien ihrer Organisation vorzuleben?					
c)	Verfügt Ihr/e Organisation/Unternehmen über ein von den Führungskräften initiiertes Qualitätsförderungsprogramm?					
d)	Regen die Führungskräfte Ihres Unternehmens *Verbesserungen* an und wirken sie aktiv mit, wenn es darum geht, Qualität und Arbeitsabläufe zu verbessern?					
e)	Spricht eine deutliche Mehrheit Ihrer Führungskräfte unverzüglich Anerkennung aus oder würdigt sie es sonstwie, wenn Einzelpersonen oder Teams Verbesserungsvorschläge gemacht haben?					
f)	Bemühen sich Ihre Führungskräfte um Kontakte zu *externen* Kunden und Lieferanten und tauschen sich mit diesen regelmäßig und konstruktiv aus?					
g)	Bemühen sich Ihre Führungskräfte um Kontakte zu *internen* Kunden und Lieferanten und tauschen sich mit diesen regelmäßig und konstruktiv aus?					
h)	Hat die aktive Beteiligung von Mitarbeitern an Qualitätsverbesserungen positiven Einfluss auf die Beurteilung dieser Mitarbeiter und deren Beförderungsaussichten?					
i)	Orientieren sich die Mitarbeiter Ihrer/s Organisation/Unternehmens im Tagesgeschäft an den unternehmenspolitischen Grundwerten bzw. Qualitätsprinzipien Ihrer Organisation und wenden sie diese im Allgemeinen an?					
j)	Verfügt Ihr/e Organisation/Unternehmen über schriftlich formulierte Führungsgrundsätze oder ähnliche Grundaussagen, in denen ein bestimmtes Führungsverhalten gefordert wird?					
k)	Wird das darin erwartete Führungsverhalten in der täglichen Zusammenarbeit praktiziert?					

2. Unternehmenspolitik und -strategie	**1** 100 %	**2** 75 %	**3** 50 %	**4** 25 %	**5** 0 %
a) Hat Ihr/e Organisation/Unternehmen ein eindeutig definiertes Unternehmens-Leitbild oder etwas Ähnliches wie eine schriftlich formulierte Unternehmensphilosophie oder aber verbindliche Grundwerte und Grundüberzeugungen?					
b) Stehen die unternehmenspolitische/n Strategie, Ziele und Pläne im Einklang mit einem Konzept der umfassenden Qualität (TQM, Kaizen, KVP) bzw. werden sie daraus abgeleitet?					
c) Spiegeln sich die Organisations- bzw. Unternehmensziele und -pläne in den jeweiligen Plänen und Zielen der Bereiche und Abteilungen wider, so dass man von einer Unternehmenspolitik aus »einem Guss« sprechen kann?					
d) Wird die Politik und Strategie Ihrer/s Organisation/Unternehmens auf der Basis umfassender Informationsnutzung aus allen relevanten Informationsquellen (Kunden, Lieferanten, Mitarbeiter, Medien, Datenbanken, Mitbewerber u. Ä.) entwickelt? Setzen Sie sich mit Informationen in Form?					
e) Enthalten diese Daten Leistungsangaben aus dem eigenen oder anderen Unternehmen/Organisationen, so dass die Nutzer ihre Arbeit vergleichen können mit der Arbeit anderer Abteilungen oder anderer Unternehmen bzw. Wettbewerber?					
f) Wird die Strategie und Politik Ihrer/s Organisation/Unternehmens in angemessener Form intern und extern bekannt gemacht, so dass gewährleistet ist, dass alle Mitarbeiter sie kennen?					

3. Mitarbeiterorientierung	1 100 %	2 75 %	3 50 %	4 25 %	5 0 %
a) Orientiert sich die Personalpolitik Ihrer/s Organisation/Unternehmens, z. B. hinsichtlich Personalauswahl, Aus- und Weiterbildung, Entlohnung u. Ä., an den strategischen Hauptzielen Ihres Unternehmens, so dass man von einem ganzheitlichen Konzept der Mitarbeiter- und Unternehmensführung sprechen kann?					
b) Gibt es in Ihrer/m Organisation/Unternehmen ein Mitarbeiter- bzw. Leistungsbeurteilungssystem?					
c) Werden die Ergebnisse dieser Mitarbeiter- bzw. Leistungsbeurteilung u.a. für die Personalentwicklung genutzt, indem z. B. der Weiterbildungsbedarf der Mitarbeiter ermittelt und beschrieben wird?					
d) Verfügt Ihr/e Unternehmen/Organisation über eine Methode, mit der die Umsetzung der Ziele und Pläne von oben nach unten gewährleistet wird (z. B. Management by objectives)?					
e) Wird in Ihrer/m Organisation/Unternehmen Wert auf die Meinung der Mitarbeiter gelegt und können diese Verbesserungsmaßnahmen vorschlagen und daran mitwirken?					
f) Besteht die Möglichkeit, dass die Mitarbeiter Ihres/r Organisation/Unternehmens eigene Zielvorstellungen zur Verbesserung von Arbeitsabläufen einbringen?					
g) Verfügt Ihr/e Organisation/Unternehmen über ein betriebliches Vorschlagswesen?					
h) Wird dieses Vorschlagswesen aktiv genutzt?					
i) Werden in Ihrer/m Organisation/Unternehmen Verbesserungsvorschläge im Rahmen eines Systems anerkannt und finanziell belohnt?					
j) Ist es möglich, dass die Mitarbeiter Ihrer/s Organisation/Unternehmens in Qualitätsangelegenheiten selbständig handeln und entscheiden können?					
k) Ist sichergestellt, dass die Risiken eines solchen selbständigen und eigenverantwortlichen Handelns durch Ihre Führungskräfte abgefedert werden?					
l) Gibt es in Ihrer/m Organisation/Unternehmen ein gut funktionierendes, ggf. institutionalisiertes Informationssystem, das den vertikalen und horizontalen Informationsaustausch in wichtigen Fragen ermöglicht (z. B. Vorgesetzte, die jederzeit ansprechbar sind)?					

4. Ressourcen		**1** 100 %	**2** 75 %	**3** 50 %	**4** 25 %	**5** 0 %
a)	Steht die Ausgaben- bzw. Finanzpolitik Ihrer/s Organisation/Unternehmens im Einklang mit deren Daseinszweck, der Unternehmenspolitik und -strategie sowie den formulierten Qualitätszielen?					
b)	Ist in Ihrer/m Organisation/Unternehmen gewährleistet, dass die Mitarbeiter ungehindert alle relevanten technischen und kaufmännischen Informationen erhalten, die für den Arbeitsprozess und vor allem für Qualitätsverbesserungen wichtig sein könnten?					
c)	Werden diese Daten von den Mitarbeitern im Arbeitsalltag genutzt?					
d)	Wird in Ihrer/m Organisation/Unternehmen »Visuelles Management« praktiziert, also Daten und Verlaufsstatistiken großflächig sichtbar gemacht, um Mitarbeiter zu informieren und Diskussionen anzuregen?					
e)	Werden in Ihrer/m Organisation/Unternehmen Gebäude, Transportwege, Material, Apparate, Maschinen wirtschaftlich optimal genutzt?					
f)	Erfolgt die Lieferantenauswahl und der Kontakt zu den Lieferanten im Einklang mit der Unternehmenspolitik und den Qualitätszielen?					
g)	Verfügt Ihr/e Organisation/Unternehmen über Methoden, Vorschriften o. Ä., mit denen Abfälle in Luft und Wasser reduziert oder wieder verwertbar gemacht werden können?					
h)	Verfügt Ihr/e Organisation/Unternehmen über Regeln, Methoden oder Vorschriften, mit denen bestehende Technologien oder das Knowhow ständig weiterentwickelt wird und neue Verfahren hinsichtlich ihres Nutzens für Ihr Haus ermittelt, erprobt und eingesetzt werden?					

5. Prozessmanagement	**1** 100 %	**2** 75 %	**3** 50 %	**4** 25 %	**5** 0 %
a) Sind in Ihrer/m Organisation/Unternehmen die wichtigen, Wert schöpfend relevanten, abteilungsübergreifenden Ablaufprozesse ermittelt und detailliert beschrieben, so dass die Zuständigkeiten, Schnittstellen, Verantwortlichkeiten und Beurteilungsmaßstäbe für die Leistung der Mitarbeiter eindeutig sind?					
b) Ist Ihr/e Organisation/Unternehmen prozessorientiert ausgerichtet? Dominiert die Ablauforganisation die Aufbauorganisation? (Funktionieren statt Funktionen?)					
c) Ist in Ihrer/m Organisation/Unternehmen mittels eindeutiger Verfahrensvorschriften oder Systembeschreibungen (z. B. DIN EN ISO 9000ff.) sichergestellt, dass Leistungsmessgrößen und Leistungsnormen verwendet und überwacht werden, damit die Prozesse gleich bleibend bzw. auftragskonform ablaufen?					
d) Verfügt Ihr/e Organisation/Unternehmen über ein Kontrollsystem, das alle zur Herstellung von Produkten und Dienstleistungen notwendigen Aktivitäten entsprechend den vorgeschriebenen Standards oder Anforderungen überprüft (z. B. Revision, Qualitätssicherung)?					
e) Gibt es in Ihrer/m Organisation/Unternehmen ein Verfahren, eine Vorschrift oder eine Methode, mit der die Wirksamkeit der Kontrollmethoden für die Prozessüberwachung festgestellt wird?					
f) Werden in Ihrer/m Organisation/Unternehmen Revisions- und Auditberichte oder Kundenreklamationen ausgewertet, um kontinuierliche Prozessverbesserungen durchzuführen?					
g) Werden in Ihrer/m Organisation/Unternehmen regelmäßig Benchmarks durchgeführt und die dabei gewonnenen Daten zum Zwecke der Prozessverbesserung genutzt?					
h) Werden in Ihrer/m Organisation/Unternehmen Audits, Evaluationsstudien und andere Überprüfungsverfahren einschl. der im Zusammenhang damit entstandenen Aufzeichnungen genutzt, um Problemursachen zu ermitteln und Prozessstörungen zukünftig zu vermeiden?					

		1 100 %	2 75 %	3 50 %	4 25 %	5 0 %
i)	Werden betriebsbegleitende Tätigkeiten (z. B. Finanzen, EDV, Vertrieb, Marketing, Personal und Sekretariatsdienste) hinsichtlich ihres Qualitätsniveaus kontrolliert und ebenso ständig verbessert wie die Hauptfunktionen Produktion und Kundendienst?					
j)	Werden in Ihrer Organisation Qualitätszirkel oder ähnliche Gruppen genutzt, in denen Verbesserungsvorschläge zum Zwecke der Prozessoptimierung entwickelt werden?					
k)	Verfügt Ihr/e Organisation/Unternehmen über Regeln und Methoden, um kontinuierlich festzustellen, ob Ihre Lieferanten Ihren Qualitätsanforderungen auch entsprechen (Lieferantenbeurteilungssystem)?					
l)	Treffen sich Vertreter Ihrer/s Organisation/Unternehmens regelmäßig mit Lieferanten, um sie über Ihren Leistungsstand zu informieren?					
m)	Ist die Idee des internen Kunden in Ihrer/m Organisation/ Unternehmen bekannt?					
n)	Sind die Ablaufprozesse als Kunden-Lieferanten-Verhältnis definiert und organisiert?					
o)	Wendet Ihr/e Organisation/Unternehmen das Qualitätsmanagement-Beschreibungsmodell nach DIN EN ISO 9000 ff. oder ein ähnliches aktiv an?					

6. Mitarbeiterzufriedenheit

		1 100 %	2 75 %	3 50 %	4 25 %	5 0 %
a)	Werden in Ihrer/m Organisation/Unternehmen Umfragen mittels Fragebogen, Diskussionsgruppen o. Ä. durchgeführt, welche die Zufriedenheit der Mitarbeiter über Arbeitsumfeld, Kommunikation, Kooperation, Führung, Karriereaussichten, Bezüge u. Ä. wiedergeben?					
b)	Werden die Ergebnisse solcher Mitarbeiterbefragungen veröffentlicht, um daraus Maßnahmen abzuleiten?					
c)	Zeigen die Ergebnisse im allgemeinen eher eine positive Tendenz?					
d)	Verfügen Sie über erprobte Indikatoren oder sonstige Messgrößen, mit denen Sie die Zufriedenheit der Mitarbeiter Ihrer/s Organisation/Unternehmens feststellen können (z. B. Personalfluktuation, Krankenstand, eigene Weiterbildungsbemühungen der Mitarbeiter)?					
e)	Nutzen Sie diese?					

7. Kundenzufriedenheit		1 100 %	2 75 %	3 50 %	4 25 %	5 0 %
a)	Sind alle Arbeitsprozesse Ihrer/s Organisation/Unternehmens darauf ausgerichtet, bewusst und aktiv Kundennutzen zu stiften?					
b)	Gibt es in Ihrer/m Organisation/Unternehmen so etwas wie ein Kundenmanagement, das sich um Dinge wie Beschwerden, Service, Termintreue, Garantie, Qualität sowie um Kundenabgänge und -zugänge kümmert?					
c)	Hat Ihre Organisation einen Überblick über den Inhalt und das Volumen schriftlicher, telefonischer/mündlicher Beschwerden?					
d)	Inwieweit erfüllt Ihr/e Organisation/Unternehmen diese Punkte gegenüber seinen Kunden: Höflichkeit, Freundlichkeit, Zuverlässigkeit?					
e)	Ermitteln Sie regelmäßig die Zufriedenheit Ihrer Kunden?					
f)	Sind die Ergebnisse bekannt?					
g)	Haben Sie Messgrößen definiert, mit denen die Kundenzufriedenheit ermittelt wird (Beschwerdemenge, Zurückweisungsrate, Dankesschreiben, Auszeichnungen und Preise u. Ä.)?					
h)	Zeigen die Ergebnisse zur Kundenzufriedenheit einen positiven Trend?					
i)	Sind diese Daten im Vergleich zu Ihren Mitbewerbern vergleichbar oder besser?					
j)	Verfügt Ihr/e Organisation/Unternehmen über Regeln oder Systeme, die sicherstellen, dass die Wünsche und Anforderungen Ihrer wichtigen Kunden aufgenommen und berücksichtigt werden (Kundenparlament, Beiräte, Mieterversammlungen, Kundenbefragungen u. Ä.)?					

8. Gesellschaftliche Wirkung

	1 100 %	2 75 %	3 50 %	4 25 %	5 0 %
a) Verfügt Ihr/e Organisation/Unternehmen über Messgrößen, mit denen die Meinung des gesellschaftlichen Umfeldes über die/das Organisation/Unternehmen dargestellt werden kann?					
b) Kann Ihr/e Organisation/Unternehmen ein aktuelles Programm (z. B. Energie, Recycling, Abfall) zur Verbesserung oder Verhinderung von Schäden oder Belästigungen der Nachbarn und der allgemeinen Umwelt sowie zur Bewahrung und zum Schutz der globalen Ressourcen vorweisen?					
c) Betreibt Ihr/e Organisation/Unternehmen sog. Sozialmarketing, indem es Sport- und Freizeitaktivitäten, Bildungs- und Kulturmaßnahmen oder Wohlfahrtseinrichtungen unterstützt?					
d) Zeigen die Aktivitäten in den oben genannten Bereichen einen positiven Trend und können die Ergebnisse für Vergleichszwecke mit anderen Organisationen/Unternehmen herangezogen werden?					
e) Findet zwischen Ihrer/m Organisation/Unternehmen und den für Sie relevanten Gruppen des gesellschaftlichen Umfeldes ein regelmäßiger Dialog statt, in dem es um die Verbesserung des beiderseitigen Verhältnisses geht?					

9. Geschäftsergebnisse	1 100 %	2 75 %	3 50 %	4 25 %	5 0 %
a) Verfügt Ihr/e Organisation/Unternehmen über finanzielle Messgrößen für die Ermittlung des Erfolgs, die nicht gesetzlich vorgeschrieben sind (z. B. Return-on-Investment, Stückkosten, Produktivität pro Mitarbeiter)?					
b) Zeigen Ihre wichtigsten Finanz- und Geschäftsindikatoren (Produktivität, Gewinne, Marktanteil etc.) einen positiven Trend?					
c) Verfügt Ihr/e Organisation/Unternehmen über nicht-finanzielle Messgrößen für die Messung des Organisations- bzw. Unternehmenserfolges (Auszeichnungen, Patentanmeldungen, Ausbildungsnoten, Fehlerstatistik u. Ä.)?					
d) Gibt es in Ihrer/m Organisation/Unternehmen Bemühungen oder Methoden, um die finanziellen und nicht finanziellen Ergebnisse der Produkt- und Dienstleistungsprozesse mit denen der direkten Wettbewerber zu vergleichen?					

2. Auswertung

In die obere Spalte der folgenden Tabelle (a) tragen Sie ein, wie viel Kreuze Sie bei 1, 2, 3, 4 und 5 gemacht haben. Dann multiplizieren Sie diese Zahl mit dem in der Zeile (b) stehenden Bewertungsfaktor und tragen die Summe in das Kästchen darunter ein. Die dort stehenden Werte werden addiert. Das Ergebnis kommt in das Kästchen (Summe) rechts daneben. Wenn Sie nun noch dieses Ergebnis durch die Anzahl der Fragen des jeweiligen Kriteriums dividieren, dann haben Sie den prozentualen Erfolg Ihrer/s Organisation / Unternehmens.

1. Bewertung »Befähiger«

Führung	**1**		**2**		**3**		**4**		**5**	
Zahl der Kreuze (a)										
Faktor (b)	**100**		**75**		**50**		**25**		**0**	**Summe**
Wert (a x b)		+		+		+		+		=
Summe : 10 Fragen =		=	Ergebnis aus Führung							

Politik und Strategie	**1**		**2**		**3**		**4**		**5**	
Zahl der Kreuze (a)										
Faktor (b)	**100**		**75**		**50**		**25**		**0**	**Summe**
Wert (a x b)		+		+		+		+		=
Summe : 6 Fragen =		=	Ergebnis aus Politik/Strategie							

Mitarbeiterorientierung	**1**		**2**		**3**		**4**		**5**	
Zahl der Kreuze (a)										
Faktor (b)	**100**		**75**		**50**		**25**		**0**	**Summe**
Wert (a x b)		+		+		+		+		=
Summe : 10 Fragen =		=	Ergebnis Mitarbeiterorientierung							

Ressourcen	1	2	3	4	5	
Zahl der Kreuze (a)						
Faktor (b)	**100**	**75**	**50**	**25**	**0**	**Summe**
Wert (a x b)	+	+	+	+	=	
Summe : 8 Fragen =	=	Ergebnis Ressourcen				

Prozessmanagement	1	2	3	4	5	
Zahl der Kreuze (a)						
Faktor (b)	**100**	**75**	**50**	**25**	**0**	**Summe**
Wert (a x b)	+	+	+	+	=	
Summe : 15 Fragen =	=	Ergebnis Prozesse				

2. Bewertung »Ergebnisse«

Mitarbeiterzufriedenheit	1	2	3	4	5	
Zahl der Kreuze (a)						
Faktor (b)	**100**	**75**	**50**	**25**	**0**	**Summe**
Wert (a x b)	+	+	+	+	=	
Summe : 5 Fragen =	=	Ergebnis Mitarbeiterzufriedenheit				

Kundenzufriedenheit	1	2	3	4	5	
Zahl der Kreuze (a)						
Faktor (b)	**100**	**75**	**50**	**25**	**0**	**Summe**
Wert (a x b)	+	+	+	+	=	
Summe : 10 Fragen =	=	Ergebnis Kundenzufriedenheit				

Gesellschaftl. Wirkung	1	2	3	4	5	
Zahl der Kreuze (a)						
Faktor (b)	100	75	50	25	0	Summe
Wert (a x b)	+	+	+	+	=	
Summe : 5 Fragen =	=	Ergebnis Gesellschaftl. Wirkung				

Geschäftsergebnisse	1	2	3	4	5	
Zahl der Kreuze (a)						
Faktor (b)	100	75	50	25	0	Summe
Wert (a x b)	+	+	+	+	=	
Summe : 4 Fragen =	=	Ergebnis Geschäft				

Berechnung der Gesamtpunktzahl

	Kriterium	Gruppen-ergebnis	Gewichtungs-faktor	Gewichtetes Ergebnis
1.	Führung		x 1,0	
2.	Politik und Strategie		x 0,8	
3.	Mitarbeiterorientierung		x 0,9	
4.	Ressourcen		x 0,9	
5.	Prozessmanagement		x 1,4	
6.	Mitarbeiterzufriedenheit		x 0,9	
7.	Kundenzufriedenheit		x 2,0	
8.	Gesellschaftliche Wirkung		x 0,6	
9.	Geschäftsergebnisse		x 1,5	
	Gesamtpunktzahl			

Interpretation und Vergleich mit anderen Unternehmen / Organisationen

- Sie können insgesamt 1000 Punkte (100%) erreichen.
- Die meisten Organisationen / Unternehmen erreichen etwa 200 Punkte.
  Das entspricht dem gegenwärtigen Durchschnitt deutscher Organisationen / Unternehmen.
- Sehr gute Organisationen / Unternehmen kommen auf 500 Punkte.
- Die zur Zeit weltbesten Unternehmen konnten die 750er-Marke erreichen.

Lösungen zu den Übungen

Lösungen zu Kapitel 3

Seite 75 Vieles kann die Hälfte von 8 sein. Rechnerisch ist es die 4. Aber auch zwei O ergeben eine Acht, wenn man sie wie beim Schneemann übereinander stellt. Ein geschwungenes E ist ebenso ein Teil der 8 wie die 3. Auch das sind zwei Hälften: Ac ht oder ch und at. Ein S steht ebenso für eine Hälfte wie ein Fragezeichen, allerdings ohne den Punkt. Es gibt weitere Möglichkeiten, die Acht zu halbieren.

Seite 81 Sie legen das eine Brett quer über eine Ecke und das andere mit dem einen Ende darauf und mit dem anderen auf die Wiese, so wie dargestellt.

Er hat 6 mm zurückgelegt. Schauen Sie auf die Bücher. Die erste Seite des ersten Bandes befindet sich auf der rechten Seite und die letzte Seite des zweiten Bandes auf der linken Seite. Zwei Buchdeckel beträgt der Abstand, also 6 mm. **Seite 88**

Sie pflanzen zunächst drei Bäume in der Form eines Dreiecks. Der dritte Baum kommt genau in die Mitte dieses Dreiecks. Aber Sie müssen die dritte Dimension einbeziehen, indem Sie das Grundstück in der Mitte entsprechend anheben oder absenken, so dass der Abstand von Baum zu Baum gleich ist. **Seite 95**

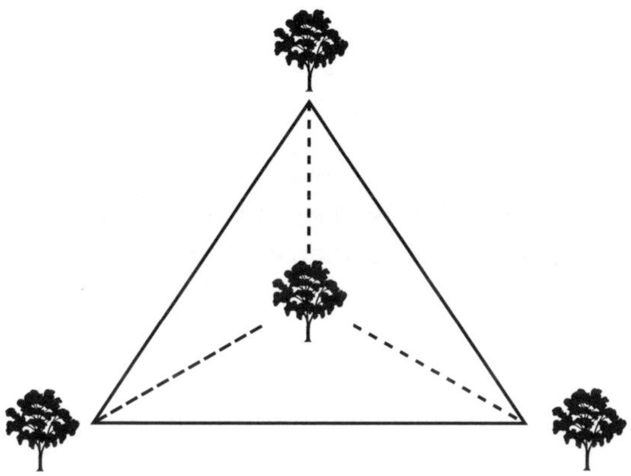

Lösungen zu Kapitel 4

Sie fragen: 1. Steht die Figur in der oberen oder unteren Hälfte? (Antwort) 2. Steht sie dort in der linken oder rechten Hälfte? (Antwort) 3. Steht sie in der verbleibenden Fläche in der oberen oder unteren Hälfte? (Antwort) 4. Steht sie dort in der linken oder rechten Hälfte? (Antwort) 5. Befindet sie sich oben oder unten? (Antwort) 6. Steht sie auf dem linken oder rechten Feld? **Seite 128**

Es handelt sich um Großvater, Vater und Sohn, also um drei Personen, auf die aber 2 Väter und 2 Söhne entfallen. **Seite 131**

Seite 136 Sie können sich nicht geradeaus ins Unendliche bewegen, da die Erde rund ist.

Seite 138 Die von links kommenden Schiffe fahren ein Stück rückwärts, und zwar so weit, dass die von rechts kommenden an der Ausweichbucht vorbeifahren können. Das letzte der von rechts kommenden Schiffe fährt in die Ausweichbucht. Alle Schiffe fahren jetzt vorwärts an der Ausweichbucht vorbei, so dass das dort eingefahrene Schiff nach links weiterfahren kann. Jetzt biegt das letzte der ursprünglich von links gekommenen Schiffe rückwärts in die Bucht, und der Rest fährt so weit nach links zurück, bis das Schiff freie Fahrt nach rechts hat.

Seite 148 Das Wort lautet BOOT.

Seite 152 Die Lösung lautet 29 Spiele, weil 29 Spieler verlieren müssen, um den Sieger zu ermitteln. Es muss also nur die richtige Umformulierungsfrage gestellt werden, ohne zu rechnen.

Literaturverzeichnis

Amabile, Teresa M.: The social psychology of creativity. New York 1983
Beer, Ulrich: Kreativ sein. Freiburg im Breisgau 1996
Berth, Rolf: Erfolg. Düsseldorf 1993
Binnig, Gerd: Aus dem Nichts. Über die Kreativität von Natur und Mensch. München 1997
Brehmer, Arthur (Hrsg.): Die Welt in 100 Jahren. Berlin 1910
Briggs, John / Peat, David F.: Die Entdeckung des Chaos. München 1990
Bullinger, Hans-Jörg: Erfolgsfaktor Mitarbeiter. Stuttgart 1996
Burrus / Gittiness: Technotrends – 24 Technologien, die unser Leben revolutionieren werden. Wien 1993
Craig, Gordon A.: Über die Deutschen. München 1984
Csikszentmihalyi, Mihaly: Kreativität. Stuttgart 1997
Csikszentmihalyi, Mihaly: Die außergewöhnliche Erfahrung im Alltag. Die Psychologie des Flow-Erlebnisses. Stuttgart 1991
Cusumano, Michael A.: Himmelsstürmer Microsoft: Erfolgreich dank kleiner Teams. In: Harvard Business Manager 3/98
Cusumano, Michael A. / Selby, Richard W.: Die Microsoft Methode. Sieben Prinzipen, wie man ein Unternehmen an die Weltspitze bringt. Freiburg im Breisgau 1996
Czichos, Reiner: Creaktivität & Chaos-Management. München / Basel 1993
de Bono, Edward: Laterales Denken für Führungskräfte. Hamburg 1986
de Bono, Edward: Edward de Bono's Denkschule. München 1990

de Bono, Edward: Serious Creativity. Die Entwicklung neuer Ideen durch die Kraft lateralen Denkens. Stuttgart 1996

Doppler, Klaus: Management der Veränderung. In: Organisationsentwicklung Nr. 10 / 1991

Doppler, Klaus / Lauterburg, Christoph: Change Management. Den Unternehmenswandel gestalten. Frankfurt/M. 1994

Dilts, Robert B. / Epstein, Todd / Dilts, Robert W.: Know how für Träumer. Strategien der Kreativität. Paderborn 1994

Franke, Heinz: Das Lösen von Problemen in Gruppen. München 1975

Gardner, Howard: So genial wie Einstein. Schlüssel zum kreativen Denken. Stuttgart 1996

Gensch, Ingo: Vision, Leitbild und Unternehmensgrundsätze. In: Bertelsmann Stiftung/Hans Böckler Stiftung: Unternehmensleitbild und Unternehmensverfassung. Gütersloh 1996

Goleman, Daniel: Emotionale Intelligenz. München 1997

Guilford, J.P.: Creativity, in: American Psychologist 14 / 1950, S. 205-208

Guilford, J.P.: The nature of human intelligence. New York 1967

Guilford, J.P.: Kreativität. In: Ullmann, G. (Hrsg.): Kreativitätsforschung. Köln 1973

Hamel, Gary: Innovative Wettbewerbsbasis. In: Gibson, Rowan (Hrsg.), Rethinking the future. Landsberg 1997

Hamel, Gary / Prahalad C.K.: Wettlauf um die Zukunft. Wien 1997

Handy, Charles: Die Fortschrittsfalle. Der Zukunft neuen Sinn geben. Wiesbaden 1995

Höhler, Gertrud: Spielregeln für Sieger. Düsseldorf 1993

Hoerner, Rolf / Vitinius, Katharina: Heiße Luft in neuen Schläuchen. Ein kritischer Führer durch die Managementtheorien. Frankfurt / M. 1997

Jackson, K.F.: Die Kunst der Problemlösung. Landsberg am Lech 1984

Kappler, Eckehard / Knoblauch, Thomas (Hrsg.): Wie kommt das Neue in die Unternehmung? Gütersloh 1996

Karst, Klaus / Segler, Tilmann: Management jenseits der Postmoderne. Plädoyer für ein neues Denken. Wiesbaden 1996

Kieser, Alfred: Moden & Mythen des Organisierens. In: DBW – Die Betriebswirtschaft 1 / 96

Kinsey Goman, Carol: Kreativität im Geschäftsleben. Wien 1991
Knieß, Michael: Kreatives Arbeiten. München 1995
Koestler, Arthur: Der göttliche Funke. Bern / München 1968
Krause, Reinhard: Unternehmensressource Kreativität. Köln 1996
Kuhn, Thomas S.: Die Struktur der wissenschaftlichen Revolution. Frankfurt / M. 1973
LeBoeuf, Michael: Imagination, Inspiration, Innovation. München 1991
Majaro, Simon: Erfolgsfaktor Kreativität. London / Hamburg 1993
Müller, Roland: Innovation gewinnt. Zürich 1997
Naisbitt, John: Von Nationalstaaten zu Netzwerken. In: Gibson, Rowan (Hrsg.): Rethinking the future. Landsberg 1997
Noam, Eli M.: Visionen des Medienzeitalters: Die Zähmung des Informationsmonsters. In: Alfred Herrhausen Gesellschaft für internationalen Dialog (Hrsg.): Multimedia. Eine revolutionäre Herausforderung. Stuttgart 1995
Osborn, A.: Applied Imagination: Principles and Procedures of Creative Probleme Solving. New York 1963
Peters, Thomas J. / Waterman, Robert H.: Auf der Suche nach Spitzenleistungen. Landsberg am Lech 1984
Porter, Michael: Vorteile für den Wettbewerb von morgen. In: Gibson, Rowan (Hrsg.): Rethinking the future. Landsberg 1997
Rent a Trend, in: management & seminar 1 / 1998
Schneider, Wolf: Die Sieger. Hamburg 1992
Schlicksupp, Helmut: Innovation, Kreativität & Ideenfindung. Würzburg 1989
Schlicksupp, Helmut: Kreative Ideenfindung in der Unternehmung. Methoden und Modelle. Berlin / New York 1977
Seiwert, Lothar: Das 1x1 der Erfolgsstrategie. Offenbach 1995
Semler, Ricardo: Das SEMCO-System. Management ohne Manager. München 1993
Senge, Peter: Durch das Nadelöhr, in: Gibson, Rowan (Hrsg.): Rethinking the future. Landsberg 1997
Servatius, Hans-Gerd: Reengineering-Programme umsetzen. Stuttgart 1994
Simon, Hermann: Die heimlichen Gewinner. Die Erfolgsstrategien unbekannter Weltmarktführer. Frankfurt / M. 1996

Simon, Walter: Die neue Qualität der Qualität. Offenbach 1997
Simon, Walter: Rede nicht, handle! Ziele setzen – Ziele erreichen. Offenbach 1998
Sprenger, Reinhard K.: Mythos Motivation. Frankfurt/M. 1993
Sprenger, Reinhard K.: Das Prinzip Selbstverantwortung. Frankfurt/M. 1996
Sternberg, R.J.: Implicit Theories of Intelligence, Creativity and Wisdom. In: Journal of Personality and Social Psychology, Nr. 49, o.J., S. 607-627
Sternberg, R.J. (Hrsg.): The nature of creativity. New York 1988
Treichel, Peter: Der Mythos von den beiden Hirnhälften. In: Weiterbildung 1/1991
Torrance, Paul: Guiding creative talent. Englewood Cliffs (N.J.) 1962
Torrance, Paul: Creativity as manifested in testing. In: Sternberg, R.J. (Hrsg.): The nature of creativity. New York 1988
Turnheim, Georg: Chaos und Management. Wiesbaden 1993
Ulrich, Hans/Probst, Gilbert J.B.: Anleitung zum ganzheitlichen Denken und Handeln. Bern, Stuttgart 1991
Vester, Frederic: Leitmotiv vernetztes Denken. München 1988
Wallas, G.: The Art of Thought. New York 1926
Warnecke, Hans-Jürgen: Die Fraktale Fabrik. Reinbek 1996
Witt, A.: Das Galilei Syndrom. München 1992
Womack, James P./Jones, Daniel T./Roos, Daniel: Die zweite industrielle Revolution in der Autoindustrie. Frankfurt/M. 1992
Zahn, Erich: Kreativität als Erfolgsfaktor. In: ders. (Hrsg.): Mit Kreativität die Zukunft meistern. Stuttgart 1995
Zwicky, F.: Entdecken, Erfinden, Forschen im morphologischen Weltbild. München 1966

Stichwortverzeichnis

Das Seminar zu diesem Buch
Krea(k)tiv denken, innovativ führen

Zu diesem Seminar

Die einseitige Betonung schlanken Managements in den letzten 10 Jahren hat dazu beigetragen, dass das Innovationsmanagement ins Hintertreffen geriet. Kostensenkung, Qualitäts- und Kundenorientierung allein reichen nicht mehr aus, um den Weg in das 21. Jahrhundert erfolgreich zu beschreiten. Mit Lean-Management allein schafft man keine Innovationen für zukünftige Märkte. Natürlich waren viele Maßnahmen überfällig, um abzuspecken und sich im Interesse der Wettbewerbsfähigkeit zu revitalisieren. Jetzt kommt es aber darauf an, das schlanke Management durch ein gekonntes Innovationsmanagement zu ergänzen. Es genügt nicht, nur anpassungsfähig zu sein. Unternehmen müssen auch fortschrittsfähig sein. Sie müssen Trends folgen können, aber auch fähig sein, Trends und Märkte mitzugestalten.

Die Teilnehmer dieses Seminars lernen die Prinzipien und Regeln kreativen Denkens und innovativen Handelns kennen. Sie erfahren, mit welchen Mitteln und Methoden sie ihre persönliche Kreativität und die ihrer Mitarbeiter steigern. Dem schließen sich Praxishilfen für das eigene Innovationsmanagement an, aus denen Erfolgsstrategien für das eigene Unternehmen abgeleitet werden können.

Inhalte

1. *Fit for change?* – Der Übergang ins 21. Jahrhundert und seine Folgen für das eigene Unternehmen
2. Was ist Kreativität und wie wird sie gekonnt angewandt?